U0896752

春发其华，秋收其实，有始有极，爰登其质。

——《后汉书》卷五十二《崔骃列传》

春華集

中华书局员工文选

（二〇二三年）

中 华 书 局

图书在版编目(CIP)数据

春华集:中华书局员工文选. 二〇二三年/中华书局编. —北京:中华书局,2025.3. —ISBN 978-7-101-17014-6

Ⅰ. C53

中国国家版本馆 CIP 数据核字第 20249AM472 号

书　　名　春华集——中华书局员工文选(二〇二三年)
编　　者　中华书局
责任编辑　姜　红　王雨柔
特约编辑　梁　彦　赵妮娜
装帧设计　毛　淳
责任印制　陈丽娜
出版发行　中华书局
(北京市丰台区太平桥西里 38 号　100073)
http://www.zhbc.com.cn
E-mail:zhbc@zhbc.com.cn
印　　刷　三河市中晟雅豪印务有限公司
版　　次　2025 年 3 月第 1 版
2025 年 3 月第 1 次印刷
规　　格　开本/850×1168 毫米　1/32
印张 11⅞　插页 6　字数 220 千字
印　　数　1-600 册
国际书号　ISBN 978-7-101-17014-6
定　　价　68.00 元

《结婚记》

《应战：我的抗美援朝》

中华书局
美术编辑
毛 淳
·设计作品·

《E 考据故事集：从清初到民国》

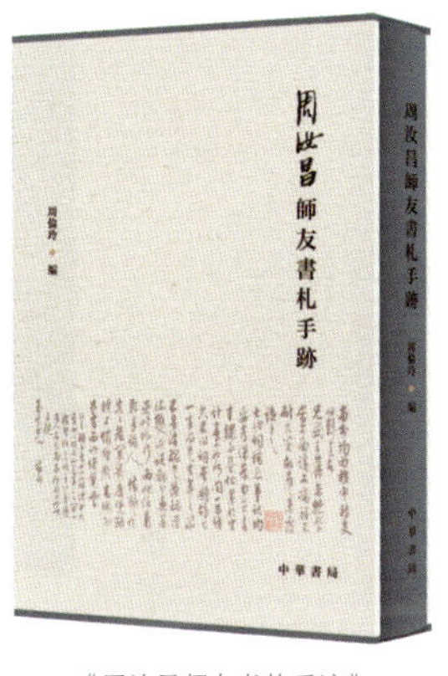

《周汝昌师友书札手迹》

《你真能读明白的易经》

《你真能读明白的庄子》

《你真能读明白的世说新语》

《曹操：冲出危局的清醒者》

《张居正大传》

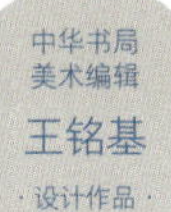

《本草环球记》

《敦煌故事》

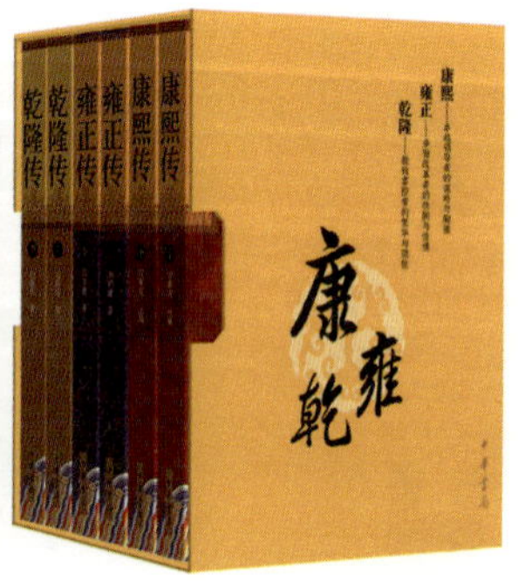

《康熙传》《雍正传》《乾隆传》

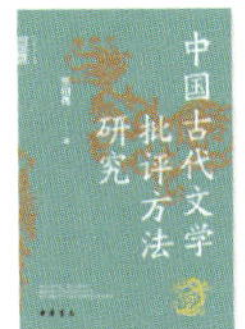

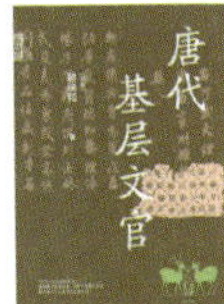

"中华学术·有道"系列

中华书局
美术编辑
刘 丽
·设计作品·

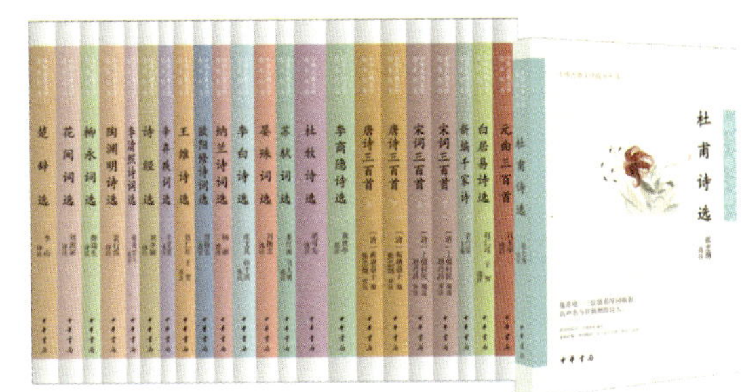

"中华古典文学选本丛书"系列

《八大山人研究》

《苏东坡和他的世界》

《我认识的唐朝诗人》

中华书局
美术编辑
周 玉
· 设计作品 ·

《寻秦记》

《北魏社会经济制度研究》

《中国近代法制史料》

《中华大藏经（汉文部分）· 续编》

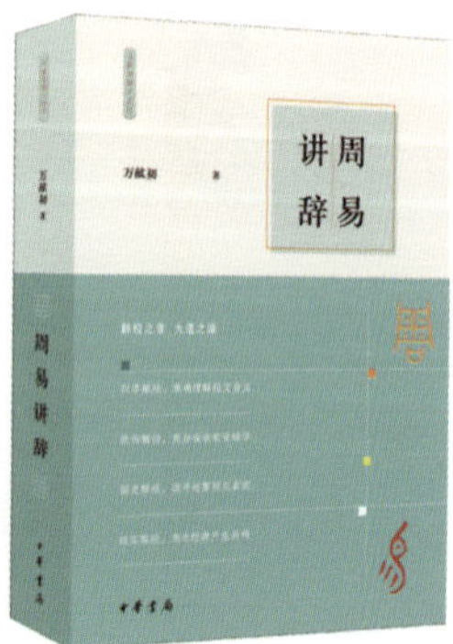

《周易讲辞》

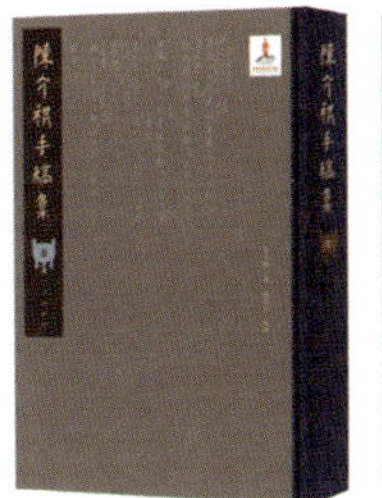
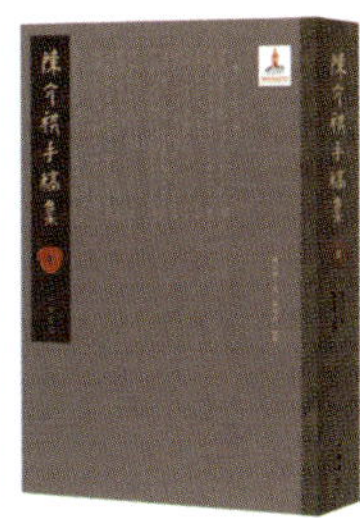
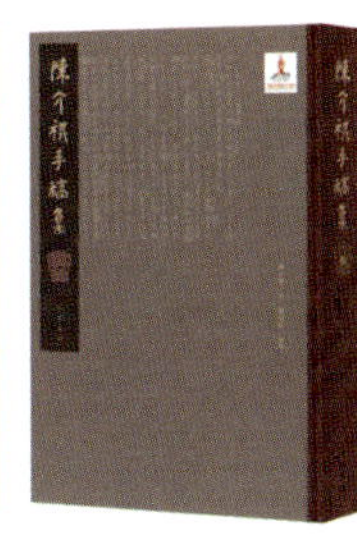
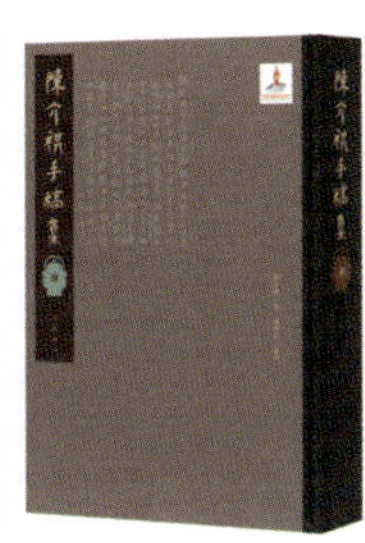

《陈介祺手稿集》

中华书局
美术编辑
许丽娟
·设计作品·

《吕碧城词笺注》

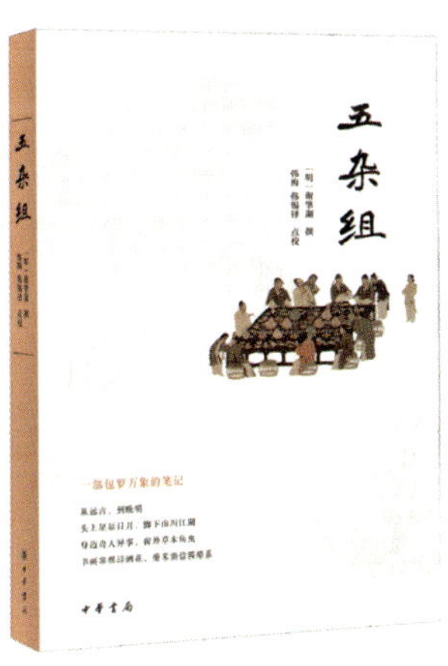

《五杂组》

《琴史·综议》 许丽娟 设计

《言官与晚清政治研究：以光绪朝为中心的考察》
周玉 设计

《田野图像：北纬34° 偏北》 刘丽 设计

“给孩子的传统文化”系列　王铭基 设计

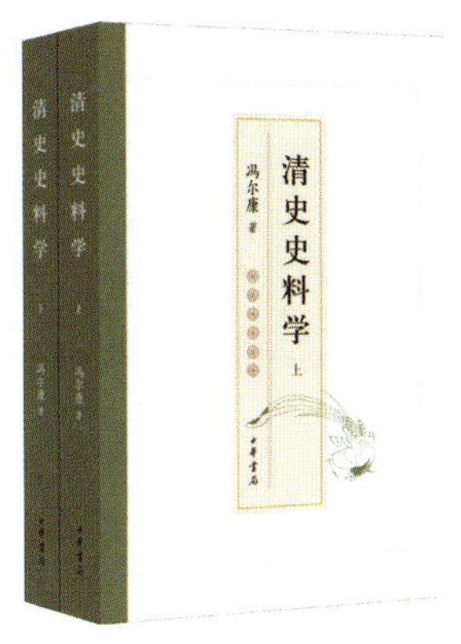

《清史史料学》 周玉 设计

《人间小虫》 周玉 设计

“曹寅全集”系列 许丽娟 设计

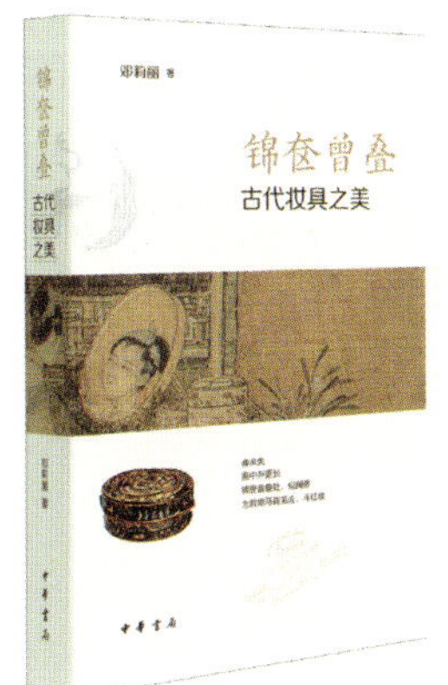

《锦奁曾叠：古代妆具之美》 刘丽 设计

《印篆里的中国》 刘丽 设计

《永嘉丛书》 刘丽 设计

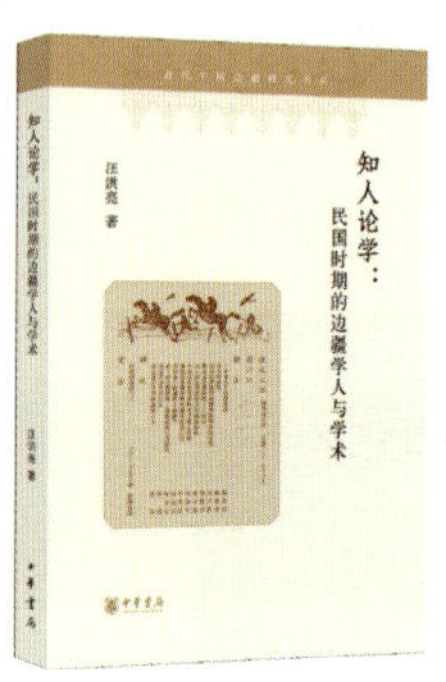

《知人论学：民国时期的边疆学人与学术》
周玉 设计

《元代北方金石碑刻集成》 刘丽 设计

《又向流云阅古今：凌道新诗札日记存稿》
许丽娟 设计

《绍兴大典》 许丽娟 设计

目 录

编辑手记

书里书外

学林散叶

百川学海

艺文类聚

行业思考

党建引领

特　稿

编辑手记

点校本“二十四史”及《清史稿》修订工程最新成果

——点校本《南史》修订本整理出版略记

孙文颖　刘　学

2023 年 10 月，点校本《南史》修订本由中华书局正式出版。作为点校本“二十四史”及《清史稿》修订工程的最新整理成果，《南史》修订本的出版标志着“南朝五史”修订本系列的收官。

《南史》由唐代史学家李延寿编撰。全书 80 卷，分为本纪 10 卷、列传 70 卷，通贯记载了南朝宋、齐、梁、陈（420—589）四个政权共 170 年的历史。李延寿秉承父亲李大师之志，立足于唐朝统一国家的大一统立场上，独力撰成《南史》《北史》180 卷，以图改变南北分裂、政权对立时南北史书互相攻diqué诬毁的面貌。《南史》在史料上多据《宋书》《南齐书》《梁书》《陈书》四部正史删削，缩减篇幅，删易文句，叙事更为简洁，文字易读，更便于阅读者把握南朝历史的整体脉络。在唐宋元明相当长的历史时期里，其流传广度长期超越了南朝四书。同时，《南史》在编撰时还吸收了不少“小说短书”以及唐初尚可见到的杂史记述，因此也有不少为四史未载的史料，具有独特的史学价值。

点校本“二十四史”及《清史稿》在20世纪50至70年代陆续出版，既是20世纪中国最为宏大的古籍整理出版工程，也是代表中国历史典籍整理出版最高成就的标志性成果，问世以来产生了深远的社会影响。

由于受当时种种客观条件的制约，点校本各史都存在着不同程度的缺憾。为适应新时代学术发展和读者使用的需求，中华书局于2006年提出启动点校本“二十四史”及《清史稿》修订工程，得到学术界的积极响应。其后，在原新闻出版总署、中国出版集团和社会各界学术力量的支持下，拟定了修订工作的各项具体规定，包括《修订工作总则》《修订工作流程》，以及《标点分段办法举例》《校勘记写法细则举例》等一系列规范性文件，并在全国范围内通过广泛调研，遴选确定各史修订承担单位和主持人。

南朝五史包括《宋书》《南齐书》《梁书》《陈书》《南史》，原点校本由山东大学历史系王仲荦先生负总责，其中《南史》由卢振华先生点校，王仲荦先生复阅，于1975年6月出版。点校本既做了比较准确的标点分段，又据不少资料对旧本进行全面校勘，取得了令人瞩目的成果。但其中一些体例已不尽符合当下的学术要求和古籍整理规范，比如点校本采用了版本异同择善而从并不出校记的做法，还有不少据南朝四书暗改而未说明之处，不利于读者掌握《南史》流传中的文本源流，个别地方模糊了《南史》的本来样貌。

修订工程在点校本基础上进行，力图通过全面复核修订，使修订本成为更符合现代古籍整理规范、代表当代学术水准、体现21世纪新时代特点的典范之作。

为了体现学术传承，接续正史点校事业，2007年，"南朝五史"修订工作首先选在了山东大学，由当时在山大历史文化学院任教的张金龙教授承担了《南史》的修订。后来随着张教授工作单位发生变化，《南史》修订项目落户在首都师范大学。张金龙教授主要研究魏晋南北朝政治史、民族史、制度史，学术成果丰硕。在张教授的主持下，《南史》修订工作有序展开，其间核校了多部版本，适时调整修订体例和工作方案，工作量之大超乎最初想象，张教授和他的学生团队为此付出了很大心血。

《南史》修订以版本对校为基础，充分运用本校、他校，审慎使用理校。修订组首先对点校本《南史》所做的工作进行核查和分析，调查了《南史》版本的收藏情况，并到数家图书馆查阅了相关善本，选择数卷进行对校，从而为确定底本和通校、参校本提供依据，还对与他校和理校相关的文献进行了初步分析。此次修订，仍然以商务印书馆影印百衲本为底本。在版本对校上，不仅沿用了原点校本利用过的中国国家图书馆藏南宋中期建刊本残卷，同时还搜求到同一版本的卷七〇残本（收藏于辽宁省图书馆）；在宋刻本中还对勘了时代更早的南宋早期浙刊本残卷四卷（收藏于中国国家图书馆）。由于底本百衲本实是由数种“大德本”配补影印而成，杂入不少明代翻刻大德本版面，不尽为元大德十年广德路原刻本，影印时又做过不少描润改动，非复旧貌。本次修订特别通校了今暂存于台北故宫博物院的两部元刻大德早印本。日本静嘉堂文库藏大德本，版心见“嘉靖十年刊”字样，该本版面多不清晰，且原版、补版叶妄改文字处颇多，最终未列入通校本。此次修订，还通校了历史上流传较广的武英殿本，参校了南京、北京国子监本和汲古阁本。修订本中，对于据版本增删改乙底本之处和各版本异文可参处，均按规范格式出校勘记说明。

《南史》校勘工作的另一重点是对《宋书》《南齐书》《梁书》《陈书》《建康实录》《太平御览》和《通志》《南史详节》等他书的核校工作。其中南朝四书为《南史》主体文字史源所自，核校的重要性自不待言，此次修订核校更为细致，据四书出校处也远多于原点校本，指出不少《南史》中存在的文本错误。唐人许嵩《建康实录》记齐梁陈事、宋人郑樵《通志》南朝纪传部分也多据《南史》，且时代较早，也有重要的勘对价值。修订工作还参考了清代以来学者的校勘研究成果，其中既包括钱大昕《廿二史考异》和张森楷、张元济两种《南史校勘记》等原点校本已加以利用的考订成果，也包括马宗霍《南史校证》和点校本出版以来学术界的补正商榷文章等新成果。

点校本《南史》修订工作前后延续十余年之久。点校本《南史》出版以来，学术界和广大读者提出了不少校勘或标点方面的意见，修订组尽可能搜求参考。十余年间，专家审稿工作贯穿修订方案设计、样稿确定、定稿全环节，从学术上为修订本把关。《南史》修订组提交修订方案、凡例及两卷样稿（卷二、二三）后，中华书局委托有关专家书面评审，并于 2010 年 1 月 12 日—13 日召开专家评审会逐条审议。修订组完成初稿后，编辑组及时开始内部审稿与专家外审工作，在实践中加强对文献及材料的辨析、考证和使用，将古籍校勘规范、史料研判与专深的史学研究有机结合，使修订工作更上层楼。2023 年 6 月 14 日，《南史》定稿会顺利举行，修订和相关编辑工作提速。定稿会后，修订组根据会议讨论进一步完善书稿，提交定稿。在全稿合拢后，中华书局编校部全部重新通校底本、通校点校本，明确底本、点校本和修订本三者之间的差异，从程序上保证文本质量。

修订本是点校本在新的历史时期的延续和迭代升级。本次修订遵循修订工作规范，全面复核复校，对原点校本的标点、校勘进行适当修订和完善，以图使之成为文本更准确、校勘更精良、标点更合理的修订本，供广大读者阅读使用。

本次《南史》修订，对原点校本的校勘记，主要采取以下处理方式：（一）根据修订总则要求，调整格式，统一体例；（二）对保留下来的旧校，适时补充新的版本和史料依据；（三）修改订正原校勘记的疏误错漏之处；（四）原点校本有重要改动而未出校，以及失校、漏校之处，酌情补撰校勘记；（五）原校勘记确无必要或与修订体例明显不合者，予以删去。经过修订，《南史》校勘记总数从原点校本的1958条增加到2903条，其中删去旧校330余条，新增补撰校勘记1200余条，保留下的旧校大多也进行了充实和改写。

《南史》修订本还参考《点校本“二十四史”及〈清史稿〉修订工程标点分段办法举例》，统一标点体例，适度修改原标点，共计改动标点数百处。分段则基本依照原点校本，偶作调整。

点校本“二十四史”及《清史稿》修订工程自启动实施以来，获得了来自上级单位、各史点校和修订承担单位及各相关图书收藏机构等社会各方的大力支持，出版品种曾获得中国出版政府奖提名奖、中华优秀出版物奖等重要奖项，深受广大读者好评。目前修订工程已有十三部史书完成出版，正处于攻坚克难的重要节点。项目正在紧锣密鼓努力推进之中，接下来仍要集中精力，尽锐出战，以求尽早完成出版任务，以高品质回报社会各界的期待。

（原载2023年第11期《古籍整理出版情况简报》，作者系中华书局历史编辑室编辑）

《史通笺注》修订纪事本末

马　婧

《史通》在中国史学史上，首次从理论和方法两方面总结史书编纂体例、评议史家工作，是对唐初以前史学的首次系统性总结，也是世界上第一部对史学体例进行系统讨论的存世著作，具有重要价值。此前出版的《史通》整理本虽各有特点，但始终没有一部既能满足普通人的简体字阅读需求，同时又文本完备、校勘精善、注释准确的整理本。

而张振珮老先生撰作的《史通笺注》，底本选择合宜、笺注集前人大成，内容详明，体例便于今人，曾由贵州人民出版社于 1985 年出版精平装，被纳入教育部普通高等学校历史学科教学指导委员会 2002 年制订的《普通高等学校历史学专业大学本科生阅读书目》。因此联系张老先生哲嗣新民先生，对《史通笺注》继续加工整理，修订再版。所需要做的工作，一是复核底本和全稿引文，统一校勘体例。二是根据最新研究成果和今人的阅读习惯，修订文字表述，处理标点。三是重编附录，方便使用。

整个再版工作从2012年约稿开始，2018年提速，2019年12月至2022年6月集中展开，2022年9月8日正式发行，特别是编辑加工阶段正与疫情相终始，许多工序不得不另想各种非常规办法。而终于达成，有赖于大家齐心协力，克服重重困难，为文化传承无私投入的精神。下列再版过程中的重要纪事：

2012年

经台湾佛光大学李纪祥先生介绍，联系张新民先生，希望取得授权，再版《史通笺注》。

12月10日，张新民先生来信，蒙贵州人民出版社厚谊，支持将《史通笺注》交中华书局再版。

2013年

5月—6月，中华书局选题立项，出版合同妥签。

11月，寄出《史通笺注》原简体字整理本对应的繁体稿，方便张先生重校底本。

2018年

11月，书局决定优先出版简体横排本，进入“中华国学文库”丛书。

11月底，备好简体横排本纸样，联系校对，安排与贵州人民出版社1985年版校核，避免录入错误。

2019 年

7 月，校对核校完毕，开始处理标点文字错误。

12 月 19 日—21 日，准备好《史通》校核可用版本，就修订事商之张先生，张先生告，将邀请贵州民族大学史达宁老师、华中师范大学许刚老师修订内容，助成其事。

12 月 24 日—27 日，微信群“《史通笺注》工作组”建立，商定处理流程、分工、时间计划。向许老师、史老师分别寄出简体横排本、繁体直排本纸样，并发送了注意事项、已核校书稿扫描件。编校工作自此密集展开。

2020 年

1 月 24 日，武汉封城第二日。许老师、史老师皆被封老家，推迟开学，无工作材料。张先生、责编皆无奈居家。

2 月 25 日，许老师辗转收到书稿扫描打印件，自此始，四位每日在微信群中时而视频，时而语音，时而发送文件，更多的是图片和文字，讨论具体文句处理。

2 月 26 日，寻获国图善本部藏某部《史通》。张老先生当年所据底本为书局 1961 年影印本，经确认，这部《史通》正是书局影印本的底本。

5 月，史老师返回贵州开始工作。许老师完成《内篇》十卷文字修订及引文核校，寄送史老师核底本、统一标点。

6月下旬，史老师完成前五卷核校底本及合并工作，交张先生审定。

至7月，许老师完成《外篇》。张先生处理完毕前三卷并寄返。责编收到后安排改出清样、开始纸稿编校。

至9月，史老师、张先生完成第二批稿件卷四至十。责编将第一批审读扫描件发送张先生审定，并找到校对复校引文。

11月初，责编搜寻处理序跋著录等附录的底本图像及文字，史老师确定排序及繁体版文字。至此时引文复校工作责编完成卷一，校对完成卷二至六。正文部分，责编将第二批审读扫描件发送张先生审定，随后借调。

2021年

1月初，史老师、张先生完成第三批稿件卷十一至十五。张先生反馈责编第一二部分稿处理意见。引文核校工作，校对完成卷七至十。责编结束为期两月的借调，重新投入编辑工作。

2月春节前，史老师、张先生完成第四批稿件卷十六至二十。张先生的修订团队，对书稿的第一遍处理结束。引文核校工作，校对完成卷十一至十五。

3月中旬，书局校对完成《史通》正文的底本核校。

4月底，校对对正文中引文的复校结束。责编将审稿完成的第三批、第四批（部分）扫描件发送张先生审定。张先生反馈责编第三部分稿处理意见。

5月—6月，责编将审稿完成的第四批（另一部分）、第五批、第六批扫描件陆续发送张先生审定。

6月30日，责编第一遍审读完毕。张先生陆续反馈责编第四至六部分稿处理意见。

7月，责编开始对张先生修订团队的反馈意见，以及书局的底本校核成果，吸收处理，并具体编校加工。再有问题，仍然随时提出讨论。

8月2日，张先生陆续返回第七、八两部分稿处理意见，针对责编审读稿的处理结束，这是张先生修订团队对书稿的第二次全面处理。

至10月初，序跋著录等所有附录，史老师和责编皆各自校对完底本。

11月初，完成附录编校，全稿发稿。修订团队对署名各种谦让，最后确定署名页不具名，所做工作只在《重刊〈史通笺注〉跋》中说明。

2022年

上半年，责编继续分项编校全稿，处理标点、文字表述、造字，重核被注词、去除方圆括号，统一校勘体例等等。修订团队新补不少校记。

6月21日，全稿编辑工作基本结束。

9月8日，《史通笺注》正式上市。

此后，张先生始终大力支持宣发工作，至2023年10月，推发书评4篇，推文2篇。

回想这些年的工作，有很多的感慨：

一是修订再版工作面临重重困难，最终得地利人和之助，是各方共同努力的成果。当年若不是张老先生数年的勉力投入，当下不会有修订再版的基础。联系再版之初，得到贵州人民出版社大力支持，扫清了版权障碍。在修订工作中，张新民先生、许刚老师、史达宁老师克服困难，持续三年多勉力承担了繁重的《史通》校改。书局内外各位校对老师大力襄助，从底本到原整理本乃至引文、附录，都陆续完成校对工序，最大限度地保障了再版质量。书局各位领导一直大力支持，多年来没有放弃《史通笺注》的出版，让责编哪怕曾一度承担二十四史修订办公室的繁杂行政事务，仍得以持续数年投入《史通笺注》的再版编校中。书局外，张承宗先生、张三夕先生、王进老师、汤序波老师、徐亦然老师、李立民老师以及王松、周敏秋等各位撰写推荐意见或书评，抉发《史通笺注》再版的价值。大家不约而同地把学术文化的传承和深入发展，作为特别重要的文化使命来完成，而不在意个人得失。

二是虽然修订再版面临重重困难，但张先生率领的修订团队和责编校对一起，实实在在地解决了问题、提升了出版质量。集中校稿自2019年12月展开，2022年9月出版，疫情下工作受限，又必须保证进度，统稿之前的多项工序不得不滚动进行。修订团队分五批交稿，期间责编初审分七批返回，张先生对编辑意见分八批处理，所有稿件经过修订团队与责编的双重多次复核。稿件流转寄送不便，只能以传送电子档扫描件为主，辅以纸稿寄送。问题讨论全靠微信群，其中仅是书稿资料截图，就达 800 多张，微信群消息记录达 1.4GB。校对繁重，原据简体字本、繁体字底本、附录文字、全稿引文核校，分步推进，由几位校对老师与责编陆续分头完成。经修订，增补校释 279 条 51000 余字，改订标点数百处，调整充实了原附录，复核了全稿引文。《史通笺注》在继承张老先生成果的基础上，实现了全面升级的目标。或许可能仍有未周之处，则期待各位读者批评指正，重印提高。

在这个过程中，感受最深的还是张先生和许刚老师、史达宁老师的古君子之风。许老师、史老师分别就职于华中师范大学、贵州民族大学，都有各自的教学科研任务，同时有不少日常杂务需要处理。但张先生召唤之下，立即积极投入，有具体工作马上主动承担。疫情封城，许老师在老家的镇上，谈不上什么工作条件，经常举着手机对着纸稿录像、发图片、发语音讨论。史老师同时还担任学生防疫工作的网格员，后期又有带学生实习的任务，只有休息时间才能集中处理，但只要群里有讨论总是贡献意见，回头再查核资料、贴上图片。张先生目力不济，往往只有上午才能看清微信中的文字，也总是力所能及地回复，并整比全稿，解决疑难，答案往往让人豁然开朗。但在需要确定署名页时，三位各种谦让，最终都不署名，只在重刊跋中说明一二。所得稿费，张先生全部分给两位老师和用于买书，为防止两位老师谦让，还特地提前办好手续，不让两位老师知晓。

《史通笺注》的初版和修订再版，是由张振珮老先生、张新民先生、许刚老师、史达宁老师，经过几代人的学术接力，不计名利完成的，离不开各位校对的辛勤投入，离不开各方单位、机构主事者的大力支持，是中国千年文化传承中，士君子以文化为己任的缩影。

（原载 2023 年 12 月 2 日“中华书局 1912”微信公众号，作者系中华书局文学编辑室编辑）

跟着“大家”通识经典

贾雪飞

中华传统经典是中华民族的文化根基和命脉，青年人是祖国的未来和希望。新时代，如何让青年人自觉地亲近传统经典，以中华文化精华浇灌自己的生命之树，以民族文化自豪感和自信心滋养自己的精神世界，这既是时代的文化使命，也是国人文化生活的真切需求。而常年深耕大学教育的“大家”学者，以深厚的文化学养，在教书育人过程中积累了丰厚的实践经验，不仅对传统经典的研究业有专攻，而且对如何讲授、如何引导青年人的兴趣也颇有心得。因此，架设学者与大众之间的桥梁，化学者研究和学术资源为天下公器，是实现时代使命，培育新时代中国青年的一条有效路径。

作为传统文化出版和传播的重镇，成立了 111 年的中华书局在当今更加重视出版者的社会责任和担当意识。诚如创始人陆费逵所说“书业虽然是较小的行业，但是与国家社会的关系却比任何行业为大”，近年来中华书局秉承弘扬传统、创新未来的文化精神，更加强调面向大众的传统文化出版工作。2022 年 7 月推出的“中华经典通识”正是一套致力于将优质学术资源“炼化”为社会文化公器，旨在为民族培根铸魂的图书出版项目。

“中华经典通识”是一套开放式的原创“大家小书”，集合来自复旦大学、清华大学、北京大学、浙江大学、中山大学、华东师范大学、上海师范大学等高等学府在各领域取得一定成就的一线学者，以时代新思路、学术新视野，面向大众读者，尤其青年人解读中华经典。本系列丛书由中华书局策划出版，复旦大学图书馆馆长、中华文明国家研究中心主任陈引驰教授担任主编。丛书第一辑五种包括张国刚教授的《〈资治通鉴〉通识》、郭永秉教授的《〈老子〉通识》、陈引驰教授的《〈庄子〉通识》、竺洪波教授的《〈西游记〉通识》和詹丹教授的《〈红楼梦〉通识》。第一辑自 2022 年 7 月底上架迄今，8 个月内 3 次印刷，可见读者对本系列丛书的认同。

目前图书市场可见的“大家小书”并不在少数，“中华经典通识”能得到读者认同，有它三个独具的特点：

其一，这套书的作者都是在大学长期开设本门课程的教授名家，如张国刚教授是清华大学资深文科教授，在清华大学开设“《资治通鉴》精读”课程 20 年，出版过诸如

《〈资治通鉴〉与家国兴衰》这样畅销6年、发行20余万册的“中国好书”；陈引驰教授在复旦大学开设“《庄子》精读”课30余年，其《庄子精读》《庄子讲义》深受包括复旦学子在内的广大读者的喜爱。这套书可以说是名副其实的“大家”之作。

其二，这套书是真正的“小书”。图书为全彩图文，每种200多页的篇幅，阅读轻松无压力；图书的版式疏朗、优美，为了保护读者视力并便于阅读，字号略大；图书的插图包括历代相关画作、壁画、书法及经典的图书版本图，从艺术美育的角度，让经典内容更加立体和丰满，融合显示了中华传统文化的古典之美。

其三，这套书立足读者立场构思框架，语言轻松活泼，在简洁的篇幅内高屋建瓴地梳理传统经典的应知知识，融最新的学术研究成果和学者的真知灼见、对世界人生价值的思考于其中，立意高、思想正，是对传统经典最具有权威性和公信力的“正”解读，是适合培育青少年三观的传统文化读本。

俗话说“读史明智”，《资治通鉴》更是被称为“不可不读之书”，但其300余万字的篇幅、跨1362年的历史，人物、事件纷繁复杂，大多读者只能望而兴叹。张国刚教授的《〈资治通鉴〉通识》则以6万余字，带领读者“通识”《资治通鉴》——司马光及其团队编纂《资治通鉴》背后的故事，《资治通鉴》全书的整体框架和历代中包含的智慧精华，后世逐渐形成的“通鉴学”及其对中华文化的影响，也简要介绍了《资治通鉴》对海外的影响。可谓是“致广大、尽精微”，既有提纲挈领地鸟瞰式构架，又有深入细致的故事讲解，让读者在理解故事的基础上树立大义担当的家国情怀，总结为人处世的立身之道。

比如在第四章《架构与内容·魏晋五十卷》中，张国刚教授对比刘备和孙权，分析刘备“创业期”和“成功期”的特点，并评点性格格局对事业的影响。其中他提到一个细节，即刘备把督邮绑到树上暴打一顿之事，并分析道：“可能这样的做法不太符合后世对刘备‘仁厚长者’的‘人设’了，所以罗贯中《三国演义》把这件事安到了脾气粗暴的张翼德头上。”既有历史的细节，又有学术研究的内涵，让读者在兴味盎然之中增长知识，看到历史的真相。

《老子》和《庄子》是中国哲学思想的代表之作，也是中华传统文化重要的思想根基。但经过千年流传下来的书籍中记载的内容，真的是原初《老子》(又称《道德经》)、《庄子》的内容吗？如果不是，其中有哪些变化，这些变化对当下我们理解老、庄思想有什么影响吗？今天我们应该如何读《老》《庄》？陈引驰教授提出“《庄子》并不是庄子写的”，在《〈庄子〉通识》中介绍了《庄子》一书在历代更迭中的内容变化。郭永秉教授则引用最新的出土文献来分析《老子》原本的思想内容，带读者穿越

《老子》研究的千年迷雾，回到最初的历史现场。

“中华经典通识”（第一辑）出版后，与来自复旦大学通识教育中心的学子，及上海市 4 个区 10 个中学的学生开展共读活动，反响热烈，深受欢迎。第二辑拟于 7 月推出，包括《〈周易〉通识》《〈世说新语〉通识》《〈唐诗三百首〉通识》《〈三国演义〉通识》和《〈本草纲目〉通识》。

正所谓经典常读常新，一代有一代的思想，一代有一代的解读。“中华经典通识”致力于聚合当代的文化最强音，引领青年人亲近经典，热爱传统。青年强则国强，树德立人，关系国家民族的前途和命运，路漫漫其修远，我们唯有不断上下求索，方能达成理想始终。

（原载 2023 年 5 月 28 日《深圳特区报》，作者系中华书局上海聚珍文化传媒有限公司编辑）

大家小书，润物无声中导读传统经典

贾雪飞

“对历史最好的继承，就是创造新的历史；对人类文明最大的礼敬，就是创造人类文明新形态。”面对当今世界之变、时代之变、历史之变，我们深刻认识到赓续传统文化、更新古老文明是发展中国式现代化的文化力量，是我们立根铸魂的精神根脉，是我们回应世界、回应时代、回应历史的中国方案。

历经千年烽烟留存下来的中华经典，记载了中华文明五千年的发展史和更新史，是传承中华文明之光的智慧宝藏。面对世界和历史的巨变，凝聚当代学者的学识力量，以新高度导读传统经典，以新视界普及传统文化，是大众读者浸润心灵、启迪智慧的日常需求，是专家学者传承文脉、以文化人的责任追求，更是赓续中华文明、创造人类文明新形态的具体要求。

跟随优秀学者，“通”“识”中华经典

中华书局有感于时代的召唤，自 2022 年 7 月开始推出“中华经典通识”系列丛书，集合当代各领域优秀学者，以新学术高度、新视野广度、新呈现角度，面向大众读者导读传统经典，传递当代学者的新知、新见和新识，在润物无声中更新知识体系、赓续中华文明。

“中华经典通识”系列丛书入选“十四五”国家重点出版物规划，共包括图书五十种。丛书最显著的特点可以概括为三个关键词——“大家”、“大众”、“小书”。“大家”是作者，“大众”是读者，“小书”是形态。正如丛书主编、复旦大学图书馆馆长陈引驰教授强调：丛书作者都是在全国各高校从事教学工作，且在该领域卓有建树的名家或专家学者；所著图书均为面向大众读者的原创专著，力求学术性与通俗性、严肃性与趣味性的深度融合；为方便读者阅读和携带，图书篇幅限定在 8 万字左右，且全彩图文，读起来赏心悦目。

正是因为丛书从读者立场出发，集优秀学者多年研究心得而成，故第一辑五种于 2022 年 7 月出版后，在社会各界引起热烈的反响，读者对中华书局主动担当，以对传统文化的创新性发展，将传统文化植根大众的作为，给予高度肯定。与之相伴，丛书在销售上也实现了一年内四次印刷的好成绩，取得了社会效益和经济效益双丰收。第二辑于2023年7月出版，至10月底已有3种图书实现重印。

深耕经典沃土，培育健康灵魂

2023年7月，“中华经典通识”系列丛书推出第二辑五种，包括《〈周易〉通识》《〈本草纲目〉通识》《〈世说新语〉通识》《〈三国演义〉通识》《〈唐诗三百首〉通识》。从《周易》对天道人文的思考，到唐诗精神对心灵世界的滋养，再到本草医学对身心健康的呵护，本辑图书多维度展现传统经典对人心、生命的关怀与尊重，以现代的文化立场汲取当代精神资源，指引更多当代人塑造自我人格，直面眼前和将来纷繁复杂的生活。

近年来，从国外悄然兴起并传入的“低欲望”、“佛系”生活态度和人生观，影响并困住了一批年轻人甚至是青少年。如何培养国人积极向上、奋发有为的人生观和价值观，已经超出了某个领域，成为一个重要的社会问题。“中华经典通识”立足学术，观照现实，以《〈周易〉通识》和《〈唐诗三百首〉通识》为切入点，力求培养国人，尤其青少年，健康向上的精神世界。

《周易》是中华传统思想、智慧的结晶，被誉为“大道之源”、“古代东方第一奇书”，其中“天行健，君子以自强不息”、“穷则变、变则通、通则久”的智慧启迪激励着一代又一代中华儿女谱写辉煌灿烂的历史篇章。复旦大学教授、易学名家王振复所著《〈周易〉通识》，既介绍阅读《周易》须知的基本常识，又详细解析与《周易》有关的各种符号、图式及相应文辞，梳理《周易》三千年的历史及世界影响，正本清源，为读者打开通向《周易》世界的门户。

诗是人类最美的语言，唐诗是中国人心中永远的精神家园。北京大学周兴陆教授著《〈唐诗三百首〉通识》，选唐代 50 位诗人的 130 余首诗作进行解读和评点，融时代背景、诗人际遇、诗歌意境为一体，以诗证史，有利于增强读者的诗学修养、培养读者的审美人格。书中用重笔浓墨书写了唐代诗人自信张扬的个性、博大仁厚的情怀、游侠尚武的精神和山水自然的乐趣，引领读者走入自信、开放、包容的历史文化世界，具有很好的美育作用。

（原载 2023 年 11 月 5 日《深圳特区报》，作者系中华书局上海聚珍文化传媒有限公司编辑）

有精有通，先通后精

——《〈周易〉通识》编辑手记

黄飞立

认识王振复老师的年头已经不短了，知道他是易学专家，但由于《周易》的复杂与繁难，我一直望而生畏，也没有与王老师在这方面有过多的交流。王老师在建筑艺术和美学方面也是行家，我们聊的更多的是建筑和文学，聊得多了，就聊出了《建筑中国：半片砖瓦到十里楼台》（中华书局2021年7月出版，目前已三印）一书。

讲中国古代建筑，或多或少会与《周易》沾边，这样来讲古人的建筑与营构理念，更加透辟到位，而这也时时提醒我：王振复老师是《周易》研究的“大咖”啊，他自己就曾说过，如果他在建筑方面的研究使了一分力的话，那么在《周易》上就投了三分！

王振复老师研习易学已近四十年，不仅很早就为学界和广大读者奉献了《巫术：〈周易〉的文化智慧》《周易的美学智慧》《大易之美》这所谓《周易》的“美学三书”，而且在国内首开以文化人类学方法研究《周易》的先河，泽被一代学人。此后，王老师在《周易》研究和普及的道路上步履愈健，相继推出《周易精读》《周知万物的智慧——〈周易〉文化百问》等产生广泛社会影响的佳作。如果不能为王老师推出易学研究方面的作品，足以反映其研究精华，不仅是我作为出版人的失职，也是对王老师易学造诣的浪费，对多年同王老师亦师亦友交往的辜负，对广大读者更是一种遗憾和损失。

就这样，在与王老师多次深谈后，我们达成共识，还是要从文本本身入手，为读者提供一种对《周易》六十四卦每卦和每爻的卦爻辞进行现代解析，对附于其后的《易传》进行文化人类学、美学阐释的读本，这样才能将《周易》讲精讲透，使之成为现代普通读者想要了解和走进《周易》世界的一个可以依赖的理想文本，名之曰《周易精讲》。王老师还一度想用《周易正读》的书名，大概是有感于市面上滥竽充数、误导读者的《周易》读本太多，亟欲以之正本清源吧。

王老师身体一向不好，要定期去医院做各种检查，但这并不妨碍他每天按计划保证一定时间的研究与写作，这也是他一贯坚持的勤勉扎实学风的反映。不到一年时间，《周易精讲》书稿交到我的手上，看到一字不苟的一大摞书稿和精益求精不断修改的笔迹（老先生对电脑的使用不大熟练，还是习惯于手写），我的感喟由衷而生。时当2022年夏日。

恰在此时，我们中华书局聚珍文化的重磅图书——“中华经典通识”第一辑五种推出，在业界和社会上产生很大的反响。这套丛书出版的初衷，就是希望为广大读者提供一套对于中华传统经典著作的导读式、通识性读本，为读者进入经典的直接阅读助力。《周易》作为“群经之首”，理应有一本这样的通识类出版物。我自然而然又想到了王振复老师，他不正是这本通识再合适不过的作者么？更何况，刚刚交托我手的《周易精讲》也正需要这本通识作“导读”呢！一切都是最好的安排。

有了这个想法，我迫不及待地告诉了王老师，王老师也正有此意；告禀丛书主编陈引驰教授，亦深觉妥适，可列入丛书第二辑。这本《〈周易〉通识》的撰写，就这么愉快地定下来了。

我曾在王老师的《周易精读》里看到一段《导言》，内容与丛书的体例和宗旨有些相近，包括《周易》的价值、版本、作者、成书时间、易学史略等，所以征询王老师的意见：可否以此为基础来写作《通识》？王老师的答复是：可以用它提出的问题，但框架要重新结构，内容要大幅增补。其实就是推倒重来的意思。

根据丛书的整体设计和体例，在我与王振复老师往复商量探讨后，最终确定了整部书稿的结构和框架：全书的“帽子”即导言部分，通过对《周易》“奇”在何处的阐发，回答《周易》价值和意义何在的问题，开宗明义。然后进入全书主体，先将阅读《周易》最需了解的几个常识问题，如书名为何叫“周易”，到底是谁写的，写于何时，什么叫“三易”等归拢一起作为一章，集中作答，名曰“《周易》阅读须知”；再按《周易》本身由经、传两部分构成的特点，分别按其文化属性，以“《周易》本经：巫文化”、“《易传》：史文化”为题，分两章分别解说，这是全书的核心；最后分国内和国外两章，国内讲易学三千年的发展和接受史，国外讲对东方和西方不同的传播与影响史。这样有经有纬，时空结合，庶几可以完成帮助读者了解《周易》的通识任务。

由于王老师对《周易》十分熟稔，又时时关注学界的动态，写作《通识》时电脑水平也提高不少，所以历时不到半年就顺利交稿，年关将近，正式进入编辑审读阶段。

《周易》被称为“古代东方奇书”，导论就围绕这一美誉，突出一个“奇”字，凝练出其作为中华原典的意义。第一章“《周易》阅读须知”本来设了七到八个问题，审读中精简调整为五个，章名也更易为更为简明的“《周易》五问”，不弄玄虚。《周易》本经的特点是符号为王，并衍生出各种太极图、河图洛书、方位讲究等，遂将章名改为直截的“符号的意味”，直抵《周易》最根本处；王老师还通过叙述，还原了古老的占筮过程，并就也许是读者最为关心的《周易》算卦是否灵验、风水是否有效验作出了逻辑自洽的解答。巫是全世界所有文化最原初的形态，不过西方由巫走向宗教，中国却由巫走向“史”，其实就是对“人文”的重视，《易传》就是一个显例，许多文辞在后世成了成语金句，作为校训的比例很高，无愧其“原典”的地位，“向‘人’的回归”，是对《易传》特质最好的概括。

关于三千年易学，每一历史阶段都有其侧重和独特面貌；关于东渐西传，朝日、欧美又各有不同——条分缕析、脉络明确、要言不烦，是讲述这些所必要的。校样到手，清清爽爽。

与《周易》有关的许多符号和图式是无法直接用电脑输入的，而这涉及阅读《周易》的许多关键之处，王老师为此手绘了满满四页 A4 纸，一一对应书中位置，最后由排版公司录入正文，读者可一目了然。从书体例全彩精印，但由于技术所限，王老师配图有些现实困难，便基本是由我完成，借此对《周易》的了解也更加深入，至于是否合意，知我罪我，其惟读者诸君。

反观起来，《周易精讲》到稿后才有了《〈周易〉通识》的写作动议，面世反倒是《通识》在先，不过这也合乎阶梯式阅读的顺序，读过《通识》后，是不是更盼着

《精讲》早日面世呢？

（原载2023年8月30日“中华书局1912”微信公众号，作者系中华书局上海聚珍文化传媒有限公司编辑）

当代学者说魏晋

——《〈世说新语〉通识》编辑手记

黄飞立

早在 2021 年“中华经典通识”丛书还在酝酿的时候，关于选目，《世说新语》就是必入之一。虽然它非“高文正典”，入不了庙堂，但问世后对士人精神世界的影响却是极其巨大的，其中所映射的魏晋风度和名士风流常常令后人神往不已，也往往是文人所仿效的对象。有关它的续作、仿作，对它的注释、评点、解读、研究，更是层出不穷、蔚为大观。直至今日，《世说新语》依然是出版界的大 IP，不论是原文注解、白话翻译，还是依托于它的改编、再创作，不论是普通读者喜闻乐见的绘本、漫画，还是学者专家不断拓展的研究专著，从数量上来说都是十分惊人的，已俨然成为传统文化领域的“显学”。

关于这本《通识》的作者人选，也很快就聚焦到同济大学人文学院刘强教授的身上。刘老师是复旦大学的文学博士，师从著名古典文学专家骆玉明教授。骆教授是魏晋文学尤其是《世说新语》研究的权威，其《世说新语精读》在学界和普通读者中的口碑都极好，师出名门，刘老师“根正苗红”。但这不是关键，最主要的是刘强老师在《世说新语》领域开辟出自己的一方天地。

刘老师深耕《世说新语》近 20 年，其研究是全方位的，成果更是多元的。既有基础性的《世说新语资料汇编》《世说新语会评》这样的文献工作，也有《世说新语新评》《世说三昧》这样对《世说新语》阐发幽微的著作；既有《世说学引论》《〈世说新语〉研究史论》这样的专精之作，也有面向大众的通俗化的《竹林七贤》《魏晋风流》《一种风流吾最爱——〈世说新语〉今读·人物篇》，更有《世说新语鉴赏辞典》这样的工具书。不过，关于《世说新语》通识性质的作品，刘老师此前还没有写过。可以说，撰写这本《通识》，刘老师既是十分合适的人选，也是对刘老师《世说》研究的拓展和精华的凝聚。

此外，刘老师担任《通识》作者还有一大优势，那就是他长期以来一直坚持的经典普及化工作。刘老师曾戏称他在同济大学做的是“双语教学”——《论语》和《世说新语》，并常常将二者加以对比；他所做的普及工作，也是以这两部经典为主，拿前者来说，还出版了《论语新识》《四书通讲》等书。而《世说新语》，更因刘老师做客央视“百家讲坛”，主讲“竹林七贤”而获得更大范围的传播。

收到邀约，刘强老师愉快答应，但却迟迟没动笔。据刘老师事后说，正因为自己在《世说新语》领域已经有了许多成果，反而在担心不能超越自己、推陈出新的压力下，不知如何着手。不过在反复沟通后（用他自己的话说是“花式”催稿），特别是丛书第一辑的出版，让他放下了这些包袱，因为刘老师此前并没有《世说新语》通识性质的著作，而这也是他的经典普及工作所需要的，也是对他此前《世说新语》研究的一个小小的总结。

2023年年初，刘强老师交上了全稿，《〈世说新语〉通识》正式进入编辑审读流程。毕竟是写过很多有关《世说新语》的著作和文章，作者也极有意识地按照丛书的整体要求、体例和风格进行写作，因此《通识》书稿的架构全面合理，脉络十分清晰，文字也很晓畅易读，文字的编辑并没有耗费太多的工夫。

书稿由六部分组成：作为导论的“《世说新语》是本怎样的书”，综述了《世说新语》的价值与影响；“《世说新语》成书之谜”，介绍了书名的由来、作者刘义庆和书的卷次门类，属基础性知识；“《世说新语》的编撰艺术”，正式进入文本，介绍该书的编纂宗旨和方法；“‘清谈全集’的思想光影”，就《世说新语》所映照出的鲜明的魏晋时代精神和重大议题作出梳理和分析；“‘魏晋风度’的魅力舞台”，结合《世说新语》的门类和“魏晋风度”所涵括的内容，分七个方面描画了《世说新语》构建的“魏晋风度”的全景图；“‘世说学’面面观”，就是一部简明的《世说新语》研究史和接受史。审读下来，深觉铺排有序，有史有论，囊括了《世说新语》的各个方面，学术性普及性的契合度极高，完全体现出刘强老师在这方面的学养和化繁为简、雅俗切换的超强能力。

不过，我们编辑毕竟处在与市场接触的第一线，根据图书市场和读者心理，还是对部分篇章和标题作了调整。比如作为导论的“《世说新语》是本怎样的书”原先有五个小标题——“古今绝唱”、“琐言第一”、“名士教科书”、“风流宝鉴”、“枕中秘宝”，是历来对《世说新语》的美誉，但并不适合直接出现在目录中，就把它们从目录中拿掉了。第一章原名“《世说新语》成书之谜”，下分三节，分别是“书名之谜”、“作者之谜”、“门类之谜”，审读后发现用“××之谜”并不是很贴切，因为这些问题虽然需要钩玄索隐，但还构不成所谓“之谜”，便将章名改为“《世说新语》是怎么来的”，变节题为“到底是谁写了《世说新语》”、“从《世说》到《世说新语》”、“分门别类有讲究”。第五章本作“‘世说学’面面观”，虽然“世说学”是否成立仍有待商榷，但《世说新语》研究已成系统的蓬勃发展，的确有称其为“学”的底气，故该提法仍予保留，并改章名为“‘世说学’：经典的形成与影响”，这也契合一部经典的特质。

《世说新语》的魅力在于魏晋风度和名士风流，又不止于风流。这本《通识》聚焦名士——一个个鲜活的人，更推而论及由这些人所构成的魏晋社会和文化的鲜明特质，这是任何一本关于《世说新语》的优秀著作都会涵括的内容。本书不止于此。上文已述，刘老师时时担心不能超越自己、推陈出新，但事实上这样一本十来万字的“小书”，仍有不少出新之处，如在文本上常将《世说新语》和《论语》加以比照，认为魏晋玄学非老庄之学，而是儒道互补、礼玄双修的“辨异玄同”之学。再如《世说新语》中并无关于陶渊明的只言片语，但作者在解读魏晋名士风流中诸如饮酒、任诞和隐逸等风气时，有意将这些最易“旁逸斜出”、“收拾不住”的线索，牵扯并绾合于这位“古今隐逸诗人之宗”的身上。因为在作者看来，陶渊明才是魏晋风度的集大成者，而这也成为这本著作与众不同的一大特色。

配图工作也是编辑工作中的一项重要内容。最初精选了近百幅图片以备选，最终入选四十余幅，除了《世说新语》珍稀版本书影外，更多的是古代著名画家笔下、画像砖里的魏晋名士形象和场景再现。关于魏晋名士清谈的标志性道具麈尾，也以敦煌莫高窟壁画中的《维摩诘经变像》予以呈现。这些图片可以帮助读者更好地理解文字内容，重构文学空间和历史场景。

在这本《通识》即将出版之际，刘强老师来到我们这里，录制包括封底二维码在内的小视频。但见刘老师手摇一把折扇，对着镜头侃侃而谈，神采奕奕，基本一镜到底，说到精彩处逸兴遄飞，这不就是一幅活脱脱的魏晋名士清谈像么！

（原载2023年9月5日“中华书局1912”微信公众号，作者系中华书局上海聚珍文化传媒有限公司编辑）

多识于鸟兽草木之名

——《〈本草纲目〉通识》编辑手记

周　天

为什么会做这本书？

2022 年 11 月初，我入职中华书局上海聚珍，从一名杂志编辑正式转为图书编辑。11 月下旬，王家葵教授撰写的《〈本草纲目〉通识》交稿，由于机缘巧合，我有幸成为这本书的责编之一——初转为图书编辑，贾雪飞老师决定亲自带着我编辑几本书，把图书流程熟悉一下，此书为其中之一。

我出生自医生家庭，妈妈是医院里的麻醉师，是"西医"，但她却非常"迷信"艾灸和"治未病"的理念，对中医、本草独有偏爱。所以我几乎没有犹豫就接下了这本书。

而对《本草纲目》这部伟大医药学著作的了解，当时的我与大多数读者朋友差不多，只知道它是明代李时珍撰写的医书，有些“鸟兽草木”之类，且在对物的研究文章中会读到一些对其内容的引用，是一本颇为“神奇”的书。

此外，因为周杰伦的歌和他朋友的健身操，“本草纲目”四个字被大众所熟知。既然知道，便有了一扇门。当大家在书店遇到它，且是一本薄薄的小书时，是不是也会愿意翻开了解一下《本草纲目》的真正面目呢？

为什么需要做这么久？

王家葵先生的书稿，文字、图片都是齐清定的，处理起来相对顺畅，且有“中华经典通识”第一辑打样，并没有太多“伤脑筋”的编辑工作，但也还是持续打磨了三个多月才将其送局付型。这期间的书稿经历些什么，有没有可以和读者分享的呢？我想分三点来讲。

其一，目录的编排。本书编辑过程中，我这个刚入职的图书编辑由贾雪飞老师手把手指导、教学，流程进展非常顺利，我在图书编辑过程中学到很多东西，尤其是对图书整体架构的调整。比如原稿目录第二篇“《本草纲目》题解”，对《本草纲目》已经烂熟于胸的王家葵教授分门别类对《本草纲目》的内容进行介绍，但对于大多数不了解《本草纲目》的普通读者来说，看原稿的目录基本看不明白王老师的介绍和《本草纲目》一书结构的关联。

于是贾老师让我将全书目录全部列出，我们再对照《本草纲目》原典比对，梳理脉络后，贾老师将书稿内容和《本草纲目》原典内容逐一对照，修改书稿目录的标题后，呈请王家葵老师确认。王老师对修改给予认可和赞许。这个过程让我认识到编辑在作者和读者中间应该起到的桥梁作用。

其二，丰富的配图与版式。相信读者朋友在翻开这本书时一定会有这样的感受：配图好多啊！而且已经不止一位编辑同事来问我，这些图是哪里找的？是你自己找的吗？（通识系列其他书多数由编辑配图。）在这里声明，本书的随文配图全部由作者王家葵先生提供。如何在一本10来万字的“小书”中把图片排得美观，且不影响阅读，是我作为编辑需要解决的问题。不管是图片的色调、大小、细部，还是图片版式及图文关系都有相应调整，只为精益求精。此外，可能有读者会因图注版式未统一感到疑惑，这样处理的原因有二：一是为了使正文与图注文字有所间隔；二是使版面更灵动，缓解阅读疲劳感。

其三，作者的配合。本书的顺利出版离不开作者的配合，不仅是前文提到的配图，对编辑过程中遇到的疑问，王家葵老师也都予以积极回应。譬如，书中提到清代有一部题为蒲松龄撰的《草木传》剧本，并引用了其中一段以“妊娠禁忌”为中心的唱念。编辑过程中，王老师找到更高清的《草木传》抄本书影图片，但写作时选用抄本文字与此本文字有出入。我们决定更换，修改意见是整段替换为此本文字，或者在图注中说明两者版本的不同。本以为王老师会采用后一种较为简便的处理意见，而他最后还是决定为读者考虑，整段按新配图的文字校正，还一并改正了抄本上的错字。

这本书讲了什么？可以作为中医学习书来推荐吗？

全书分为五个部分讲解《本草纲目》：序言“从李时珍纪念邮票谈起”，从一张李时珍纪念邮票切入李时珍与《本草纲目》，别有洞天；第一章“本草源流”，介绍中国本草的兴起及历代的流传与发展；第二章“《本草纲目》解题”，从三个方面剖析其体例架构及卷次内容，广征博引，行文中不仅多举与生活息息相关的药用知识、经验，还涉及许多《本草纲目》中有趣的“冷知识”，让读者边了解本草，边感受李时珍与王家葵先生的幽默；第三章“《本草纲目》的版本与图像”，梳理其版本流传及图像故事；结语则略叙《本草纲目》对世界及当代中国的影响。

我自己在编辑这本书的过程中，增长了不少对本草文化的见识，并在平日的生活中对身边的事物也多了一份观察与思考。你知道吗？原来忍冬就是金银花，而且它们在初夏盛开，确实有金（黄）、银（白）两种颜色。而过去我从未将二者联系到一起，因为平时在药店或茶叶店里买到的金银花多是脱水后的样子，直至审稿时读到“金银花古称忍冬”，且辅以图片为证，方才恍然大悟。这或许就是孔子教导我们要“多识于鸟兽草木之名”的原因吧。

因此，我很乐意向中医爱好者和博物爱好者推荐这本书，你们在看完此书后，也一定会有许多收获。而有意学习中医之人，应该也是中医爱好者吧……总之，这是我加入中华书局上海聚珍后编辑出版的第一本书，由衷感谢所有在它成为一本书的旅程中辛勤付出的同事们，希望大家能喜欢它！

（原载 2023 年 9 月 10 日“中华书局 1912”微信公众号，作者系中华书局上海聚珍文化传媒有限公司编辑）

别裁《三国》见真章

——《〈三国演义〉通识》编辑手记

黄飞立

今人常说的中国古典小说“四大名著”，在我们最初策划“中华经典通识”系列丛书的时候自然而然就入围了“候选名单”，这不仅是由于它们在中国文学史上的地位和影响，也是由它们在今天依然受众广泛，被许许多多读者喜爱的事实所决定的。

这“四大名著”的《通识》作者很快就确定了，《〈三国演义〉通识》写作的任务交给了复旦大学新锐学者许蔚。一来他在目前国内道教及道教文学研究领域已卓有建树，而《三国演义》的故事恰恰发生在道教成立不久，与道教渊源极深的五斗米道和黄巾军纷扰汉末的大背景下，《三国演义》中也充满了各种道教因子，比较著名的就是诸葛亮求风的道徒形象，许蔚老师又自幼熟稔《三国演义》；二来讲说《三国演义》必须具备精深的文献学知识，否则其复杂的形成演变历史便无法解释清楚，而这也是许蔚老师的强项，更何况他对各种“三国故事”的文艺形式都了然于胸，不管是各种版本的小说文本，还是戏曲、评书，许蔚老师都能做到信手拈来、举重若轻，以这样比较的眼光来分析《三国》中的人物及其形象变迁，才会更加独到和犀利——因着以上种种，由他来写这本《通识》，真的很让人期待。

“小书”也要“磨”

由于作者此前的学术积累，《〈三国演义〉通识》的书稿很快就摆上编辑的案头。我认为一本好的著作，首先就是能体现出撰写者的学术个性。本书就是如此，但由于它只是整套丛书中的一种，受限于丛书体例及定位，最初的样貌与我们预想的颇有差距，因此往复沟通成为最初的工作重心。就比如书名吧，作者最初用《〈三国志演义〉通识》，而这就与我们熟称的《三国演义》不同。现在的导言部分“三国如何演义？”，实际上是《三国演义》一书的成书史，最初建议作者拓展为一章，导言另写，题目都想好了：“从‘老不读《三国》’说起。”作者认为如果专门开辟一章写成书过程，势必涉及版本演变，这样就越来越繁琐，并不适合一般读者阅读，只在导论中让读者有一个整体认知即可，而这也就顺便交代了关于作者争议的问题（在许老师看来，《三国演义》的作者是否就是罗贯中其实是个伪问题，关键在于《三国》的成书过程，说明白了，自然不用长篇专业论述这个问题），想想这也符合丛书定位，便最终遵从了作者的意见。

再比如原先的设计是把《三国演义》内容上读者应该知道的写成一章，但作者的书稿讲全书结构、男性角色、女性角色、战争场面的各为一章，都很有特色和精彩之处，并为一章并不合适，独立成章反而更为适宜，于是我就把讲结构的放为第一章，名之曰"'腰斩'三国"（"腰斩"一词袭自金圣叹腰斩《水浒》），并加了副标题"布局的重点"，主标题突出特点，副标题点明讲述内容，以后各章均仿此。讲男性角色的章名为"一句话噎死英雄汉"，讲女性角色的章名叫"权力游戏中的女性"。作者曾就关羽的几个疑问写了一章，我建议增加体量，并把它作为讲人物的第一章，从而和男性角色、女性角色构成"人物画像"三章。而作者之所以单独写关羽，也是为了与结语相配合，融入全书整体构思，从中亦可见出许蔚老师写作的用心。

小说与历史的关系是《三国演义》研究中的大问题，但作者一直尽量避免引用《三国志》，尤其避免将史书与小说比较，于是我们建议将《三国演义》与《三国志》及其他正史材料中的人物、时间作一番对比，分析"演义"与正史的区别和各自的特色。许老师并不否认《三国志》等史书记载的部分事实是小说的来源之一，在导言和行文中偶尔会提到，但仅限于提到。许老师的理由是，《三国演义》研究史中，许多学者一方面强调《三国演义》是小说不是史书，甚至不是通俗历史读物，但另一方面又醉心于拿小说与历史作比较，纠缠于其间差异，不论主观愿望如何，其结果就是客观上造成史书与小说的混淆，既不利于文学，也无益于历史。虽然最后还是设了“《三国演义》不是史书”一章，并下设三个很容易让读者感觉兴味的题目“放火烧船需要东风？”、“谁打了黄盖的屁股？”、“蒋干何曾盗书！”，但主体写作方向还是以作者意见为主。有时候真觉得编辑也是一门妥协的艺术啊。

《三国演义》在海外特别是东亚文化圈影响深广，其传播（接受）史和现代学术简史不得不提，许老师为此特意增写“相关研究与‘三国热’”一章，全书结构因此更加完整，脉络也更加清晰，一部“通识”著作该有的元素都具备了。

“通识”中的“意外之喜”

然而这本《通识》又与一般意义上的“通识”作品很有些不一样。

虽然它也讲《三国演义》小说本身——它的布局、不同作者和修订评点者的思想倾向、人物刻画与战争描摹，讲阅读这部小说所必须知道的基本常识——它是怎么形成的，又是怎样流变的，与正史有哪些不同，又是如何影响后世和海外的，让你明白原来《三国演义》应该这样读，但它的独有之处，我认为在于以下两点，而这两点，也充分体现出许老师的学养与年轻学人的锐气。

第一，《三国演义》版本方面，由于嘉靖本和毛宗岗评本在传播史上的同等重要性，而二者之间的差别是非常明显的，故即使是面向普通读者的出版物，也不可能不提及二者而径直介绍《三国演义》，所以作者在评述《三国演义》的思想、人物、艺术等时，处处揭示二者的不同，这是《三国演义》的一大特色，也是透彻理解这部小说所必要的。“通识”之作，能舍此而言他么？此外，在三国故事发展史上比较重要的文献资料，如小说之前的《三国志平话》，之后的《三国志玉玺传》及戏曲选本等，作者在介绍小说要点时均拎出其中的相关部分。没有这些参照系，读者便无法理解有些人物、情节何以如此而不是另外一番样貌。

第二，由于《三国演义》的人物塑造具有类型化特征，且一般读者对刘备、诸葛亮、曹操等著名人物的性格特点都非常熟悉，所以作者在叙述时虽有所涉及，但人物介绍的重点却不在这些人物，也不多作性格分析（类型化特征的分析也无更多的必要性），而是深挖人物的心理（如关羽），“同情之理解”人物的处境（如孙策），或者在充分分析后作点翻案文章（如吕布）。另外，对于小说中并不起眼的女性角色，作者也以较多笔墨予以分析，如何太后、貂蝉、孙权弟媳徐氏等，完全是充满现代意识的视野和观照。

因此在读过这本《通识》后，读者会发现似乎以前很熟悉的《三国演义》里，其实藏了很多问题。比如以前读到的《三国演义》，很可能姓毛而不姓罗；关羽关二爷的故事，还有很多隐含脚本；吕布并不是“三姓家奴”，其实只是一个“直心好人”；貂蝉实际上有着多重面向；两军交战时，往往只有将与将的对战，其他人只是“吃瓜群众”……以这本《通识》为津梁，读者便可能真正走进精彩纷呈的《三国》世界，对这部古典小说名著获得全新的认知。

不过由于作者是年轻学者，特别是有时写得兴起，会使用一些十分口语化的语句或者网络用语，与书稿整体不大协调，作为编辑，此时便会做一些平衡文气的删改。如作者原稿曾这样写道：“可不光是刘关张拜把子哟。三缺一啊，那怎么行，还玩不玩了？于是我们看到……”就删掉了“拜把子”后面这些词句。又如作者说“毛宗岗是坚定的皇叔粉”，便将“粉”改为“拥趸”。

另外值得一提的是全书配有近五十幅图片，除了择选《三国演义》多种版本连环画、人物绣像外，更选入元刻本《三国志平话》、俄罗斯藏黑水城出土金刻“义勇武安王”（关羽）像、明代周曰校本版画等多幅稀见图片，全景呈现出《三国演义》的丰富样貌，为读者提供真正的“悦读”。

虽然《三国演义》“文不甚深”，但想真正读懂读透，只看原文怕是远远不够的。不管怎么说，我在编辑完这部《通识》后，才发现《三国演义》又向我呈现出一片崭新天地。

（原载 2023 年 9 月 14 日“中华书局 1912”微信公众号，作者系中华书局上海聚珍文化传媒有限公司编辑）

从私人日记到敦煌文化读本

——《敦煌守望四十天》出版记

吴艳红

2021 年 6 月，并不熟识的朋友蒋理在微信公众号里推出“敦煌守望日记”，漂亮的文笔，优美的抒情，一下子吸引了我。原来他正参加为期四十天的“敦煌文化守望者”活动，将与敦煌亲密接触四十天。艳羡之余，我天天“追更”，而后在某天跟他“搭讪”，聊起日记变成书的想法。蒋理自言起初写日记是为了用文字记录下这段独一无二的经历以对抗遗忘，听了我的建议后，他坚定了写成书的念头。编辑和作者一拍即合是良好的开端，而故事就此拉开帷幕。

当有心人遇见莫高窟

蒋理每天的日记几乎都在零点以后写就，受制于时间和精力，没法发挥太多，只有“千字文”的篇幅，敦煌文化讲得少，而个人体验谈得多。我建议本书定位为敦煌文化“科普”读本，因此需要大量增写敦煌文化和石窟艺术的内容，个人体验则当简洁干脆。又一次一拍即合，蒋理决定活动结束后全力配合重写。

2021 年 8 月，蒋理完成大纲和样张，12 月蒋理写完全稿，我不由得拍手叫好。此前我的作者群基本上是学者，蒋理作为非学者、非作家，我害怕他驾驭不了敦煌题材。但我更相信最初打动我的日记会开出绚丽的花朵。果然，他既快又好地完成了私人日记到敦煌文化读本的转换。

蒋理从山河小城写到初见莫高，写到丝绸之路，然后以朝代为序详细讲解了 12 个代表性洞窟，介绍了 40 个普窟、8 个特窟和 5 个不开放洞窟，飞天、反弹琵琶、千手观音、莫高精神、壁画修复、窟顶治沙、洞窟数字化采集、在敦煌寻找江南等主题穿插其间，历史、地理、艺术、宗教、民俗等汇集于此，精彩纷呈。

220 窟壁画上的胡旋舞让蒋理联想到大唐在野心家安禄山的胡旋舞中渐渐衰颓，而后在安史之乱中“断崖式”下跌的史实；61 窟十二星宫让蒋理联想到苏轼是星座超级“发烧友”的故事；335 窟巨幅壁画《维摩诘经变》让蒋理联想到王维、李白等唐代高级知识分子对维摩诘的崇拜寓示着在出世与入世间寻找平衡；23 窟青绿山水壁画让蒋理联想到青绿山水在盛唐的代表性人物——大小李将军……这些文史知识他信手拈来，极大地丰富了敦煌主题。

值得一提的是，“摄影师”是蒋理的另一身份，书中绝大多数窟外图片为其亲自拍摄。图注的撰写也倾注了他对读者的诚意，非常详细，非常贴心，饱含知识性和抒情性。

在敦煌寻找江南

本书隐藏有一条“辅线”—— 在敦煌寻找江南。这是蒋理不同于其他守望者的独特体验。在敦煌曾流传有一句谚语 ：“居塞北之人，不知江海有万斛之船 ；居江南之人，不知塞北有千里之雪。”蒋理正是要在这“万斛船”与“千里雪”之间寻找关联。他利用碎片时间不断在敦煌寻找江南的线索 ：壁画上的江南、曲子词中的江南、久居敦煌的江南诗人、最有可能拯救藏经洞文物的江南人等。蒋理希望利用这些发现，串起“江南”与“河西”这两个大的文化概念，找到这两种文化融合之处，也找到与自身最有关联的那个“敦煌”。

他在 323 窟壁画发现了千年前的上海、苏州和南京 ；在莫高窟藏经洞出土的唐五代“曲子词”中，发现了不少描写江南风物的美妙诗章 ；发现为莫高窟摄影的第一个中国人是江南人陈万里 ；发现苏州著名刺绣艺术家邹英姿多次到访敦煌，辗转世界多地，就为了复绣出藏经洞文物中最大的刺绣作品《凉州瑞像图》……这些线索像绵密的针脚，连缀起了江南和河西。

书的封面正体现了这一主题。护封是蒋理拍摄的莫高窟标志性建筑九层楼和黄沙漫漫的鸣沙山，是当下的敦煌；里封则是莫高窟 23 窟千年前的盛唐青绿山水壁画，画中乌云弥漫，细雨霏霏，山峦起伏，田畦青青，农夫和儿子正挥鞭策牛，辛勤耕作。农妇冒雨送饭，父子对坐。在这幅《雨中耕作图》的下方，是一幅《人间乐园图》。佛塔之前，一人虔诚跪拜，一人随歌起舞，六人席地而坐，吹拉弹唱，不亦乐乎。几个娃娃正津津有味地聚沙成塔。画面充满了动感、欢乐和童趣。这分明是江南生活场景，偏偏留在了西北大漠中的敦煌石窟壁画上，这不能不说是江南和河西的奇妙牵手。

何谓守望？

书名中“守望”从字面意义上来讲自然是源于“敦煌文化守望者”活动，蒋理作为从全球遴选的 10 名第三期成员之一，于 2021 年参加了由敦煌研究院和上海交通大学等机构主办的该项活动，以此亲历行纪为线索丰富而成《敦煌守望四十天》。

然而，深入本书肌理，我发现“守望”至少有三层含义：

一是如常书鸿、段文杰、樊锦诗等奔赴敦煌的先行者将青春、将热血洒在这片神奇的土地上，为敦煌石窟的研究和保护贡献出最大心力。这些大人物之外，那些修复壁画的“面壁者”、与流沙作战的“治沙者”、数字采集工作者同样是“守望者”，他们深入大漠，与寂寞为伍，将单调演绎成了热爱。

二是通过各种形式深入学习并自觉传播敦煌文化。这些“守望者”的长居之地并不是敦煌，却与敦煌结下深深浅浅的缘分。因“敦煌文化守望者”活动与敦煌结缘的蒋理，回到居住的甪直古镇后，不仅著成《敦煌守望四十天》，还举办各种公益活动传播敦煌文化。

三是即便未曾抵达敦煌，但某个瞬间被敦煌击中，被文化意义上的敦煌折服。每个人都可能是广义的“守望者”，一旦我们跟敦煌文化联结，石窟艺术就不会消亡。

在此之前，我只是敦煌文化的“小白”，对敦煌保有敬畏感，却一直无缘亲近，责编此书后，我开始自觉关注敦煌文化。敦煌于我不再是735个洞窟、45000多平方米壁画、2400余身彩塑、5万多件藏经洞出土文献等常识，而是一个个具体的形象或故事。我相信，每个人都与敦煌有缘。

蒋理在敦煌学习、生活四十天后，有了条件反射般的“后遗症”：看到两个人端坐一处，就联想到“二佛并坐”；看到食堂，自然想起香积佛国；看到两三位数的阿拉伯数字，则会想起对应的洞窟。

你与敦煌结缘后，会产生怎样的条件反射呢？

（原载 2023 年 2 月 27 日《藏书报》，作者系中华书局上海聚珍文化传媒有限公司编辑）

《唐诗三百首》：重新认识最熟悉的陌生人

吴艳红

《唐诗三百首》乍一听，人人都不陌生，几乎是每个中国人的“童子功”，能背诵几十上百首的大有人在，全部会背的“神童”也并不鲜见。如此熟悉，还值得专门写一本通识吗？这不仅是读者可能有的疑问，也是我编辑《〈唐诗三百首〉通识》前的顾虑。

真正拿到书稿后，我的认知被刷新了。它并不是我所想象的“应知必会”，其中有很多我不知不会或一知半解的知识。比如，直到 20 世纪 40 年代，《唐诗三百首》的编选者是谁，学界才揭开面纱。编选者的身世背景如何，编选意图是什么，选诗宗旨是什么？这些最基本的问题，我竟然知之甚少。这不是熟悉一部经典应有的样子，遂升起敬畏之心。

首先，我们来认识一下作者。周兴陆是北京大学中文系教授，浸淫诗学数十年，在大学教授诗歌理论，熟悉格律和诗词创作。他在后记中分享了自己的旧体诗创作。写诗于他已成为生命的一部分，每每心有所感，便以旧体诗记录下稍纵即逝的念头，如同简约版日记。

一个寒冷的夜晚，每日伴作者读书的壁虎未如期而至，作者担心其安危，作五绝以记之："明月人初静，守宫如约来。风窗今夜冷，怜尔久徘徊。"了解到壁虎有冬眠习性，作者稍稍放下心来。到了春暖花开的日子，壁虎果然恰似故人来。

再如，有感于农人耕种才有收成，读书人也有半亩方塘须要劳作，作者写下"布谷声催耕墨田"这般清新隽永的诗句。后记洋溢着作者丰沛的感情、敏锐的哲思，其中的旧体诗如同千年前的唐诗给人以美感。以这样的温度来书写《唐诗三百首》的通识著作，或许才能真正打动人心。

作者围绕《唐诗三百首》搭建了整体认知的平台。内容涵盖《唐诗三百首》的编选旨趣、艺术世界、经典化历程、遗珠之憾，以及唐代精神风貌、唐诗的体裁与近体诗的格律、唐诗的域外传播等主题。既有通贯的介绍，又有诗篇的鉴赏，还有作诗的法则与技巧，等等。

我们熟悉的可能是一首首唐诗，但用一根根线把一首首诗串起来，形成网状结构，这才是整体认知的门径。

举例来说，前几年再现今人视野的日本名句"山川异域，风月同天”，其实缘自千年前日本遣唐使僧人长屋相国的发愿；日本俳句和美国现代主义意象派，竟然都受了唐诗意境的影响；“诗圣”杜甫的诗数量第一，“诗鬼”李贺的诗一首未选，“孤篇压全唐”的《春江花月夜》落选，这背后原来有编选者自己的逻辑……这些看似无关的知识点都被作者搭建的知识体系包容了。读者可以在此基础上将自己原有的唐诗认知框架进一步充实起来。

整体认知是着眼于面的广度，细节感悟则着眼于点的深度。在“《唐诗三百首》的艺术世界”部分，作者对 120 余首唐诗作了诗情与哲理的画龙点睛式鉴赏，以抒怀序志、亲情友谊、田园山水、烽火闺情、佳偶姝丽、物候节令、咏史怀古、丝管丹青八个题材归类《唐诗三百首》，同一个主题的诗歌有机串联，能帮助读者记忆；时代背景、诗人际遇、诗歌意境、名家点评四者融会贯通，让我们对自认为熟悉的唐诗有了重新认知。

举例来说，隐逸是唐代读书人为谋求做官而邀名的终南捷径。一些名人也未能免俗，比如王维、李白都曾隐居终南山，更多平庸之辈也趋之若鹜。王维的内弟崔兴宗想去终南山隐居，“人间清醒”的裴迪就写诗《崔九欲往南山马上口号与别》试图打消友人一时的归隐之念：“归山深浅去，须尽丘壑美。莫学武陵人，暂游桃源里。”裴迪很有预见性，崔兴宗后面果然又做了官。通过作者勾连式解说，这首诗像一个令人莞尔的幽默小故事，刻画了唐代诗人在出世和入世间的权衡和摇摆，极像我们今天时而“奋斗”、时而“躺平”的二重奏。

如果说整体认知和细节感悟是“输入”的话，主体建构则是建立在此二者之上的更具主观能动性的“输出”：或结合自身阅历，对古诗形成别具一格的理解和感悟，如克罗齐之“艺术即直觉”；或以创作诗歌抒发个人性情与感怀……林林总总，不拘一格。作者以创作旧体诗记下生命中的“一瞬”，即是主体建构的行为。关于旧体诗创作，作者在“唐诗的体裁与近体诗的格律”部分有着言简意赅的知识介绍及心得分享。关于作诗的法则，作者主张“大体则有，定体则无”，初学者不可自缚手脚。想自己作诗的读者可以依此门径练笔。

整体认知、细节感悟和主体建构是将一本书化为己有的有效途径，阅读《〈唐诗三百首〉通识》也不例外。

絮叨至此，我还想分享一下配图的小故事。本书配了37幅图，有版本图、线描图和彩图，以画观诗，令读者获得文字之外的审美乐趣。作者提供了几幅明代黄凤池辑《唐诗画谱》中的图，如王维《竹里馆》，线描勾勒出山峦、丛林、圆月、文人、素琴，再配以“对月鸣琴，似与天地精神相往来”的文字，写意生动，一下子击中了我的内心。“你是我的眼”，借古人之眼看更古之人，仿若“后之视今，亦犹今之视昔”，不禁感慨万千！

我从《唐诗画谱》中又寻找到更多适合诗境的图画，

既而又无意间搜索到清代马涛绘《诗中画》，从中选择了采桑、浣纱等劳作场景。《唐诗三百首》呈现给我们的，不止有仰望星空的诗意，还有脚踏实地的生活，是唐代生活的实录。渔樵是中国古代文人隐逸情结的象征，但真实的渔樵生活却是艰辛繁重的。隐逸之风的画作之外，特选了《诗中画》里以“樵夫晚担月为灯”为题的樵夫夜间担柴行走山路的形象。

除了“相合”的图，还选择了“相反”的图，以期在反差中获得别样效果。如李端《听筝》，我配了明代仇英《百美图卷》中美人抚琴、听者沉浸的场景，再配以“美人抚琴，神情专注，听者娴静安谧，若有所思，沉浸于美妙的音乐境界。而李端笔下的弹筝少女却意在弦外”的文字，将“欲得周郎顾，时时误拂弦”的弹筝少女的小心思巧妙点出。同是演奏音乐，一陶醉，一“出戏”，同样妙哉！

除了中国古人的绘画，还选择了日本画家狩野山雪《长恨歌图》的局部图。我为郑畋《马嵬坡》配了杨贵妃被赐死的场景，感受到女子成为战争牺牲品的悲凉一刻；为李白《清平调》三首配了唐玄宗与杨贵妃夜间赏牡丹的场景，感受到“花如人来人如花”的盛极一时。狩野山雪生活于日本江户时期，亦可一窥白居易的《长恨歌》在日本传播的案例。

图片绝不仅仅是点缀，而是另一种言说方式，以视觉的方式呈现一定的想象空间，对文字是极好的补充。

正是唐诗，使中国无愧于诗国之美誉。唐人的感觉、哲思如此丰盈，以简约的诗意化表达，奠定了中国人精神世界的原色。面对自然、社会与内心，唐人为我们规范了诗意化的表达，提纯了思想高度。无论是抒发爱憎，还是表达悲欣，我们都能从唐诗中找到雅正的诗化语言释放情绪，治愈内心。人生失意时，“天生我材必有用，千金散尽还复来”给我们以抚慰；想“躺平”时，“致君尧舜上，再使风俗淳”给我们以振奋；意气风发时，“春风得意马蹄疾，一日看尽长安花”给我们以共鸣。这或许是我们重新认识并从心感悟《唐诗三百首》之意义所在。

（原载 2023 年 6 月 30 日“中华书局 1912”微信公众号，作者系中华书局上海聚珍文化传媒有限公司编辑）

482 封信，一个女人 20 年的光阴

——《素锦的香港往事》编辑手记

马　燕

第一次看到“素锦”这个名字，是在微博。一个名为“阁楼上的安妮”的博主，写下了自己阅读《读库》（2202）里一篇名为“素锦的香港往事”文章的感受。虽然文字不长，但直觉是自己喜欢的文章，于是立刻下单《读库》，一口气读完，辗转反侧，难以入眠。

素锦是上海人，年轻时因家境贫寒做了舞女。结识章先生后，陆续生下三个孩子。章后来带着原配一家去了香港，素锦百般无奈之下，于 1956 年只身赴港，三个孩子由妹妹妹夫照顾。素锦在港省吃俭用，把钱源源不断地寄往上海。文章以素锦和妹妹之间的真实通信为基础，描述了素锦在港 20 年的生活。

我想，这篇文章只有 4 万余字，应该有扩充的空间，毕竟，文中提到，素锦与家人的通信有好几百封，几十万

字。随后在同事的帮助下，我联系到刘涛老师和百合老师。现在都还记得，2022 年夏天的一个晚上，那时小朋友们还无法正常上学，晚上在南二环凉水河边嬉戏，我和百合通了很长时间的电话，关于素锦，关于彼此，关于读书，聊了很多。那是我们的第一次通话。

刘涛作为收藏家，对于书信、契约、账本的收藏情有独钟。素锦的书信就是他在上海逛文庙的时候发现的。《读库》版的篇章结构是由刘涛和百合共同商定后，最后由百合执笔，把素锦在香港的生活按主题以横截面的形式展现。在此次单行本的写作过程中，由于篇幅许可，大家讨论后决定以时间线纵向推进，这样能够看到更广阔的历史背景，并呈现家庭内部更多细节，读者也可以从中看到更立体的素锦。

2022 年的最后一天，初稿完成，到了我这里。为了对素锦在香港 20 年的生活有更直接的感受，并拍摄一些书里也许能用到的照片，我们一家打算利用寒假去一趟香港。

素锦 1956 年 10 月出发去香港时，是从珠海的拱北海关先到澳门，再辗转坐船到香港。我也是从珠海出发，但选择了 2018 年才正式启用的港珠澳大桥直达香港，极其方便快捷。

在香港，我入住的酒店在北角，因为素锦曾在这里住过很长时间。2015 年夏，我曾在香港中华书局工作过两个月，也是在北角。感觉冥冥中似有特别的缘分。

这次住的酒店的长廊里摆放着很多塑胶花。若不是因为素锦的故事，我还不知道塑胶花与香港的渊源。可以说李嘉诚的第一桶金就是开办塑胶花厂获得的。素锦在香港的第一份工作是在塑胶花厂做工。

在香港的几天，我从北角码头坐船去尖沙咀，体会素锦在小姑姑家住得烦闷时去看海的感觉；我在铜锣湾的繁华街道四处寻找素锦最终买下一间公寓的轩尼诗大厦；在时代广场旁边一个破旧的楼前，反复确认这就是素锦曾经住过的波斯富大厦；我从铜锣湾坐叮叮车去了跑马地，想看看素锦打工的饭店还在不在。

我在北角附近闲逛，看到邮局时会想，这里是不是素锦常常给上海的孩子们寄东西的地方？看到教堂时会想，素锦是不是周末会来这里做礼拜？看到剧院时会想，素锦和章先生是不是在这里看的电影呢？看到菜场时会想，这里是不是素锦日常买小菜的地方？

在香港的几天，拍了很多照片，包括街道、楼房、叮叮车、拥挤的人群，但是，当我在搜寻资料的过程中，看到一张拍摄于 1956 年的老照片时，顿时改了主意。是的，就是这张。穿着旗袍的摩登女性，旁边是一脸茫然的路人。这种鲜活的历史感以及视觉冲击力，是现在的照片无法取代的。

幸运的是，香港中华书局曾经出版过许多香港本土题材的图书，保存了许多香港老照片。后来，在香港中华书局侯明女士、黎耀强先生和吴黎纯女士的帮助下，香港摄影家许日彤先生免费为本书提供了一些五六十年代的香港老照片。透过这些照片，可以直观看到当时的香港风貌，读者对于素锦香港生活的想象亦有了切实的依据。

审读《素锦的香港往事》稿件的过程，更像是一次关于香港史的学习。20 世纪初的香港，只是一个小渔村，20 世纪 50 至 60 年代，香港开始繁荣。素锦在香港的 20 年，从李嘉诚的第一桶金到香港经济的腾飞，从香港的房价飙升到 1973 年的香港股灾，从 1962 年的香港水荒到令人闻之色变的台风“温黛小姐”，桩桩件件都影响着素锦的生活。甚至，我也是从书稿里才了解到大陆与香港之间在过去几十年里相互扶持的过往。所以说，此书不仅仅是素锦个人生命史的片段，也是研究香港城市史不可多得的文献史料。

在稿件的审读终于告一段落时，需要相关领域专家的审读意见。我们找到了中国社科院近代史所中外关系史研究室主任张俊义老师。他是香港史专家。看完稿件后，张老师不仅写了中肯的意见，还特意问我，这个故事确定是真实的吧？我赶紧把素锦书信原件的照片发了过去。张老师说这个故事实在太打动人了，未来有机会一定会向影视公司推荐。

没想到的是，很快著名演员、导演陈冲就找到了我们。她看到一篇关于素锦的文章，然后火速去买了一本《读库》，第一时间联系了刘涛和百合。

5 月 20 日那天上午，我和百合在陕西南路的一个露天咖啡厅见到了陈冲老师。关于素锦的人生及她的时代，素锦身上那些“非常上海女人”的地方，陈冲当然比我们更懂。陈冲对着素锦的信件，反复摩挲，惊叹不已。为了更深入了解素锦，她甚至把素锦当年看过的电影《飞女怀春》都找来看了一遍。最让陈冲着迷的，应该还是素锦的个人成长。生活的揉搓并没有让素锦沉沦，她反倒是从跌到底的人生中更深刻地洞察了世事。陈冲感叹素锦不仅阅读那个年代的通俗小说，如《琥珀》等，她还喜欢罗曼·罗兰的《约翰·克里斯多夫》。这本书支撑素锦度过人生很多艰难时刻。难怪素锦信里经常会出现一些颇有智慧的“做人之道”。与陈冲分手时，看着她的背影在林荫道中慢慢远去，我真的产生了一种如梦如幻的感觉。也许，我们可以期待，素锦的故事未来会被搬上大银幕。

时代洪流中，我相信还有千千万万像素锦一样的女性，在女儿、姐姐、妻子、母亲的角色里举步维艰，但她们宁肯让渡自己的权利，也没有放弃自己的责任，最终选择在隐忍中度过一生。感谢素锦，以书写留下了记忆，让我们看见“她们”；感谢素美，一直珍藏着这些书信；感谢刘涛，收藏了这些书信并深度参与相关工作；感谢百合，以“克制而恰切”的方式呈现了这个故事。感谢张立宪先生和《读库》团队，感谢所有为本书付出的朋友，感谢所有喜欢素锦故事的读者。

（原载2023年8月14日“中华书局1912”微信公众号，作者系中华书局大众图书出版中心编辑）

书里书外

一个小白如何读明白《易经》？

胡香玉

一直对《易经》敬而远之，直到《你真能读明白的〈易经〉》横空出世。

真能读明白？试试不就知道了。抱着这样的信念，便一头扎进书里。

这本书对每一卦的卦辞，每一爻的爻辞都耐心解释。除此之外，还有详细的整体解读和实际的场景运用案例，对于初学的小白相当友好。如果你感觉对于卦辞和爻辞的解释也似懂非懂，甚至可以直接跳到解读和案例的版块。通读一遍，就会发现，这部上古奇书所蕴含的宇宙运转的规律，随机应变的思维方式，和现代人毫不违和。毫无疑问，《易经》包含了人类最深刻、最根本的智慧，而《你真能读明白的〈易经〉》，就是把这种高维智慧深入浅出地传达给了我们。

给现代人提供最究竟的智慧

翻开目录，每个卦名后都有一个小标题，温馨提示这一卦的主旨或方向。如此贴心，这就使那些高深莫测的卦名一下子拉近了与我们的距离。如《乾》临机应变的智慧与自强不息的精神,《无妄》如何应对生活中发生的意料不到的事情,《颐》平安与健康的秘诀在于慎言语与节饮食……从这些小标题可以看出，这些话题和我们现代人的生活都息息相关。

再看第一卦《乾》卦，字里行间竟藏着我们“日用而不知”的看点，读完令人恍然大悟。

比如为什么用“九五之尊”代表皇帝？原来，因为“九五”在《乾》卦中象征着君王，代表了光明正大的品德。九五的爻辞是“飞龙在天，利见大人”，意思是当看到龙在天上飞腾时，就会有利于出现伟大的人物。古人以龙比君，九为阳、为高，所以用“飞龙在天”象征君王处于大有作为之时。久而久之，九五就成了帝王的代名词。

比如民主党派“九三学社”,“九三”的名字有什么特殊意义？作者认为，这和《乾》卦的九三爻辞有关：“君子终日乾乾，夕惕若厉，无咎。”意思是君子终日勤勉奋发，深夜也要枕戈待旦保持警惕，这样才不会出错。这里其实在讲君子具有的自强不息的美好品质。所以“九三学社”就是指“君子学社”。

还有我们熟悉的“女娲补天”的神话，作者认为：女娲并不是一些画里描绘的飞升到天空补天去了。她补的“天”，是指西北方。因为《乾》代表天，所主的方向是西北。中国自古以来就是西北高、东南低，西北即为天。作者又说：这样说来，李白的“君不见黄河之水天上来”并不是什么夸张。黄河的源头在西北，西北为乾位，乾即为天。那么“天上来”就是从西北方向来。“如此看来，浪漫的李白在这首诗里是写实的。”这两个对于神话和诗句的解读，一下子颠覆了我们过往的认知，简直令人拍案叫绝。

人间清醒：人总是活在缺憾里

《你真能读明白的〈易经〉》中的某些解读，简直称得上人间清醒。

比如关于《小过》卦，作者解读道：

> “人一生总是生活在缺憾的环境和感觉里，但总是为着完美的目标和理想活到底。”
>
> “天有‘密云不雨’之象，人也有时运不济之时。有时我们必须按照自然的方式去理解和适应现有的生存方式。”

这两句提到缺憾和无奈的人生状态，其实是一种人生常态，“月有阴晴圆缺，人有悲欢离合，此事古难全”。无论自然界还是人生，缺憾都是不可避免的。“月盈则亏，水满则溢”，这些都是古人对自然的尊重和对生活的通透理解。

《谦》卦对于这种缺憾之美有更详细的解读，作者说：“《谦》卦包含着损减、不足的内涵。”而《易经》有一个重要的理论就是天尚不全，同时作者引用《史记》中的言论进行解读：

> 《史记·龟策列传》也说“物安可全乎？天尚不全，故世为屋，不成三瓦而陈之。”这句话的意思是说，任何事物也不能是十全十美的，这是天道，君子顺应天道，就应该对他所做的事留下一点余地。基于这一理论，汉代建房子时，屋顶需少铺三块瓦片，以便下雨天漏风漏雨。后来，这一规矩一直为历代工匠恪守，工匠们在竣工时，总是要留一块砖、一片瓦或二三个砖瓦。这种缺一点的感觉，除了尊天而不敢全有的心理之外，还有其美学的意义。北京紫禁城就少建半间房子，故宫城门也曾少上一颗铜钉。

由此可见，“缺憾”顺应了天道，更有其独特的美学意义。

这种思维在《乾》卦里就有体现，《乾》卦的“上九”爻辞是“亢龙有悔”。意思是龙飞得太高，就会发生悔恨的事。这就有些乐极生悲的意味。作者解读说：“这也是从另一方面提醒人们，不能追求太满和太完美。懂得适可而止，就不会遇见危险；这样才可以保持住长久的平安。”如此说来，人生有缺憾才能保持长久和安全。

世界上唯一不变的就是变化

变化，是《易经》的特质和根本之义。《你真能读明白的〈易经〉》通过对每一卦每一爻的解读，告诉人们《易经》主要讲变通之道，所谓“穷则变，变则通，通则久”。正如作者在《剥》卦所言：

> 《易经》六十四卦的所有道理讲的都是阴阳消息之理、刚柔变化之道。消，就是减少去掉的意思；息，就是增长、得到的意思。比如我们日常生活中所说的打听“消息”，就是指在新的时空里，有什么新的变化情况。《易》之三义，其中根本的义就是“变化”，换言之，就是“消息”。

古希腊哲学家赫拉克利特说：“人不能两次踏进同一条河流。”正因为世界上的事物时时刻刻都处于变化之中，都是发展辩证的，所以，我们就不能简单以好坏定义已经发生的事情，在遇到所谓“不好”的事情时，也不要沮丧，因为会随时转化。比如《震》卦给我们的启示：

> 具有雷霆万钧之威力的《震》卦，不仅使人们感

到惊惧，更重要的是，因为有了这种惊惧之心，才可以“反省”和“修正”自己的言行，也正是有了“恐惧修省”之心，才有了“致福”的结果。

在这里，恐惧并不是坏事，因为有了惊惧之心，我们才会去检索自己以前的言行，从而为将来的福祉种下了善因。同样，《渐》卦也给我们提供了这样的智慧：

> 《渐》卦以鸿渐为比喻，说明人如飞行的大雁一样，以渐进之势而至于理想境界。
>
> 当鸿以渐进的方式转换着诗情画意般的意境时，我们应该意识到，所有美好的事物和情境，都会随着风飞来，也会随着风飞去。飞来的不一定是好事，飞去的也不一定是坏事。也就是说，渐进总是有好有坏的，所以一方面我们提倡循序渐进，另一方面我们也要防微杜渐，将不好的事制止在萌芽状态。

所以还是那句话：世界上唯一不变的就是变化。

勇于“断舍离”

“断舍离”一直是近几年的流行话题，在某种程度上成了人们追求生活品质的象征。而在《你真能读明白的〈易经〉》里，我们惊喜地发现，作者对《损》卦的解读就是在表达“断舍离”的真正内涵。

当人们看到《损》卦的卦名时，很容易联想到生活中的损失、损害等与“损”有关的事情，是我们想方设法要避开的，因此不喜欢这个卦。其实，《损》卦的损与人们平时认知的损有很大的不同，他有着积极的目的和良好的愿望，即损而益之。

损而益之，意思就是“我们必须有所损，才能有所得”。“损去那些多余的东西，不仅是必须的，而且是有益的”。

作者还说，《损》卦的卦辞有“有孚，元吉，无咎，可贞，利有攸往”等字眼。与其他卦相比，“只有《损》卦的卦辞才集中这么多的好处，损去多余累赘的东西是好事，如果我们不能正确地对待损失，那么我们就会因此招致更多更大的损失”。这不就是对“断舍离”最好的解读吗？

以上就是一个小白对《你真能读明白的〈易经〉》的思考总结。八八六十四卦，总有一卦能击中你的某根神经。由此可见，作者对每一卦的解读是多么到位，才让一个小白也能够读明白其中的些许意味。

（原载 2023 年 12 月 14 日“中华书局 1912”微信公众号，作者系中华书局经典普及出版中心编辑）

《左传》与孔子

董洪波

《左传》是先秦儒家经典之一。史家钱穆先生曾说："我们研究古史，研究西周，研究商和夏，先要有个准备工作，有一个靠得住的基础和标准，那么一定要看《左传》。"可见《左传》在中国古代典籍中的独有地位。《左传》所描写的春秋图景构成了孔子生活的背景。《左传》里是怎样记述孔子的?《左传》与孔子有着怎样的关系?孔子重视的《周易》在《左传》里有着怎样的体现?如何阅读《左传》?我们聊聊其中的故事。

一、《左传》里对于孔子事迹的记载

我们通常讲"春秋三传"，除了《左传》以外，还有另外两种——《公羊传》和《穀梁传》，主要是从义理角度阐发《春秋》里的微言大义。《左传》记述的历史从鲁隐公元年到鲁哀公二十七年，即公元前 722 年到前 468 年，共包含 254 年内诸侯国的各类事件和往来。而孔子生活的年代是前 551 年到前 479 年，因而孔子的一生都包含在《左传》记载的时间段。孔子编纂的《春秋》是在公元前 481 年结束的，此后孔子又活了两年。可以看到，《左传》覆盖的历史要比《春秋》更长。尤有进者，《左传》不仅记载了孔子的历史，也记载了孔子家族的历史。

孔子的父亲叫孔纥，能文能武。《左传》中就讲到晋国为首的诸侯联军围攻偪阳时，偪阳人升起悬门。悬门是古代城门所设的门闸。平时挂起，有警戒时放下，以便加固防守。等到联军有士卒赶进城内的时候，城门却突然坠下，孔纥挺起双臂举起悬门，使得入城士卒安全撤出。由此可见孔子的父亲力量很大，非常勇武，难怪被称为“鲁国三虎将”之一。由此也知道孔子并非草根出身，可以说是名门之后。如果再往前追溯，孔子的家世更是了不得。昭公七年（前 535），孟僖子在大夫面前提到了孔子的家世，孔子的先祖是宋国的正考父，非常有风度，权位越高，越谦恭有礼。孟僖子因为不懂礼而受辱，因此想让自己的两个孩子跟着孔子学习礼，为自己争一口气。

《左传》还讲到孔子生平的许多事迹，比如孔子在卫国时，孔文子想要攻打太叔悼子，向孔子征询意见。孔子说，礼仪方面的事，我曾经学习过，甲兵（也就是行兵作战）方面的事，我没有学习过。读《〈左传〉全文通识读本》有个好处，就是刘勋老师设置的“传世文献对读”版块，把先秦典籍和《左传》相关的部分都单独拎出来，与《左传》正文形成对照阅读。比如这一段，“传世文献对读”里就指出，《论语·卫灵公》里明明讲的是卫灵公向孔子咨询，而不是孔文子向孔子咨询。刘勋老师推测，原本这是一件事，后来演变成孔文子、卫灵公两个版本。

又有一件事，就是孔子回国后，执政季康子派孔门弟子冉有向他咨询田赋的事情。孔子回答说“丘不识也”。这里的回答跟前一处略有点相似，孔子说话都很有技术含量。孔子经常用“不识”、“不知”、“未知”来委婉地表示自己对某件事情的否定或反对，这反映出孔子灵活的一面。但孔子不可能不知道。在冉有再三问询得不到回答，有点着急的时候，孔子才私下里悄悄对他说出自己的想法。

此外，《左传》里也记载了孔子博学的一面。比如哀公十二年（前 483），季康子遇到天象问题请教孔子。哀公十四年（前 481），叔孙氏获得麒麟，但是不认识，以为是不祥之物。于是请来孔子，孔子指出是麒麟。可见孔子真的是礼乐道德、天文历法、鸟兽虫鱼，无所不知，无所不能。

二、《左传》里的孔子评语

《左传》除了直接记述孔子的生平外，还在许多地方载有孔子对于某些人物和事件的评论，这也是非常值得注意的。下面我们看看《左传》里的孔子评语。我们读《史记》，读《资治通鉴》都会看到史家在讲完一个人或一件事后，忍不住地发感叹，《史记》里面是“太史公曰”，《资治通鉴》里是“臣光曰”。而在《左传》里，大多是以“君子曰”的形式出现的。如在《郑伯克段于鄢》最后郑庄公与母亲在地道里面见面后，出现“君子曰”：

君子曰：“颍考叔，纯孝也。爱其母，施及庄公。《诗》曰：‘孝子不匮，永锡尔类’。其是之谓乎？”

据统计，《左传》里面的“君子曰”大概有八十多条，表达的就是君子对于《左传》所记载的人和事的评说，起到点题和升华的作用。“君子”是谁，没有一个明确的姓名，可能是《左传》作者的假托，也可能是一个范围广大的群体。除了“君子曰”之外，《左传》里也会引用孔子的话作评论，就是“孔子曰”。可见《左传》作者是把孔子的话作为权威论断来看待的。“孔子曰”出现了二十几次。比如宣公二年（前 607）很有名的一段点评：

孔子曰：“董狐，古之良史也，书法不隐。赵宣子，古之良大夫也，为法受恶。惜也，越竟乃免。”

这段话是评论赵盾弑君事件的，表达了对于晋国史官董狐的赞赏。当时晋国执政官赵盾出走到边境，国君被杀，赵盾回都城并没有处置凶手，于是史官董狐在史书里写下“赵盾弑君”几个字。梁启超先生曾说，中国是一个重史的国度，在春秋时期就是如此。赵盾虽然不满意，但也没有对史官下手。孔子的评论显然站在了史官的一边。

“孔子曰”有的内容很长，达一百字以上，有的很短，就一个字，比如在评论某个历史事件时，就说了一个字“义”，言简意赅。《左传》大量采用孔子的评论，显然是把孔子尊为权威，在价值判断上受到孔子极大的影响，在一定程度上“以孔子之是非为是非”。

我们还可以举出一个例证进一步说明这一点。对于《左传》里面重要人物的评论，孔子最多只有一条，只有一个例外，就是郑国的子产。根据刘勋老师的统计，《左传》里孔子对子产的评语有五条之多，并且全都是正面的。与此同时，《左传》里占据篇幅最多的人物也是子产，其篇幅超过了任何一个大臣乃至君王。所以有的《左传》爱好者说子产是《春秋》第一人，就是读《左传》得出来的感觉。《左传》为什么花费这么多的篇幅来写一个并非五霸之国，且仅排名第二的执政官，或许正是受到孔子的影响。因为在孔子那里，子产简直就是政治家的典范。

按照《史记·仲尼弟子列传》的说法，孔子严谨事奉六位同时代的君子：在周王室是老子，在卫国是蘧伯玉，在齐国是晏子，在楚国是老莱子，在郑国是子产，在鲁国是孟公绰。这条记载给我们提供了一个“六君子”名单。

那么，在这六君子之中，孔子最看重谁呢？我们知道，孔子贯穿其一生的身份，是一个兴办私学培养政治人才的教育家。孔子在他的教学过程中讲了很多春秋时期的历史人物，其中孔子最为推崇、最鼓励学生效仿的就是子产。因为子产在为政过程中始终坚持遵循“德仁爱”的核心价值观和“道中庸”的基本方法论，而仁爱、中庸正是孔子所推崇的核心理念。易言之，子产的成功证明孔子的这套学说不是摆设，而是真能产生实效。

在《论语》里面，子产是《论语》中得到孔子评语第二多的春秋时期卿大夫（3 条），仅次于辅佐齐桓公成就霸业的管仲（4 条）。重要的是，孔子对子产的评论全是正面的，而对管仲的评论则是 3 条正面、1 条负面。孔子对于子产的真实态度，在听说子产死讯的瞬间也可以看出：

> 及子产卒，仲尼闻之，出涕曰：“古之遗爱也。”

在孔子看来，子产是真正爱护百姓的，并且不是溺爱，而是在“仁爱”和“法治”之间成功找到了平衡点。从子产的例子，可以看出《左传》在很多方面都是和孔子的思想和偏好合拍。有学者专门把《左传》里的孔子评语和《论语》作比较，看看其中孔子的形象是否一致。从重礼、崇德、慎辞、博学四个角度入手，发现《左传》里有关孔子言行的记载与《论语》里的孔子形象不仅不矛盾，许多言语和事迹还可以互证，相关孔子事迹还被《史记·孔子世家》所沿用。

司马迁是很敬仰孔子的，能把孔子列入世家，并且在《孔子世家》最后直接表达了“高山仰止，景行行止”的崇拜之情。《左传》作者对于孔子应该也是相当熟悉和敬仰。

三、《左传》《周易》与孔子

接下来，我们从另外一个角度切入《左传》与孔子的关系，就是从《左传》里对于《周易》的重视和引用。《左传》里大量引用《诗经》和《周易》，引用《周易》大多是占卜的预言，往往非常灵验。如《襄公二十五年》载：

> 齐棠公之妻，东郭偃之姊也。东郭偃臣崔武子。棠公死，偃御武子以吊焉。见棠姜而美之，使偃取之。偃曰：“男女辨姓，今君出自丁，臣出自桓，不可。”武子筮之，遇《困》䷮之《大过》䷛。史皆曰：“吉。”示陈文子，文子曰：“夫从风，风陨，妻不可娶也。且其《繇》曰：‘困于石，据于蒺藜，入于其宫，不见其妻，凶。’困于石，往不济也。据于蒺藜，所恃伤也。入于其宫，不见其妻，凶，无所归也。”崔子曰：“嫠也何害？先夫当之矣。”遂取之。

娶妻的结果自然是不利的。孔子本人非常重视《周易》，尽管据说他 50 岁才开始学习《周易》，但非常痴迷，读到“韦编三绝”，就是把穿竹简的皮条翻断了很多次。说明读得非常多，非常熟。据说，孔子为《周易》作了《易传》(《易传》，即《彖传》两篇、《象传》两篇、《系辞》两篇、《文言》一篇、《说卦》一篇、《卦序》一篇、《杂卦》一篇)，但似乎也有很多观点认为《易传》是在战国中后期到西汉初年逐渐形成的，那就不是孔子的作品。无论如何，孔子非常推重《周易》。《周易》的研究分为义理派和象数派。《四库全书总目提要》简要梳理了古代周易传承的源流：

> 《左传》所记诸占，盖犹太卜之遗法。汉儒言象数，去古未远也。一变而为京、焦，入于禨祥；再变而为陈、邵，务穷造化。《易》遂不切于民用。王弼尽黜象数，说以老、庄。一变而胡瑗、程子，始阐明儒理；再变而李光、杨万里，又参证史事。《易》遂日启其论端。此两派六宗，已互相攻驳。又易道广大，无所不包，旁及天文、地理、乐律、兵法、韵学、算术，以逮方外之炉火，皆可援《易》以为说。而好异者又援以入《易》，故《易》说愈繁。

《易传》解释《周易》，似乎更看重义理。但从《史记·仲尼弟子列传》和《孔子家语》里的记载，孔子用《周易》也算过卦。比如《孔子家语》里记载：

孔子尝自筮其卦，得《贲》焉，愀然有不平之状。

孔子给自己算出的是“贲”是“纹饰”的意思，就是“文质彬彬”的“文”，有文无质，肯定不是孔子想要的。孔子以为自己必将能施展抱负，不会空有一身才学，所以看到此卦，略有点不满意。其实，孔子重视《周易》，可能和《左传》里的态度略有一些区别。孔子不讲怪力乱神，主张从君子德性修养的内在视角进行理解。而《左传》里在讲到《周易》时，颇有一些文学性的夸张表述，并且往往是从政治的外在视角进行解说。这中间有一定的差异。

四、如何阅读《左传》

如上所述，《左传》是一本讲述了春秋时期二百余年历史的巨著，囊括了春秋时期的礼制、官制、地理、文化等内容，包罗万象，且文辞优美。里面提供了很多认识《诗经》《周易》等重要儒家经典的思路和线索，提供了第一手的解读门径，可以说是传统文化的珍贵宝库。

自《左传》成书以来，魏晋时期杜预作的注很经典，唐代的孔颖达在此基础上作了疏。在之后，也有许多学者接棒，从不同的角度著书立说，但都没有杜预注有名。直到中华书局的杨伯峻先生花费数十年时间，作了《春秋左传注》，得到广大读者的推重，至今仍然是阅读《左传》

备受认可的参考书。

21 世纪以来，学界在许多方面的研究有了巨大的突破和进展，光是考古学方面的进展就不胜枚举。这些新的知识也需要被吸收进来，与时俱进。刘勋老师看到了这种情况。他本人非常喜爱《左传》，坚持研读《左传》十多年，不仅在大学讲《左传》，也在不同的场合开设关于《左传》的课程和讲座。他长期追踪不同学科与《左传》相关知识的进展，源源不断地把它们吸收进来，并在体例上也有很多符合当下阅读习惯的改进，由此形成了《〈左传〉全文通识读本》。这套书具有如下特点：

第一，全文本解读《左传》，打通《左传》的内在结构，横排简体，扫除阅读《左传》的障碍和拦路虎。比如《左传》里有些人物和地理的称呼很复杂，刘老师在书中都作了详细的介绍。

第二，囊括了考古学、历史学、地理学乃至生物学等学科的新成果与新知识。

第三，左图右史，配有大量古城址图、古器物图和地理示意图。

相信本书能为大家阅读《左传》提供一个有益的参考。

（原载 2023 年 11 月 25 日“中华书局 1912”微信公众号，作者系中华书局上海聚珍文化传媒有限公司编辑）

方志之祖《华阳国志》

张彩梅

《典籍里的中国》第二季推出的《越绝书》，被称为“地方志鼻祖”。今天我们要说的，同样也是被冠之以“方志之祖”的一部地方志，它就是《华阳国志》。

方志之祖，创新后世方志写作体例

《华阳国志》是晋代常璩（约291—361）所编纂的一部地方志，书名中的“华阳”，意指华山之阳，也就是晋代的梁、益、宁三州，其范围包括今四川、重庆、云南、贵州四省市以及甘肃、陕西、湖北部分地区。它记载了该地区上起巴、蜀二国的传说时期，下至东晋穆帝永和三年（347）成汉政权灭亡的历史与地理。《华阳国志》是我国最早以志为名、保存最为完整的一部志书，近代梁启超称之为“方志之祖”。

汇三于一。地方志一般是指记载某一地方的地理、历史、风俗、教育、物产、人物等情况的书。常璩将传统的地理志、编年史、人物传三者结合起来，汇于一编之中，开创了综合编纂地方志的新体例。《华阳国志》共十二卷，前四卷以四个地理单元（巴、汉中、蜀、南中）为记述对象，类似于“地理志”；卷五至卷九以编年体的形式，记述公孙述以来割据蜀地者的历史，类似于“编年史”；卷十至卷十二则类似于“人物志”，记述巴蜀人物。

在各卷中，又有其体例。如前四卷，内容由“总叙”、“分述”、“撰曰”三部分组成，“总叙”概述该地区历史，涉及各阶段政治、经济、军事、外交、建筑、水利、教育等方面的内容；“分述”分别记述了其下各郡的沿革、属县、人口、四至、物产、人物、风俗、民族、交通等；“撰曰”类似于《史记》的“太史公曰”，是常璩对各志的总结与评论。这种创新的体例，开启了现代意义上的地方志的先河，梁启超称赞它“其书有义法，有条贯，卓然著作之林”。

取材详审。唐代刘知几提出，优秀的史家必须具备史才、史学、史识三个方面的良好素养，认为在撰写地方志时，能像常璩那样“详”而且“审”的，没有几个人。所谓“详”，是指其取材广博、内容丰富；所谓“审”，是指其态度审慎、叙述严谨。常璩对于他所引用的传世文献，即便如司马迁的《史记》、班固的《汉书》等，亦不迷信、不盲从，而是审慎批判，择善而从；对于广为流传的说法，如“苌弘之血变成碧珠”、“杜宇之魄化为子鹃”等，予以批驳纠谬。在写作两晋时期蜀中史事时，常璩不仅利用了成汉的档案资料，而且结合自己的亲历亲见亲闻，使之真实可信。后世范晔的《后汉书》、裴松之的《三国志注》、郦道元的《水经注》、司马光的《资治通鉴》等，都曾大量采用《华阳国志》的内容。

文学价值。常璩使用准确、鲜明、生动的语言来述史、写人、言情、状物，从而增强了《华阳国志》的文学色彩。如，巴人“质直好义，土风敦厚”(《巴志》)，蜀人则“君子精敏，小人鬼黠”(《蜀志》)，牂柯郡之民“少威棱、多懦怯”、“俗好鬼巫，多禁忌”(《南中志》)，在横向比较中，突出各自鲜明的性格特征。

在蜀郡、广汉郡等诸人传记前，均有四言为句的赞语，言简意赅，又饱含感情：“长卿彬彬，文为世矩”，赞颂一代“辞赋大宗”司马相如，为后世所师法；“子云玄达，焕乎弘圣”，用古代称颂道德完善、智能超绝、通晓万物之道者的“弘圣”一词，彰显扬雄卓越的文学成就；“林生清寂，莫得而名”，擅长古学的林闾，即便有扬雄这般出众的弟子，但因其隐居避世，世人不知其名，此赞语中则多了几分感慨。在卷十二《序志并士女目录》中，四言为句，精练概括十二卷的内容与主旨，凸显其史识与驾驭语言的能力，让人叹为观止。

蜀史巨擘：史才、史学、史识皆具

2020年，在第二批四川十大历史名人榜上，《华阳国志》一书作者常璩榜上有名，同时上榜的还有司马相如、陈寿、陈子昂、格萨尔王等人。学者舒大刚为常璩入选此名人榜所写的推荐词“方志鼻祖，蜀史巨擘”，概括了常璩的史学成就，说明常璩之所以能与这些历史上赫赫有名的人物并列的原因。

一统观念。在《华阳国志》中，常璩引用《尚书·禹贡》的“华阳、黑水惟梁州”，从地缘上论证巴蜀之地就是《禹贡》所记载的梁州，为天下九州之一；从血缘关系上，指出巴蜀古族源出黄帝，“巴国远世则黄、炎之支封”（《华阳国志·巴志》），“至黄帝，为其子昌意娶蜀山氏之女，生子高阳，是为帝颛顼；封其支庶于蜀，世为侯伯，历夏、商、周”（《华阳国志·蜀志》）。这并非是对中原政权的攀附，而是将巴蜀之地置于“大一统”的叙事中，强调巴蜀和中原人民都是炎黄子孙，各有所长且相互交流、相互影响，是统一大家族中的成员，而非偏安一隅的独立存在。身处乱世的常璩目睹了战乱带来的生灵涂炭，因此能在东晋永和三年（347），东晋派桓温统率大军伐蜀兵临成都城下时，与中书监王嘏等劝李势降晋，为结束地方割据维护统一作出积极的贡献。

经世致用。在常璩看来，撰写历史著作，并非“为写作而写作”，而应该“通古今之变”，即注重从历史的成败与存亡中吸取经验教训，作为后世永远的借鉴。常璩笔下的败亡例证，前有公孙述、刘焉、刘璋，后有成汉李氏政权。他认为公孙述与刘焉、刘璋父子，三人均非英雄豪杰，只因在乱世之际得其因缘，最终成为割据一方的枭雄。公孙述迷信天命、性好符命、妄引谶记，结果“妖梦告终”而“自取灭亡”。而刘焉、刘璋父子，相继为益州牧，虽拥有富饶之地，但无宏图大志与深谋远虑，他们的懦弱无能、优柔寡断最终导致“家国覆亡”、客死异乡。在《刘后主志》中，常璩指出刘禅居非其位，才不称职，由此招致祸患，以致断送了先人的事业。

平等思想。常璩是第一个将一方妇女（“人女”）与同地士人（“人士”）并列，而为她们作传的史家，开创了地方史志为妇女立传的体例。在《华阳国志·先贤士女总赞》中，常璩为蜀郡、巴郡等的53位普通妇女立传书写，歌颂她们的美德、贞节、家教、勤劳。常璩认为“忠臣孝子”与“烈士贤女”都可以“奕世载美”，这些“人女”传记与“人士”传记一样，文辞典雅华美。尽管我们对常璩极力推崇的贞洁、从一而终的思想并不认同，但在常璩所处的年代，能将众位女性置于与男性平等的地位加以书写，已属难能可贵。

文献考古，二重证据解读巴蜀文明

将文献与考古发现相结合，用二重证据解读巴蜀文明，这是《华阳国志》(中华经典名著全本全注全译丛书)的一大特点。在注释中，译注者充分利用传世文献与三星堆遗址、金沙遗址、四川盐业与冶铁遗址等的考古发现，与常璩的撰述相互补充、印证，释疑解惑，以加深读者对原书的理解。现举几例做一说明。

释疑解惑。在《华阳国志》的“永昌郡”部分，记述哀牢夷人“衣后著尾，臂胫刻文”。同样地，《太平御览》卷七百九十一引《永昌郡传》的一条记载，也说“……尾若龟形，长四五寸。欲坐，辄先穿地空，以安其尾。若邂逅误折尾，便死”。译注者认为，所谓“衣后著尾”，指的是衣服后有尾巴状的饰物，并不是说哀牢夷人长有尾巴，并引用云南昆明晋宁区石寨山青铜器图像上，有诸多背后拖有长尾状衣饰的人像进行说明。当对“衣后著尾”一说有了直观认识后，相信读者定会豁然开朗。

纠正错误。“抑绌虚妄，纠正谬言”是常璩撰史的原则，有趣的是，常璩也犯了一些错误。《华阳国志·巴志》记载，“哀公十八年，巴人伐楚，败于鄾。是后，楚主夏盟，秦擅西土，巴国分远，故于盟会希”。其实春秋时晋楚争霸，楚国从未成为中原霸主，此处“楚主夏盟”有误。注释中用按语的形式对此情况做了说明，并根据上下文推测，此处实指春秋末期，此时晋国衰落，楚国在东方诸国中国力最为强大。至进入战国初期，楚国方成为东方合纵的盟主。

考证史实。《华阳国志·序志》:“又言蜀椎髻左衽，未知书，文翁始知书学。”译注者认为，巴蜀并非“不晓文字”，而是该地所使用的是与中原不同的文字。巴蜀地区出土过数量众多的“巴蜀符号”（或称“巴蜀图语”），这应该是一种还没有被破译的文字。2006 年 6 月，成都金沙遗址出土过两件石磬（大石磬、小石磬）; 2021 年 5 月，三星堆遗址 8 号坑出土过石磬残片（大石磬）、大铜铃、大鼓（疑似），这也证明古蜀国并非“未有礼乐”。

三星堆以及其他遗址的考古发掘，帮助我们填补了早期巴蜀文化的空白，也使《华阳国志》对巴蜀古文明的记载成为信史。如果您对这片土地上的文明起源与发展有强烈的好奇与探险欲望，欢迎打开《华阳国志》，开启一段神奇之旅。

（原载 2023 年 5 月 3 日“中华书局 1912”微信公众号，作者系中华书局经典普及出版中心编辑）

南朝历史上一篇跑官要官的奇文

张继海

《南史》卷十五《檀道济传》附有其兄之孙檀珪的传记。这篇传记很短，其主体部分是一封要官的书信。此传全文如下：

> 珪字伯玉，位沅南令。元徽中，王僧虔为吏部尚书，以珪为征北板行参军。珪诉僧虔求禄不得，与僧虔书曰："仆一门虽谢文通，乃忝武达。群从姑叔，三媾帝姻，而令子侄饿死，遂不荷润。蝉腹龟肠，为日已久。饥彪能吓，人遽与肉，饿驎不噬，谁为落毛。虽复孤微，百世国士，姻媾位宦，亦不后物。尚书同堂姊为江夏王妃，檀珪同堂姑为南谯王妃；尚书伯为江州，檀珪祖亦为江州。仆于尚书人地本悬，至于婚宦皆不殊绝。今通塞虽异，犹忝气类，尚书何事

为尔见苦。”僧虔报书曰：“吾与足下素无怨憾，何以相苦？直是意有左右耳。”乃用为安成郡丞。

檀珪向吏部尚书王僧虔要官一事，以及二人往复的书信，又见于《南齐书》卷三十三《王僧虔传》，并且以后者的记载更详细，但是比较之后又不得不说，李延寿的《南史》剪裁得当，去芜取精，主要观点、论据甚至语气都保留无遗。下面我们以《南史》的文本为基础，详细解读一下这篇奇文。

檀珪作沅南县令，任期满了被罢，时任吏部尚书的王僧虔安排他作征北板行参军。檀珪对这个新的任命不满，希望更授以美差，但未能如愿，他就给王僧虔写信，提出申诉。信的大意如下：

我们檀氏一门，虽然不是靠文才起家，这方面稍逊一筹，但要说凭武功而显达，则不遑多让。在我的姑姑和叔父辈，三次与帝室联姻，然而却让子侄辈饥饿至死，不能沾润先辈的恩泽（这是让人无法接受，也无法理解的）。我饿得前心贴着后背，已经很久了，好像蝉靠着吸吮一点树的汁液而苟活，肚子空空；又好像龟不进食，仅靠吸气维持生命，肠子瘪瘪。饥饿的小老虎因为生形恐怖，人们赶快就给它肉吃；而一只饥饿的麒麟则因为不吃人（对人不构成威胁），人们即使施舍给它肉吃，也是带毛的肉，没有人替它把上面的毛发去除掉。我虽然现在没有位子，势力孤微，但毕竟是绵延数代、门第显赫的国士（原文作“百世”，明显是夸大之词），论起婚姻关系和仕宦的职位来，并不落在别的家族之后。尚书您的同堂姐姐为江夏王妃，檀珪我的同堂姑姑为南谯王妃（“同堂”应是指同一个祖父）；尚书您的伯父曾做过江州刺史，檀珪我的祖父也做过江州刺史。我和尚书您素来关系比较远，也不是老乡，但是在婚姻和仕宦的等第层级方面，相差并不大。如今我们虽然在仕途的通显和滞塞上有异，但至少是同一类人物，尚书您何必为难我呢？王僧虔给檀珪回信说：“我和您素来没有仇怨，怎么会为难您呢？只是我还有一些别的考虑而已。”于是任用他为安成郡丞。

以上是对《南史》檀珪传的大意串讲。其中形容自己饥饿穷苦状态的“蝉腹龟肠”一词，是比较冷僻的用典，故加了一些解释的文字。文中还有“饥彪”和“饿驎”二句作对比，比喻凶狠的和会哭会闹的就有官做，而善良的和不争不抢的就没有官做。《南史》的“饥彪”，《南齐书》作“饥虎”，意思相近，大概本作“虎”，唐人李延寿修《南史》时出于避讳，改作“彪”。《南史》的“饿驎”，《南齐书》作“饿麟”。驎是身上有鱼鳞状斑纹的马，麟是麒麟，从构字原理上说，作为马科或鹿科的动物，似乎都是吃草的，即应该是素食动物。但是放在原文语境下，如果是吃草的动物，则“落毛”一词实难索解。反复思忖，笔者认为檀珪的原文应是作“麟”字，即《南齐书》的写法，并且就当麒麟讲。他形容那些和他争抢官位的人是饥饿的老虎，抢到了好肉吃；把自己比作麒麟，是谦逊平和的瑞兽，但人们丢过来招待自己的，却是不好的带毛的肉。大概他在写信时高自标置，自比麒麟，却忘了麒麟的食性？这是一个很有意思的问题。

回到檀珪的传记中。他这封信还真起了作用，王僧虔要么是碍于情面，要么是因循当时官场的旧例，在回信时相当客气。《南齐书》记载，檀珪乘势又追加了一封信，增强说服力，终于搞定了王僧虔，职位要到了手。檀珪上任的这个安成郡丞，“安成”《南齐书》作“安城”。查《宋书·州郡志》和《南齐书·州郡志》，江州下均有安成郡，其地在今江西境内。檀珪要官是在元徽年间，这是宋后废帝的年号，故当以《南史》的“安成”为是。

檀珪要官的书信，今天看来有些不太好理解——他怎么那么毫不遮掩，还理直气壮呢？大概在门阀世族盛行的南朝，人人都以门第和以婚姻、血缘编织成的关系网来标榜，父祖做官的，子孙也世代做官，只要不是呆傻或身体残疾的，都有官做。他们是含着金汤匙出生的，命里注定的社会层级就高人一等，就是贵族，就应该有清要的官职、优厚的俸禄。——对的，他们对于官位还要挑挑拣拣，那些工作繁忙，或升迁太慢的，都看不上眼。

对于这篇跑官要官的奇文，我们就分析到这里。下面再说一下李延寿《南史》的剪裁之功。我们知道，《南齐书》最先记载了檀珪与王僧虔的往复书信，但是它收入在《王僧虔传》。王僧虔是由宋入齐的人，而檀珪要官这件事是发生在刘宋，并且由整个事件经过看，檀珪是事情的发起者，是主要角色。《南史》把相关记载改为以檀珪为主角，为其立一小传，并附于檀道济传之后，应该说在事理上更恰当。

我们还注意到，《南史》往往以一个主要人物为主，围绕他的祖上三代、兄弟子侄乃至孙儿辈，都连类而及，作为附传，这样不仅人物关系非常清楚，而且字省而事存，尤其适合南朝那种世代簪缨、瓜瓞连绵的历史情状。比如关于檀道济的传记，《宋书》只有檀道济一人的传，《南史》则顺带记载了其长兄韶、次兄祗，以及韶子臻、臻子珪。又如关于谢灵运的传记，《南史》顺带记载了其子凤、凤子超宗、超宗子才卿和几卿、才卿子藻，从南朝宋开始，时间一直下探到萧梁，几乎完整呈现了谢灵运一族在南朝的命运升降。《南史》作为通史，打破了史书撰写因王朝兴替而带来的局促感和破碎感，能让我们更清楚地看到长时段、大历史。

《南史》修订本出版后，不少读者问，有了宋齐梁陈书，还需要看《南史》吗？从上文我们分析的檀珪写信要官这一具体案例来看，答案是显然的，那就是《南史》和这四部断代史书各有优长，不能偏废，应该对比参阅才是。

附记：文章写成后，有朋友向我提出了“落毛”一词的另一种解释，即毛是指草木，成语有“不毛之地”。因为麒麟是瑞兽，故不会主动伤害植物，不吃长着的草木，只吃落叶等已经不再有生命的草木，如果没有落叶，就需要有人替它摘取树叶或斩割野草，这大概是“落毛”的确解和真正含义。向这位朋友致敬和表示感谢！

（原载2023年11月25日“中华书局1912”微信公众号，作者系中华书局副总编辑）

南宋史书《丁未录》如何评说王安石？

王志涛

宋神宗治平四年（1067）的九月，王安石从知江宁府任上被召为翰林学士，由此开始了近10年的执政生涯。他主导的变法改革，也使其成为宋朝极具争议性的人物，收获了数不尽的赞誉和非议。

南宋史学家李丙在他撰写的编年体史书《丁未录》中，将王安石出任翰林学士这件事放在卷首，围绕着王安石主政变法及北宋中后期政局的变化展开了全面的梳理。

让人感到好奇的是，这部编年史为何用干支命名？又为何要从王安石变法开始写起？

这要从南宋朝廷反思靖康之变说起。建炎三年（1129）六月三日，赵鼎上疏云“自熙宁间王安石用事，肆为纷更，祖宗之法扫地，而生民始病。至崇宁初，蔡京托名绍述，尽祖安石之政，以致大患”。批评王安石的声音并不少见，但赵鼎指向的矛头却与以往不同，这篇奏疏将北宋灭亡之罪追咎在王安石身上。王安石也因此罢配享神宗庙庭。

谁来承担国破家亡的罪责？蔡京以及他所尊崇的王安石，逐渐被人们视作罪魁祸首，成为一种社会舆论。北宋亡国之痛促使着人们回顾历史，“伤时感事，忠愤所激，据所闻见，笔而为记录者无虑数百家”。

在南宋广泛反思亡国根源的氛围之下，《丁未录》作为宋代的一部本朝史著作横空出世，全面检讨王安石变法至靖康之变60年间的史事。书名中的“丁未”也与当时社会流行的谶纬思想密切相关。洪迈在《容斋随笔》中有相应的记载：

> 丙午、丁未之岁，中国遇此辄有变故，非祸生于内，则夷狄外侮。……治平丁未，王安石入朝，愲乱宗社。靖康丙午，都城受围，逮于丁未，汴失守矣。淳熙丁未，高宗上仙。总而言之，大抵丁未之灾，又惨于丙午，昭昭天象，见于运行，非人力之所能为也。

从治平四年（丁未）王安石入京任翰林学士，到靖康元年（丙午）汴京陷落，恰满一个甲子，与“逢丁未年辄有灾难”的神秘论调若合符契。李丙在撰写此书时，便以“丁未”这一具有神秘内涵的干支作为书名。此书分上中下三帙，上帙起于王安石为翰林学士，结束于神宗逝世，变法中止。中帙起于高太后召吕公著为侍读，止于高太后神主祔庙，“元祐更化”进入历史。下帙起于绍圣元年（1094）李清臣出进士策题，终于靖康元年（1126）诛童贯。全书分帙情况表明王安石变法葬送了宋朝国祚的撰述倾向，反映出南宋社会广为流行的反王安石情绪。

作者李丙采录了许多私家材料，我们在《朱子语类》中注意到朱熹说“东坡荐秦少游，后为人所论，他书不载，只《丁未录》上有”。此书保存的资料十分珍贵，足令其在南宋史书修撰史上占有一席之地。《丁未录》一书共二百卷，“议论更革，往往编年，该载殆备”。因此，宋孝宗乾道七年（1171），国史院修撰神宗、哲宗、徽宗、钦宗四朝国史时，周必大便以文字散佚、考证甚艰为由，提议抄录《丁未录》一份，以助修国史。次年，李丙上呈《丁未录》，朝廷特诏改京官。

《丁未录》是南宋前期史学兴起的体现，在这股书写本朝史的潮流中，涌现出大量记述北宋九朝和南宋中兴的史学巨著。如南宋陈均撰写北宋史事的《皇朝编年纲目备要》和南宋高宗、孝宗两朝的《中兴两朝编年纲目》。这些史书通过历史经验教训，思考宋金形势，期待着有朝一日恢复故土。

南宋比较重要的几部北宋史书，如《东都事略》《九朝通略》等，成书时间皆晚于《丁未录》。《丁未录》的出现为后来编写神宗至钦宗朝史事的著作提供了参考，《续资治通鉴长编》《宋宰辅编年录》等几部重要的史书就资取了《丁未录》的资料。

史书修撰可以反映修史者的政治态度，陈均在《中兴两朝编年纲目》一书中就收录了很多主战派如李纲、张浚等人反对遣使议和的奏疏，表明了作者主张抗金、反对割地求和的政治倾向。到宋宁宗嘉泰年间，官方对于私人修史态度发生了转变。李心传在《建炎以来朝野杂记》中提到：

> 秦丞相既主和议，始有私史之禁。……近岁私史益多，郡国皆锓本，人竞传之。嘉泰二年春，言者因奏禁私史，且请取李文简《续通鉴长编》、王季平《东都事略》、熊子复《九朝通略》、李丙《丁未录》及诸家传等书，下史官考订，或有裨于公议，乞即存留，不许刊行，其余悉皆禁绝，违者坐之。

《丁未录》遭禁，不许刊行，传播受到限制，到元代中期修宋、辽、金史时已需要购求搜访此书。明清时期，《丁未录》仅存散帙。李丙编撰的《丁未录》聚焦于王安石变法及其后政局的发展，收载了大量制诏和奏疏，遇到重要人物的逝世还附有碑志行状，保留了大量珍贵的史料，对于我们研究北宋中后期历史有很大的帮助。

（原载2023年11月13日“中华书局1912”微信公众号，作者系中华书局历史编辑室编辑）

群星闪耀，名篇尽览

——三全本《唐宋八大家文钞》掠影

宋凤娣

论中国古代散文，必提“唐宋八大家”，唐代的韩愈、柳宗元与宋代的欧阳修、苏洵、苏轼、苏辙、曾巩和王安石作为唐宋时期在散文创作领域极有成就的八位作家，后世并称为“唐宋八大家”。那么这一并称是从何时开始的？清代张伯行的《唐宋八大家文钞》竟然是当时的“考公”必读书，这是怎么回事？张伯行的《唐宋八大家文钞》大量编选我们现在并不太熟悉的曾巩的文章，这又是为什么？

“唐宋八大家”这一并称是何时开始的？

唐宋八大家之所以是目前我们所熟知的韩愈、柳宗元、欧阳修、苏洵、苏轼、苏辙、曾巩、王安石这八位作家的并称，其实有一个长期的发展历程。清代朴学大师、著名《红楼梦》研究专家俞平伯的曾祖父俞樾在其课徒之余所写的读书札记集《九九消夏录》中有一条“八先生集”，其中说到：“唐宋八大家之选，始于茅鹿门。”即“唐宋八大家”这一名称是明代散文家、藏书家茅坤（号鹿门）最先在其编选的《唐宋八大家文钞》中提出来的。但同时也提到南宋吕祖谦编选《古文关键》和元末明初朱右编选“八先生集”是“八大家之滥觞”。那么，“唐宋八大家”这一并称到底起于何时呢？

南宋吕祖谦是与理学家朱熹同时并曾合编《近思录》的著名理学家、文学家，吕祖谦在1173年至1174年间为便于门人学子学习科举之文而编选了《古文关键》二卷，选取唐代韩愈、柳宗元与宋代欧阳修、曾巩、苏洵、苏轼、苏辙和张耒八家的散文60余篇并进行评点。此后元末明初朱右编选唐代韩愈、柳宗元与宋代欧阳修、曾巩、王安石、苏洵、苏轼和苏辙的文章为《唐宋六家文衡》（苏氏父子为一家），第一次集中编选后世常说的“唐宋八大家”的文章，为“唐宋八大家”的最终定型奠定了基础。

南宋吕祖谦所编《古文关键》虽然因为所选作家有张耒而无王安石，与后世“唐宋八大家”所涵盖的作家并不一致，但在“唐宋八大家”的形成及唐宋古文经典化进程中产生了巨大影响。明代茅坤编选《唐宋八大家文钞》时除了《古文关键》中张耒的两篇外，将《古文关键》中其他各家的选文全部录入，并正式使用了“唐宋八大家”这一并称。万历七年（1579）仲春，茅坤编选的《唐宋八大家文钞》付梓，一时间，“其书盛行海内，乡里小生无不知茅鹿门者”(《明史·茅坤传》)，“唐宋八大家”的名称由此传扬开来。

《唐宋八大家文钞》竟然是古代“考公”必读书？

自从明代茅坤编选的《唐宋八大家文钞》刊行以来，晚明至清末三百余年间，相继出现了规模庞大的“唐宋八大家”选本群，据现代学者研究，有59种之多。但流传最广的是茅坤编选的164卷本《唐宋八大家文钞》和清代张伯行的19卷本《唐宋八大家文钞》。在现代，张伯行编选的《唐宋八大家文钞》因为收入王云五主编的《丛书集成初编》中而得到广泛流传。尤其是《丛书集成初编》在凡例中介绍其编选标准是：“初编丛书百部之选择标准，以实用与罕见为主；前者为适应要需，后者为流传孤本。”而张伯行的《唐宋八大家文钞》无疑是因符合“实用”标准而入选的。

茅坤本编选了唐宋八大家共1450篇文章，卷帙浩繁；张伯行本编选的唐宋八大家文章仅317篇，简明精要，体量适中，尤其是张伯行选本最初就是作为其所创立的鳌峰书院学子的教材来使用的。

1707年被康熙皇帝誉为“天下清官第一”的张伯行在福建创立“东南第一学府”鳌峰书院，1709年编成并刊刻《唐宋八大家文钞》用于教授福建九府一州品学兼优的秀才、监生和童生。张伯行在为《唐宋八大家文钞》所写的序中就直言其编选目的之一是“资学者作文之用”。张伯行如此重视对唐宋八大家之文的研读，是因为他自己早年学习完四书五经后，诵习八股文选无法考中功名，于是听从祖父的建议认真研读唐宋八大家的文章后才得以考中，这在其子张师栻、张师载为他所编的《张清恪公年谱》中有详细记述。而鳌峰书院学子也不负其期望，在此后将近二百年里，有163人考中进士，700多人考中举人，主持虎门销烟的民族英雄林则徐就曾经在鳌峰书院学习。

张伯行编选的《唐宋八大家文钞》虽然只有317篇，但将唐宋八大家的传世名篇均已网罗其中，如现在中学教科书中的常驻嘉宾和背诵全文篇目：韩愈的《师说》《马说》，柳宗元的《种树郭橐驼传》，欧阳修的《醉翁亭记》，苏轼的《前赤壁赋》，苏辙的《上枢密韩太尉书》等等。

《唐宋八大家文钞》还直接选录了苏轼嘉祐二年（1057）参加礼部试时所作的策论《刑赏忠厚之至》，这是苏轼参加进士考试的范文。此文被阅卷的诗人梅圣俞评为有“孟轲之风”，也让主考官欧阳修大加赞赏，在《与梅圣俞书》中对苏轼赞叹不已：“读轼书，不觉汗出。快哉快哉！老夫当避此人，放出一头地。”茅坤也评价说："东坡试论文字，悠扬宛宕，于今场屋中极利者也。”认为此文是科举考场中极好的范本。

古代“考公”，除了定期的科举考试外，还有制科考试。制科考试是为选拔非常之才，在科举考试之外不定期举行的优中选优的加试，其等级和难度都高于科举，是古代含金量最高的“考公”选拔考试。苏轼和苏辙在制科考试中分别入三等和四等。两宋三百多年，科举考试出现了 118 名状元，但制科一二等无人入围，入三等者只有 4 人，而苏轼是宋朝开国一百多年第一个入三等的进士。《唐宋八大家文钞》选录了苏轼的《无沮善》《敦教化》和苏辙的《臣事策六厉群臣》《臣事策七督监司》《民政策一三老》《民政策二举孝廉》《民政策三去佛老》等多篇参加制科考试的范文。据《宋史·苏轼传》记载，宋仁宗在读过苏轼与苏辙兄弟的制科试卷后，大为赞赏，退而喜曰："朕今日为子孙得两宰相矣。”

不仅在选文上，张伯行充分考虑到应举学习的需要，在编排体例上也充分考虑到为科举而学习古文者的需要。卷首有每家的“文引”和“本传”，几乎每篇文章后都有提要钩玄或擘肌分理的“评点”指点津梁。

张伯行为什么如此青睐曾巩?

由于现在的语文教科书没有选录曾巩的文章，现代读者对“唐宋八大家”中的曾巩较为陌生。而张伯行的《唐宋八大家文钞》却用 7 卷 128 篇文章的篇幅选录了曾巩的文章，张伯行为什么如此青睐曾巩呢？

出生于 1019 年的曾巩，深得当时文坛盟主欧阳修的推崇。欧阳修作为嘉祐二年（1057）科举考试的主考官，之所以将苏轼的《刑赏忠厚之至》评为第二名，就是误以为此文是自己的得意门生曾巩所写，为避嫌而有意为之。欧阳修不止一次说：“过吾门者百千人，独于得生（曾巩）为喜。”（曾巩《上欧阳学士第二书》）张伯行也在评点曾巩《上欧阳学士第一书》中说：“欧阳公之门尽罗天下之名士，而子固（曾巩之字）为称首，公亦敛衽推让。”事实上，欧阳修最初是想将曾巩培养为自己的文学接班人的。与曾巩同年考中进士的欧阳修的门生苏轼也写诗称赞曾巩：“醉翁门下士，杂沓难为贤。曾子独超轶，孤芳陋群妍。”（《送曾子固倅越得燕字》）曾被曾巩引荐给欧阳修的王安石也在《赠曾子固》中称赞：“曾子文章众无有，水之江汉星之斗。”在北宋，长期沉沦下僚的曾巩的文章被文坛盟主和很多大咖视为“无敌”的存在。

到了南宋，理学家朱熹对曾巩更是推崇备至，认为曾巩是自孟子以来的作文高手，在其《跋曾南丰帖》中说：“余年二十许时，便喜读南丰先生之文，而窃慕效之，竟以才力浅短，不能遂其所愿。今五十年乃得见其遗墨，简严静重，盖亦如其为文也。”随着起源于北宋的理学的发展、兴盛，备受理学家朱熹推崇的曾巩的文章也成为后世七八百年间读书人学习、效仿的范本，直到五四新文化运动后，曾巩的文章才逐渐被冷落。

正如理学家朱熹所分析的，曾巩的文章不仅以其蕴含的“理一分殊”等理学思想萌芽启发了理学家，而且文章风格古雅、平正、冲和，符合理学的审美趣味，而其文章写法又如 1888 年朝鲜生员会试状元黄玹所分析的：“北宋多大家，而法胜者莫如南丰（曾巩），以无法胜者莫如东坡（苏轼）。”有法则可学，无法必难学，因此，后世学习曾巩的人日益增多。曾巩与苏轼犹如诗歌领域的杜甫与李白，沉郁顿挫的杜甫诗尚可学习、效仿，而浪漫飘逸的天纵之才李白则很难学习、模仿。

曾巩以自己的创作实绩，不仅写作了很多像《救灾议》这样富有忧国忧民的政治抱负和远见卓识的政论，也写作了大量章表奏启、诏策诔碑、书札笺记等多种文体的文章，涉及封建文人立德、立功、立言“三不朽”的各个方面。而张伯行创立的鳌峰书院，在其内设的正谊堂祭祀着周敦颐、程颐、程颢、张载、朱熹五位大儒，可见，张伯行是致力于将鳌峰书院建设成为复兴和弘扬程朱理学的阵地。因此，张伯行编选朱熹推崇的曾巩的大量文章便也顺理成章了。

唐宋八大家是构筑中国传统文化绚烂光芒和深厚底色的一群人，因此图书市场不断出现《唐宋八大家文钞》的影印本、白文本或简单注释本，但仍无法满足想深入了解《唐宋八大家文钞》读者的阅读需求。本次三全本以同治八年（1869）正谊堂书局刊本为底本，并参校八大家各家别集，原文尽可能保留正谊堂本的原貌。除正文外，有助于读者深入理解和探索的原序、文引、本传、评点也一并保留。为方便读者阅读，我们将一一指陈每家文章之得失的“文引”排到了所选作家选文之前，而将摘引正史的作家“本传”排到了该作家选文之末。每篇文章后几乎都有张伯行、茅坤等人的“评点”，从文章立意及行文结构分析其特点，指点读者如何写作、分析文章。全书所有原文都进行了现代白话翻译。注释和题解部分除借鉴已有研究成果外，在人物、事迹、典故等考订及文章主旨的阐释方面，皆不乏新见。

翻开三全本《唐宋八大家文钞》，宛如仰望人类群星闪耀时，可以与历史上最优秀、杰出的大家进行灵魂上的沟通和交流，在人生的各个阶段都能找到向上的楷模和前进的动力，这也许是迎接疫情过后第一个春天最浪漫的事。

（原载 2023 年 3 月 31 日“中华书局 1912”微信公众号，作者系中华书局经典普及出版中心编辑）

《长安三万里》中高适案上的《河岳英灵集》是什么？

李芃蓓

在最近大热的动画长片《长安三万里》中，高适在帐下接受宦官程元振的问话，手中频频摩挲着案上一部叫《河岳英灵集》的书；片尾高适携书童回乡，又提到杜甫的诗未能收入此书的事。这《河岳英灵集》到底是一本什么样的书呢？

此书的作者殷璠，丹阳人，生平资料可考的极少，也许中过进士。他曾担任地位较低的州文学之职，此外大约长期隐居乡间为处士。除了《河岳英灵集》之外，他还曾择选乡里名士包融、储光羲、丁仙芝、殷遥等十八人的作品编为《丹阳集》。

殷璠编选《河岳英灵集》的初衷，是鄙弃六朝以来诗歌浮靡艳丽的风格，有感于唐代贞观末年之后诗风转向，当朝皇帝“恶华好朴，去伪从真，使海内词场，翕然尊古，南风周雅，称阐今日”，因此希望“赞圣朝之美”，做出一本能真正评定当今诗坛高下优劣的选集。他认为所选诗皆出自高山大川间的俊才英杰，故将书名题为“河岳英灵集”。

《河岳英灵集》原分为上下二卷，元明以后传本多为三卷，选取了盛唐时期的234首诗（今本存228首），涉及24位诗人。除了《长安三万里》中登场或提到的高适、李白、王维、岑参、王昌龄、常建、孟浩然、崔颢外，还有刘眘虚、张渭、王季友、陶翰、李颀、薛据、綦毋潜、崔国辅、储光羲、贺兰进明、崔署、王湾、祖咏、卢象、李嶷和阎防，皆为当时著名诗人。这些人很多都在开元十五年（727）前后进士及第，殷璠说“开元十五年后，声律风骨始备矣”，也许就是指他们开始登上文坛，引领新一代的文学取向。但到《河岳英灵集》成书的时候，他们中的任何一人都没有在朝廷中做到显官，所谓“高才而无贵仕”，反映了盛唐诗人们普遍的出处境遇。当然高适晚年官至军政大员，这是后话。

《河岳英灵集》为许多唐诗提供了一个可以对照的早期版本，如李白的名篇《梦游天姥吟留别》(《河岳英灵集》题为《梦游天姥山别东鲁诸公》）末句“安能摧眉折腰事权贵，使我不得开心颜”，《河岳英灵集》传世本多作“安能摧眉折腰事权贵，暂乐酒色凋朱颜”，是极有价值的异文。

殷璠在《集论》中说他选诗“既闲新声，复晓古体，文质半取，风骚两挟，言气骨则建安为传，论宫商则太康不逮”。今见此集，重声律、重兴象、重风骨，多取五言古诗，崇尚诗人要有区别于俗体的独特风格，自成一家。殷璠选诗是具备多种面向的，不求一律。比如对李白、高适、岑参，特别欣赏他们慷慨奇崛、飘逸高古的风格：

> 白性嗜酒，志不拘检，常林栖十数载，故其为文章，率皆纵逸。至如《蜀道难》等篇，可谓奇之又奇。然自骚人以还，鲜有此体调也。
>
> 评事性拓落，不拘小节，耻预常科，隐迹博徒，才名自远。然适诗多胸臆语，兼有气骨，故朝野通赏其文。至如《燕歌行》等篇，甚有奇句，且余所最深爱者，“未知肝胆向谁是，令人却忆平原君”。
>
> 参诗语奇体峻，意亦奇造。至如“长风吹白茅，野火烧枯桑”，可谓逸才。又“山风吹空林，飒飒如有人”，宜称幽致也。

而对于王维、孟浩然，则更加注重他们雅健警秀、清新明丽的词调：

> 维诗词秀调雅，意新理惬，在泉为珠，着壁成绘，一句一字，皆出常境。
>
> 浩然诗文彩丰茸，经纬绵密，半遵雅调，全削凡

体。至如“众山遥对酒，孤屿共题诗”，无论兴象，兼复故实。又“气蒸云梦泽，波动岳阳城”，亦为高唱。

殷璠选诗，固然有他的偏好和局限，虽大多形象丰满扩大、情感充沛强烈，但兴味韵致未必深远。《河岳英灵集》未收录杜甫诗，也是有关此集的一个官司。但其他时代相近或稍晚的唐人所编的唐诗选集，如元结的《箧中集》、高仲武的《中兴间气集》、姚合的《极玄集》、韦縠的《才调集》等，也没有收录杜诗。后人研究认为这一方面是与安史之乱前杜甫尚未达到创作高峰，或当时诗歌传播条件的限制有关，另一方面则是因为杜诗沉郁顿挫的风格与盛唐气象不相匹配。

尽管如此，《河岳英灵集》今传本选诗作年起开元二年（714），止天宝十二年（753），仍然是现存近 20 种唐人选唐诗中公认最能代表盛唐诗歌面貌、最能把握盛唐诗歌特质的一种，它不仅是一部极为重要的唐诗选本，也是文学理论史上的一座高峰。

回到《长安三万里》，高适晚年手持一册《河岳英灵集》的可能性有多高呢？《河岳英灵集》当成书于天宝十二年（753）以后，而高适作为剑南节度使守云山城则在广德元年至二年（763—764）。高仲武所编的《中兴间气集》明显有模仿接续《河岳英灵集》的痕迹，晚唐的吴融、郑谷等人也都曾对《河岳英灵集》有过嘉许，说明它在本朝是一部流传较广的当代诗选。因此高适本人还是有可能读到选录他早年诗作的《河岳英灵集》的，只不过不会是以片中经折装的形制出现，而大概率是卷子装。

《河岳英灵集》的编纂无疑推动了盛唐著名诗人诗作的传播。在那个出版条件不发达的年代，新诗的流布一方面通过个人或集体吟讽、歌妓演唱来口耳相传，比如电影中岐王府宴会前高适听到歌女排演李白的《采莲曲》，得知李白的诗已经名满天下；另一方面就是通过被编入别集、总集或收入选集、笔记、通俗文学作品等书籍中从而得到传抄。此外，《长安三万里》中，从黄鹤楼到边陲驿站，都有诗板亭供诗人即兴创作、展示作品，题壁或题板，也是唐诗写成、传播的重要方式。

唯有名作佳句在空气中、在时光里自在飞扬，大唐才真正得以成为一个五光十色的诗的国度。

（原载2023年7月29日“中华书局1912”微信公众号，作者系中华书局文学编辑室编辑）

歌诗三百　万里长安

李若彬

诗在大唐

一部《长安三万里》，以高适的视角，带着我们结交李白，游历天下，边塞建功，朝堂封侯，在回忆中再现了主人公跌宕起伏的一生，观众也随着诗人一道，经历了大唐由盛转衰的历史过程。对今天的我们而言，唐诗，无疑是对那个时代最鲜明、最生动的写照。

安史乱前的大唐安定强盛，不论是繁华的长安还是富庶的江南，街市上店肆林立，稍有规格的酒家都备有诗板，可见当时题诗风气之盛。士子们读书、应试、交游、仕进，乃至普通百姓的日常生活，处处写诗，处处用诗，以至于年轻的杜甫觉得作诗人人都会，根本不算什么特别的本事，只有“饮中八仙”这样的人物，才值得他记录一笔。

电影中为我们展现的“八仙”联句的场景，可谓妙趣横生，诗人们不仅要续写下句，还要和乐演唱，甚至还得身负武艺，智勇双全，才能通过考验。李白一时兴起，写得忘乎所以，马上有人指出“你这不是联句，是新句，连体都变了”，说明联句对格律、韵脚、体裁都有严格规定。以诗歌酬唱往来，看似娱乐，实为社交，更是竞争，对诗人的才思、学识都有很高的要求。开元年间的中书舍人贾至作《早朝大明宫呈两省僚友》，同僚杜甫、王维、岑参都作了和诗，以王维的“九天阊阖开宫殿，万国衣冠拜冕旒”流传最广，这就是原作被和诗给比下去了。

诗人们聚集长安，自然是为了求仕，不论是投考还是行卷，都要靠诗。孟浩然求宰相援引，就写“欲济无舟楫，端居耻圣明”，同为干谒诗，钱起的“献赋十年犹未遇，羞将白发对华簪”就直白得多。考试也是写诗，我们耳熟能详的“离离原上草，一岁一枯荣。野火烧不尽，春风吹又生”就是白居易应试的作品。还有些独辟蹊径的考生，比如祖咏，试题要求写一首五言长律，他自恃才高，只写了四句就提前交卷。最后是否得中，我们不得而知，但他的绝句“终南阴岭秀，积雪浮云端。林表明霁色，城中增暮寒”流传至今，是当之无愧的名句。

诗风如此兴盛，自然有人编纂诗集。影片中高适案头的《河岳英灵集》，就是当时的丹阳人殷璠编选的诗集。集中除了李白诗，还有高适自己的作品，还包括常建、王维、崔颢、孟浩然、王昌龄等人的诗，这意味着许多被后人奉为经典的诗篇，在当时就已经广为传唱了。从中也可看到当时人对诗歌的评价标准和鉴赏趣味，这对后世选诗、读诗、写诗，都产生了深远的影响。

高适在岐王宅里见到了身负绝艺的裴旻、王维、吴道子和名满天下的歌唱家李龟年，还结识了年轻的杜甫。彼时谁也不会想到，几十年后的长安会是何等光景。安史乱后，杜甫在长安重逢李龟年，说当初“岐王宅里寻常见，崔九堂前几度闻”，是天翻地覆之后对旧时光的追忆，不着一字，却至为辛酸。

影片末尾，程公公将李白遇赦的消息告知高适时，背了《早发白帝城》。他横剑击节，声调抑扬顿挫，不同往日。回想承平时候，诗歌原本也是入乐歌唱的，但在这高山大野之间，朔风吹雪，无丝无竹，两个各怀心事的人，一阕雄浑慷慨的歌，其中况味，非寻常乐律所能演绎。诗人胸中块垒，唯有在苍茫天地之间，高吟长啸，乃得纾解。后世读诗，所谓吟，所谓诵，大抵与此相类。

大唐之诗

俗语说：“熟读唐诗三百首，不会写诗也会吟。”长久以来，人们都把唐诗作为诗歌的典范。文学史上把唐诗分为初盛中晚四期，又以盛唐诗成就最高。这里当然有各种因素的考量，但大体而言，盛唐诗歌之所以最打动人，正在于它充满鲜活的生命力，是风云际会的大唐盛世所孕育出来的，这与中晚唐诗人的深思苦吟，是完全不同的风貌。读盛唐诗，你很难不被诗中蓬勃向上的生命力、积极用世的进取心、开朗昂扬的少年气所感染。它并不追摹前代，也无意教化后人，更不会炫耀学识。

前人说“唐诗是嚷出来的”，可谓传神，唐诗中最打动我们的作品，好像都是冲口而出、不吐不快的，是“大道如青天，我独不得出”的苦闷，是“仰天大笑出门去，我辈岂是蓬蒿人”的自负，是“莫愁前路无知己，天下谁人不识君”的豪迈，是“战士军前半死生，美人帐下犹歌舞”的愤懑，是“行到水穷处，坐看云起时”的从容。这样的盛唐诗，开阔壮美，气象万千，绝不是坐在书斋里能雕琢出来的句子。

古人说：“诗言志，歌永言。”中国诗歌的传统和旨归，在《诗经》的时代就已奠定，到了盛唐，则发展到一个前所未有的高度。如果说诗歌是文学皇冠上的明珠，唐诗无疑是最光彩夺目的那一颗，千百年来传诵不绝，成为中国人最重要的文化传统之一。《全唐诗》存诗四万八千九百余首，加上后人的补遗，有唐一代诗歌不下五万首，清人孙洙（蘅塘退士）从中选出三百篇，无疑是优中选优，是最能代表唐诗的艺术水平和风格特色的。古人称《诗经》为“诗三百”，在对整个封建时代的文化成果集大成、做总结的清代，学者选唐诗，亦取“三百”之成数，既是对高峰的激赏，也是向源头的致敬。从《唐诗三百首》中，我们既能领略唐诗的语言之美、境界之妙，也能透过历史的烟尘，略为窥见无数后人梦中的大唐，窥见那座安宁、繁华、令人神往的长安城。

（原载 2023 年 7 月 27 日“中华书局 1912”微信公众号，作者系中华书局大众图书出版中心编辑）

临歧竟何云：在历史中的高适与李白

汪 煜

天宝四载（745），在同游山东蒙山等地之后，高适、杜甫与李白作别，前去济南，参加新任北海太守李邕设下的宴会。从此次分别之后，高适与李白终身未再相见。在天宝三载（744）时，高适、杜甫、李白同游宋中（今河南商丘一带），时年高适41岁，而李白44岁，二人年纪仿佛，行止却不甚相似。在同游之前，高适曾去长安，也曾去往燕赵、蓟北，但都未获得出仕机会，而李白这时正被"赐金放还"，刚刚经历人生的大起大伏。因此，这一段被载入文学史的游历，之于两位主人公的内心而言，应该是不同。

不过，想要昭揭这种不同，却较为困难。直接原因，在高适的诗集中，没有同李白唱和，乃至送赠李白的诗作，而在李白的诗集中，也没有同高适唱和，乃至送赠高适的诗作，如非同游者杜甫多年后写作的《遣怀》《昔游》二诗，恐怕后人完全不知道这一次同游。而更深层次的原因，应将高、李二人在分别之后，各自的际遇联系起来看。

天宝十四载（755），范阳等三镇节度使安禄山发动叛乱，对唐代整个政治、社会都产生了极大的冲击与影响。玄宗在叛军攻破长安之前，西逃入蜀。玄宗三子李亨在西逃至灵武时稍作休整，即登基称帝，而尊玄宗为太上皇。同时其十六子李璘被玄宗封为山南东路、岭南、黔中、江南西路四道节度使、江陵郡大都督，坐镇江陵。李璘在到达江陵之后，别生图谋，深受其兄李亨忌惮。最后李亨遣人于至德元年、二年间（756—757）将李璘之乱平定。这场在叛乱面前的兄弟阋墙，最终影响了高适与李白各自的人生走向。

先说高适。在天宝四载之后，直到天宝八载（749）举有道科中第之前，高适仍旧是在齐鲁淮楚之间游历。天宝八载，高适中第之后，被授予了一个封丘尉的官职，这虽说是一般文士释褐的佳选，但其实从开元年间开始，文士释褐时认为的“美选”，往往是巡官、推官、掌书记。正因为这种情况，高适在得到封丘尉三年之后，也即天宝十一载（752），没有继续担任这一官职。（另一种情况很有可能是，在唐代考功体制下，高适三年任满，但没有得到足以升转的评价，所以他选择了放弃了这一官职）他在这年秋天奔赴长安，不断拜谒交游，最后离开长安，前往河西走廊。

在河西走廊，高适终于得以见到他的“贵人”——哥舒翰。哥舒翰显然很看重这位文士，他立即上表，要任用高适为左骁卫兵曹，充为掌书记。从这一年开始，高适总算是正式踏入青云之路。三年之后，也就是天宝十四载，高适正式升转，拜左拾遗，转监察御史，仍辅佐哥舒翰守潼关。

“安史之乱”发生后，潼关作为扼守二京的咽喉，遭到了叛军的反复攻打。一开始，安禄山之子安庆绪率兵进攻，被哥舒翰击溃，成功守住了潼关。但随后，在杨国忠的谗言蛊惑之下，玄宗命令哥舒翰出关主动出击，结果哥舒翰大败，自己也被叛将火拔归仁俘获，最终如汉代李陵一样选择了投降。高适在乱军之中，杀出重围，从骆谷取道，至河池郡拜见玄宗，将战况一一汇报，并做了颇为中肯的敌我形势分析。玄宗嘉奖他，于是迁其为侍御史。

战争形势越来越不利于玄宗一方，于是玄宗想了一个法子，也即让自己的儿子们镇守天下要塞（这便是前文提到的李璘分镇的背景），高适切谏不可，但未被听取。玄宗入蜀，高适跟随，不久即官拜谏议大夫。

李璘的别图，引起了李亨的不满。大概是李亨知晓高适曾以不可使诸子分镇天下进谏玄宗，他很快便召见了高适。在听取了高适的分析之后，李亨即以高适为御史大夫、扬州大都督府长史、淮南节度使，会同淮西节度使来瑱、江东节度使韦陟一起平定李璘。

上述这段经历发生于高适49岁至54岁之时，而这段时间的李白，则兴起了寻仙访道的兴致，不久之后，甚至亲受道箓，正式成为一名教中人士。一直到被李璘召见之前，李白一直在广陵、宣城之间生活。

关于李璘的召见，史传均语焉不详，而李白进入李璘幕府之后担任何种官职，也都没有记载。但无论如何，在李璘幕府之中，李白用生花妙笔为李璘撰写了《永王东巡歌》等一系列宣传其神武之姿的诗歌。在李璘兵败之后，这些诗歌成为李白曾襄助叛乱的证据。因此，当历史的急流奔涌而来，高适和李白的命运出现了戏剧性的反差，一个官至节度使，为一方大员；一个身系浔阳狱，沦落成重犯。

在李白坐监之时，曾有一位名为张孟熊的士人前来看视。这位张孟熊与李白交谈良久，他告诉李白他即将去广陵拜谒高适，当时李白正在读《留侯传》，感慨这位张孟熊的古人之风，于是写了一首诗送他。这首诗的末八句是这么说的：

高公镇淮海，谈笑却妖氛。
采尔幕中画，戡难光殊勋。

我无燕霜感，玉石俱烧焚。
但洒一行泪，临歧竟何云。

在诗里，李白称呼高适为“高公”，但这并非是一个用于友人的称呼。他又说“燕霜感”、“玉石焚”、“歧路泪”，先后用了先秦邹衍蒙冤恸哭，天为之下霜；《尚书》说的玉石俱焚，比喻善恶一同毁灭；先秦杨朱歧路之哭的典故。这些典故除了能看出他在表露自己波澜起伏不能平静的内心之外，我们也看不出他是否对高适有所期待。

关于张孟熊是否是想请高适对李白伸出援手，史传无考。史传所记载的，对于李白伸出援手的人，是唐代诗人宋之问的侄儿，官至御史中丞的宋若思以及宣慰大使崔涣。但很可惜的是，无论是谁伸出援手，终究不能改变李白后续的命运——李白被判流放夜郎。倘若没有乾元二年（759）的天下大赦，这次流放也许就成了李白的最后一次“壮游”。

从这些蛛丝马迹推测，恐怕在永王李璘起兵事件之后，高适就意识到李白可能会对自身产生的不可控的恶劣影响。他选择将之前与李白同游的诗作隐藏起来——杜甫的《遣怀》诗中有“忆与高李辈，论交入酒垆。两公壮藻思，得我色敷腴”之句，所谓“壮藻思”，应该就是指的当时所作诗。千年之后，我们很难去揣测高适的这种隐藏是暂时性的还是永久性的，但从结果上看，这种隐藏实实在在的是一种永久性的。

高适与李白，是被唐代政治史洪流驱动的两个个体生命，而也正因为流向不同，这两个个体生命被打磨出不一样的色彩。从前文叙述中，本文不厌其烦地介绍高适的迁转经历，是因为想告诉读者，根据赖瑞和先生的《唐代基层文官》《唐代中层文官》《唐代高层文官》的研究，高适这种拜将封侯的仕宦历程，是时人眼里非常完美的“升官图”。与之相对，获取了后世无限赞美的李白，在其仕宦历程上是非常糟糕的。

这种外部的经历，势必影响到高适与李白的创作之中。在高适的生命中，他与军旅之事的关系非常紧密，这也形成他诗歌的特色。但回溯这些关系，我们会发现，高适是以一种主动的姿态去缔结的。这是因为在唐代，通过藩镇幕府获得被时人眼里认为佳选的掌书记要容易的多，而相较于其他类型的藩镇，处于边疆的防御型藩镇，机遇更大。正是这样的“诱惑”，驱使高适去听边塞的风雨，去看边塞的山水，去经历边塞的故事，最后酝酿成他的诗的底色。

这些对于李白来说不是这样的。李白从一开始就放弃了高适所选取的那条路，他希望得到皇帝的无限殊遇，从这种殊遇中寻求复现一种他景仰的政治理想。比较来说，高适选取的路子，是与唐代考功体系密切结合的，这意味着即使他可能不会得到超越他人的殊遇，但完全能够保证他不会轻易失去这一切。而李白把得失都系在皇帝一人的好恶之上，那么皇帝亲之爱之，他自然可以高蹈于青云之上；同样，当皇帝对他失去兴趣之时，他相应会被浮云遮蔽乃至从云中坠落。这种起与落，恰恰与他写给李邕的诗前四句是吻合的：

大鹏一日同风起，扶摇直上九万里。
假令风歇时下来，犹能簸却沧溟水。

风来则起，风歇则下，视九万里为尺寸之间。这种庄子《齐物论》般的视角，恰恰形成了李白内心的广袤无垠的心海。这片心海倒映宇宙，洞彻乾坤，驾游龙与鸣凤，驱飞廉与丰隆，于是各种奇瑰的想象、浑奥的浪漫喷薄而出，经过情感的淬炼，而凝结为一首首浮动于紫府清都云霭间的诗篇。

熟悉李白的人都知道，在乾元二年大赦之后，李白依靠当涂李阳冰的接济，度过了他最后身为唐代庶民的岁月。而在乾元二年之后，高适即使偶有左迁，但依旧为一位高层文官，最终还得到了渤海县侯的封赏。永泰元年（765），高适病逝于长安，李白先其三年而去，而再过五年，杜甫也将离开这个世界。在杜甫晚年居于夔州之时，他回忆起他与高适、李白结伴游玩的青年时代，他说：

昔者与高李，晚登单父台。
寒芜际碣石，万里风云来。

是的，唐代的万里疆域上，风云曾相携而来。

（原载 2023 年 7 月 12 日“中华书局 1912”微信公众号，作者系中华书局文学编辑室编辑）

沉醉梦中，是为了醒来

吴艳红

自少读红楼，而今人到中年，《红楼梦》于我不再是“少年维特之烦恼”般的青春之书，而是随阅历丰富不断加深领悟的生命大书。近日读詹丹著《〈红楼梦〉通识》，欢喜赞叹：真是一本不可多得的通识读物。读者不仅会有“一览众山小”的欣慰，更有“山阴道上应接不暇”的喜悦，一石击起千层浪，于心底泛起千般涟漪。我亦如是，且分享一二。

刘姥姥在《红楼梦》中是一位乡野村妇，令人印象深刻的，仿佛只是二进荣国府时甘当“丑角”的“插科打诨”，但其作用不容小觑。她不仅是整个红楼故事进入正题的第一人——所谓荣府人多事杂，并无头绪，正好由“千里之外，芥豆之微”的外人刘姥姥开题——而且三进荣国府，以旁观者视角完整见证了贾府兴衰。更进一步，詹丹挖掘出她担负的另一使命：为贾府新生代——第五代巧姐引领了一条完全不同的人生之路，即“走出贾府，来到农村，在一个似乎更现实的世界里，在新的生活方式中，获得了生命活力的可能”。可惜曹雪芹在第五回为巧姐设定的结局——“后面又是一座荒村野店，有一美人在那里纺绩”，这一自食其力的农村劳动妇女形象并未在程高本中呈现。后四十回中，巧姐为避祸由刘姥姥带去农村暂住，后来嫁到财主家，并未实质性改变其人生轨迹。曹雪芹对巧姐走向民间新生活的设定有两个佐证：一是宝玉在秦可卿出殡之日遇见在纺车旁示范的村姑二丫头，如同神游太虚幻境中的纺织美人出现在画册中，这一现实中的巧遇隐喻了巧姐日后纺绩的命运；二是巧姐和板儿幼时交换柚子和佛手，隐喻日后贾府落难，巧姐为刘姥姥搭救，与板儿结为夫妇，过起男耕女织的生活。贵族走向底层，自食其力，意味着对自身阶层的反叛与脱离，这正说明曹雪芹在思想的深刻程度方面，超越了时代和阶层的局限。

《红楼梦》里有大悲悯，《〈红楼梦〉通识》也让我看到了作者詹丹的悲悯。他在“天下文体入红楼”一节里谈到《红楼梦》“文备众体”，从语体的韵散交错、文白对峙、雅俗杂糅等视角作了分析。“将脖项一扭，嘴唇一撇，鼻孔里哧哧两声，拍着掌冷笑”，用大白话呈现白描笔法，让金桂的丑态形象获得动态感。詹丹说：“金桂的一切动作和表情却让她躁动起来，既遮蔽了她对一个幽深世界的理解，又使得凸显出来的近乎小丑样态的动作丰富起来，把一个外在于自己的美好世界给完全掩盖住了。”“金桂俗不可耐的动作丑态，成为其行动的力量；而香菱富有诗意的静静陈述，反而成为其软弱的象征。”《红楼梦》高扬女性价值，香菱富有诗意的静静陈述通向其幽深心灵，经詹丹对于文体的雅俗对比，更增其软弱性，更显曹翁悲悯意识。金桂却是罕见的反面典型人物，一般读者似乎不屑于关注其内心世界，但如詹丹所言，其实她也有亲近美好世界的机缘，只是她自我遮蔽了。对反面人物内心世界的关注，更显詹丹的悲悯意识。

曹雪芹写《红楼梦》，不是为了沉醉于梦中，恰恰是为了从梦中醒来。他花三十六个回目，近三分之一篇幅，写了贾宝玉 13 岁这一年——正是住进大观园的这一年。结合曹雪芹本人的经历，他在富庶的金陵生活到 13 岁，家族遭遇灭顶之灾，只得回到北京，从此潦倒半生。可以说 13 岁是他人生的一道坎，13 岁之后，他经历了世态炎凉、人生坎坷。他把贾宝玉 13 岁这一年无限延长，或许是让自己沉浸于美梦的时间尽可能久长一点。

詹丹敏锐地指出：“正是因为时间相对静止，贾宝玉似乎不能长大，他可以被作为孩子、他和黛玉的恋情可以被作为儿戏来对待，这成了小说叙事的一个重要逻辑。”相对静止的 13 岁，“儿戏”掩护下的儿女之情在大观园里潜滋暗长。吊诡的是，一旦威胁到男女大防的礼法，由大人开恩建造的大观园这个自由自在的女儿国最终也就被大人亲手摧毁了。这无情的摧毁导致毫无招架之力的少男少女不得不从梦中醒来，从此各自漂零。

梦有多美，醒来就有多痛。曹雪芹从梦中醒来，噙着血泪，书写宝黛爱情的悲剧和贾府衰亡的悲剧（可惜未完成），奏出了双重悲剧的最强音。从梦中醒来，犹如一记警钟，告诫我们：过一种有觉知的生活，远比过富贵的生活更有意义，更值得推崇。

《红楼梦》里的人物各有各的局限，各有各的不圆满。借用第七十六回《凸碧堂品笛感凄清 凹晶馆联诗悲寂寞》里林黛玉的话："事若求全何所乐？"不圆满才是真实的人生。尽情做梦后，勇敢从梦中醒来，做大悲悯之人，过有觉知的生活，大概是《红楼梦》给予今人的一种启示。

（原载 2023 年 7 月 1 日《齐鲁晚报》，作者系中华书局上海聚珍文化传媒有限公司编辑）

图说她们的美：古代女性的简生活

周　天

“一夫不耕，或受其饥。一妇不织，或受其寒。”针织绣纺，中国古代女子就是在这样的简单日常中，渐渐掌握了生活的美学。不同节令佩戴什么样的首饰？绿袄红衣如何搭配才好看？相信很多读者会好奇古代女子、大家闺秀的真实生活。通过阅读《食色里的传统》这本书，“拼凑”出女性在不同时代的生活图鉴，也为当下的生活提供一些灵感。

戴在头上的小心思

在古代，女性通过蔽体的服装来彰显自我存在一定的局限性，想要求其完美的效果，头部的装饰便是尤其重要的。早在商代，就出现了具有审美功用的骨笄，也就是后来讲的簪。在河南安阳殷墟妇好墓中，出土有骨笄 499

件，它们大多数发现在一木匣内，按不同笄头可分为夔形头、鸟形头、圆盖形头等。

可见古人佩戴首饰是十分讲究的，有的还配合了时序、节令的变化，非常可爱。譬如，立春为“四时之始”，人们把彩帛或鸟羽剪贴成飞燕的形状，簪在头上，以迎接春天的到来，“彩燕迎春入鬓飞”（王珪《立春内中帖子词·夫人阁》），也有用乌金纸剪的黑色燕子，民间俗称“黑老婆”。若将南宋李嵩的《货郎图》放大看，便能清晰地辨认出，货郎头上正戴着“黑老婆”，也是他所售卖的商品。应景首饰通常随用随做（买），用后即弃，因此也都不用什么上好的材料，但古人手巧，经过精心的编制，寻常事物也能俏丽动人。

哪种发髻最修饰脸型？

现代女性想尽办法使头发蓬松，不外乎让自己的脸看起来小一些，其实两晋南北朝时期的女子就已经有这样的意识了。这一时期，女子的发型由高髻较为全面地取代了汉代女子的垂髻。比如，东晋都城建康地区（今江苏南京）墓葬出土陶女俑的十字大髻，《洛神赋图》中的飞天髻，以及《北齐校书图》中的侍女所梳条状双髻等。

高髻对于人体美有一定的帮助，使人看上去更加颀长，还能为脸型做些修正，为美貌加持。到唐代，更是出现了类似今天的卷发，初唐阎立本绘《步辇图》中，9名宫女皆高束发髻，且很像云朵的形状，这就是初唐时期的时尚发型之一——云髻。

一针一线，绣出美的观念

爱美之心人皆有之。在古代不同时期的女性服饰配色都略有不同，我们可以从古画中一探究竟。古代配色有正色、间（杂）色之说。正色指黑、白、黄、赤、青五色，间色则由正色混合而成。一般而言，正色多用于上衣，间色用于下装；正色用于表，间色用于里。

中国传统服饰是有自己独特的配色美学的，旧时女孩儿都要会些绣花编织的手艺，大观园中的小姐丫头们也都如此。在刺绣和打络子的实际生活中，对色彩渐渐有了很多了解和体会，掌握了生活美学。

君子远庖厨?

唐代房千里在岭南做过官，他所写的《投荒杂录》记述了岭南人争相培养女厨的事。他说岭南无论贫富之家，教女都不以针线为基本功，却专意培养她们下厨做饭的本领。《清异录》则说，唐代宰相段文昌，家厨由老婢膳祖掌管，老婢训练过上百名婢女，教给她们厨艺，其中九人学得最精。官僚们的家厨有这么大的规模，饮馔之精，可以想见。古有“君子远庖厨”一语，难道培养女厨真的是让君子就别进厨房吗？真是大大的误会。

我们从出土宋代砖刻上，便可一睹古代厨娘的风采。收藏于中国国家博物馆的4件宋代厨事画像砖上，描绘了厨娘从事烹调活动的几个侧面。所绘厨娘危髻高耸，裙衫齐整，焕发出一种精明干练的气质，甚至透出一缕雍容华贵的神态。

爱红妆，也爱足球

中国是足球运动的发源地，中国女足更是中国足球几乎唯一的骄傲。但你知道吗？在古代，女性也是热爱“足球”运动的，可见我们是有女足传统的。

这件收藏于湖南省博物院的宋代足球纹铜镜，其背面浮雕的图像是一对男女相对踢球。女子发髻高挽，窄袖长衣，下着长裤，抬脚将球踢出；男子戴幞头，着长服，微躬身屈膝，准备接球；小球介于起落之间，画面形象生动。

从文献记载和留下来的图像资料中看，“蹴鞠”可以全为男性，元代钱选画《蹴鞠图》上就全为男性，也可以全为女性，如金代陶枕上“女子踢球图”，还有明代《仕女图》中“蹴鞠”的也都是女性。

明代还有专业蹴鞠的女艺人。与现代女子足球崇尚力量与速度不同，女子蹴鞠以表演为主。古代开封皮场庙南的富乐院内，“多有出奇美色伎女”的蹴鞠活动。她们凭着一身绝技，四处表演，可见当时的绮丽风情。

其实，古代女性的简生活还表现在很多具体的方面，它们不仅属于历史，更自古及今，蔓延流淌，渗入到当下的日常生活中。推荐阅读《食色里的传统》，与作者一起深入历史现场，畅游于传统的细节和脉络中。

（原载2023年3月9日“中华书局1912”微信公众号，作者系中华书局上海聚珍文化传媒有限公司编辑）

碎片化阅读，立体化识人

——《三国人物风云录》读后

梁 彦

2023 年 2 月，首都师范大学宋杰教授新作《三国人物风云录》由中华书局出版。这是作者继《三国兵争要地与攻守战略研究》《三国军事地理与攻防战略》后推出的第三部“三国”书。与前两部侧重于分析魏、蜀、吴攻防战略和相互间历次重要战役不同，《三国人物风云录》以三国人物为写作对象，字里行间记录和点评了一般读者不大知晓的珍闻轶事，以及与《三国演义》传统叙事有所区别的真实史迹，101 篇综论、考证和读书札记分属于 8 个专题，即曹魏雄风、魏晋风云、蜀汉英烈、东吴豪俊、用兵之道、外交谍影、乱世庸才、巾帼贤淑。无论是家喻户晓的曹操、曹丕、司马懿、刘备、诸葛亮、关羽、孙权、吕布，还是湮没罕闻的国渊、高柔、张裔、李邈、杨戏、罗宪、吾彦、隐蕃，诸多人物的生平经历和性格特点跃然纸上，令人耳目一新。

众所周知，作为中国古典文学四大名著之一，《三国演义》描写的是近两千年前诸侯割据、群雄纷争的故事，反映了近一个世纪的历史沿革，人物成百上千，战役层出不穷，文武兼备，斗智斗勇，头绪纷繁，气势宏大，堪称是一部包罗万象的古典史诗。而由原著衍生的各种文艺作品，包括但不限于戏曲、曲艺、影视、动漫、游戏、连环画等等，不但早已走进千家万户，而且影响遍及世界各地。因此，在三国人物身上再做文章且彰显新意，难度可想而知。然而，《三国人物风云录》在尊重历史、参考文献的基础上，别出机杼，爬梳剔抉，通过短小精悍的篇什，刻画出立体而丰富的人物形象，即“碎片化阅读，立体化识人”，读者在不知不觉中如临其境，旁观金戈铁马，纵览风云捭阖。以下略举数例。

在《曹操掌控的政治婚姻》一文中，作者提及在豪杰割据、兼并争雄的背景下，通过联姻建立同盟、笼络部下，是普遍存在的现象，而将这种手段发挥到极致者，非曹操莫属。其中，对外联姻包括孙曹结姻、袁曹结姻、汉曹结姻，对内联姻包括与族亲结姻、与功臣名士结姻、与降将结姻。在逐一介绍后，作者分析总结出曹操联姻的阶层高度与数量之所以远超孙、刘两家，并且成效显著的原因，从一个新颖的角度揭示了曹操的性格特征，读后颇有回味余地。

在《张郃是死在木门道上吗》一文中，作者就《三国演义》中诸葛亮在剑阁木门道设伏射杀张郃的情节与历史记载不相吻合之处提出了商榷。其一，木门通常认为在祁山以北，不在剑阁。其二，张郃没有死在祁山以北的木门道，而是随司马懿大军追击蜀军到祁山附近，并攻打南围而失利。其三，张郃追击蜀军死在青封。结合上述矛盾之处分析，作者赞同张郃在木门和青封两次追击蜀军陷入埋伏，前一次中箭负伤，后一次阵亡的解释，而就有的学者认为青封就是木门的说法，则认为有些牵强，很难自圆其说。

在《关羽的“单刀会”和蜀汉名臣的宝刀》一文中，作者就关羽单刀赴会时带的是何种形制的刀提出了自己的观点。所谓“单刀会”，是因为当时武人往往身带长短两把战刀。汉代及三国战刀有长短之分，短刀长度为 40 厘米—50 厘米，合汉尺二尺左右。大刀、长刀则没有完整的长度记载，出土三尺至五尺的都有，长度为 70 厘米—120 厘米，都是短柄武器，没有见到像青龙偃月刀那样的长柄大刀。因此，关羽单刀赴会时随身携带的应该是一把防身的短刀。

此外，该文还就关羽使用的兵器作了探讨。针对《三国演义》中关羽所使青龙偃月刀，作者说明在历史记载上，关羽在马上使用的应是长矛、长戟之类的突刺兵器，故而有“羽望见良麾盖，策马刺良于万众之中”；在矛或戟之外，随身还带有刀、剑之类的短兵器，因此在刺倒颜良之后，才能下马斩掉他的首级，即“斩其首还”。这一点与笔者说书时的分析大相径庭。评书认为“跑下山来……直冲彼阵……径奔颜良……方欲问时……赤兔马快，早已跑到面前；颜良措手不及，被云长手起一刀，刺于马下”，一不摆队列阵，二不通名报姓，关羽实有刺客行刺之嫌，故而这个“刺”字极为精妙。当然，正史也好，野史也罢，皆是一家之言，只要言之有物、言之成理，即可商榷交流，而这也正是三国这个大 IP 引发的无穷魅力。

囿于篇幅，恕不再举更多的例子。总之，《三国人物风云录》是近年来研究三国人物不可多得的好书，内容新，视角新，成果丰赡，成绩斐然，读之轻松，回味悠长。因此，笔者愿作郑重推荐。同时，笔者认为，口耳相传、延绵数代的三国人物及故事，是中华优秀传统文化的重要代表，蕴含着中华民族的文化基因，传扬着中华民族的美学精神，且耳熟能详，喜闻乐见。希望今后有更多研究三国的著作问世，以飨读者。

（原载 2023 年 8 月 20 日“中华书局 1912”微信公众号，作者系中华书局党群工作部员工）

延续的江南，发展的城市

——评《江南市镇的早期城市化》

贾雪飞

站在江南古镇，看着昔日琳琅店铺的遗踪和园林庭院的旧址，人们免不了产生“凤去台空江自流”的思古幽情。但今日的古镇依然繁华，既没有“吴宫花草埋幽径”的凄凉，给人的也不是“风流总被雨打风吹去”的无奈，眼前的小桥流水和游人如织，犹如一幅融通古今的水墨画卷，牵起时空两头的历史世界。

如今的江南古镇都是明清时期充满活力的经济中心，是热闹非凡的“地方小城市”，樊树志教授在其新著《江南市镇的早期城市化》中，详细还原了江南市镇昔日的繁盛，勾勒呈现了其曾经辉煌的“早期城市化”。

全球化贸易与江南市镇

15 世纪末 16 世纪初，“地理大发现”联通了西方和中国，葡萄牙商人绕过非洲好望角，占领了印度西海岸的贸易重镇果阿及东西洋交通的咽喉马六甲，来到中国。1573 年占据澳门后，以澳门为中心建构了三条国际贸易航线，把中国生产的丝绸、生丝、棉纱、棉布、茶叶、中药、瓷器等辗转运往欧洲、日本和墨西哥，谋取高额利润。而这些国际贸易所交易的货物，主要产地就是江南市镇。

太湖流域素以种桑养蚕闻名于世，自唐代起，湖州、苏州、常州、杭州等地的贡品就以各色丝绸居多。到了宋代，江南的丝织业更为发达，仅官营的杭州织锦院就云集各地能工巧匠数千人，更不要提各种各样的私营作坊，江南的丝织业繁盛可见一斑。中国这种自古形成的发达手工业经济和生产的丰富的产品，是大航海时代能够如此大规模输出商品的内在经济基础。

在国际贸易的刺激下，江南市镇在明清时期形成了“外向型”的经济发展模式。这种发展模式又反过来促进了社会的变革。

“早期工业化”与社会内部关系变革

提到中国的早期工业化，人们可能自然联想到近代的洋务运动，但在 1850 年以前的三个世纪中，江南已经出现了早期工业化。李伯重教授在《江南市镇的早期工业化（1550—1850 年）》中，从纺织业、食品业、服装制作业、日用百货业、烟草加工业、印刷业等论证，认为江南从1550年左右，工业所占的经济比重在日益提高，到了19世纪初地位已经超过农业。反过来，研究明清江南经济的外国学者，如伊懋可（Mark Elvin）以西方经济学视角审视此时期中国农村的经济，认为“过度商业化”和“过度工业化”了。殊途而同归，中外学者的研究都指向一个问题——明清时期江南的工业化已经发展到了相当的程度。

明中叶人谢肇淛在《西吴枝乘》中说：“蚕桑之事，湖人尤以为先务，其生计所资，视田几过之。”清人沈廷瑞在《东畲杂记》中这样描述濮院镇四乡农家的经营方式：“近镇人家多业机杼，间有业田者，田事皆雇西头人为之。西头……其地人多而田少，往往佃于他处，每于春初挈眷而来，年终挈眷而去。”通过这两位明、清时人的描述，我们可以看到江南农村经济形态的变迁轨迹——从家庭自营的手工业经济，发展到以雇佣劳动力进行生产的早期工业格局。

雇佣工人群体和劳动力市场的出现，标志着社会生产关系发生了变动。随着江南市镇作为越来越重要的工商业经济中心，人口超过万户的城镇星罗棋布，大量专职从事工业、商业的人口涌入并定居，形成了早期城市化的初步格局。

经济之上的文化发展与“早期城市化”

经济发达，人口繁盛，多层次的市场经济充分活跃，社会服务行业和文化发展空前繁荣，这些现代城市具有的特征在明清江南的市镇都初具规模。值得一提的是，此间江南市镇出现了两个明显的特征：一是消费上的奢侈，二是文化上的竞逐。

苏州作为明清江南的经济中心，明中叶以来成为全国最为奢华和“时尚”的城市——“饮食服饰竞以侈靡相尚”、“其居人按时而游，游必画舫肩舆，珍馐良酿，歌舞而行”。对于流行的奢侈风气，时人一片“人心不古”、“风气日下”的谴责之声，而上海士人陆楫则提出令人振聋发聩的“奢能致富”的观点。他认为“天下之势，大抵其地奢则其民必易为生，其地俭则其民必不易为生也”。樊树志教授在书中充分肯定陆楫的过人远见。

同时，经济的发达也为江南带来了文化上的繁荣。明清时期，不仅茶馆、书肆、说书场馆兴旺一时，江南也大兴园林修建之风。迄今有名的苏州留园、拙政园、沧浪亭，上海豫园，无锡寄畅园，扬州瘦西湖等等，均是一时名公缙绅或仰慕文化的富贾所建，游园，听戏，作文，攻读科举，是当时读书人竞相效仿的文化风尚。

可以说，工业发展—经济繁荣—人口充沛—服务业兴起—文化兴盛，是明清江南市镇早期城市化的发展闭环。

“历史每时每刻都在影响着人类的当下和未来。历史给人智慧，教人用具有历史纵深感的眼光去看待过去、现在和将来，而不被眼前的方寸之地所局限”，樊树志教授如是说。如何对待逝去的文明，如何承续历史文脉以创新今天的美好生活，是我们这代人面临的时代课题，樊树志教授的著作或许给我们提供一个有益的思考视角。

（原载 2023 年 7 月 26 日《中华读书报》，作者系中华书局上海聚珍文化传媒有限公司编辑）

以新思想破旧枷锁，以旧形式写新生活

——吕碧城其人其词

郭睿康

有清一代，词学大盛，到了晚清，更是涌现出一批卓有成就的词学大家。其中，吕碧城无疑是既有代表性，又极具特色的一位。

吕碧城，原名贤锡，字圣因，一字兰清，法号宝莲，安徽旌德人。钱仲联在《近百年词坛点将录》中评价她为“近代女词人第一，不徒皖中之秀”。著名学者吴宓也称赞其词作“实为今日中国文学创作正轨及精品”。

吕碧城出生在一个文化氛围浓厚的传统家庭：父亲吕凤岐为光绪三年（1877）进士，曾任国史馆协修、玉牒馆纂修及山西学政，母亲严士瑜亦善诗文。吕碧城还有两个姐姐，吕惠如和吕美荪，在当时也以文学知名，有“淮南三吕，天下知名”的美誉。

吕碧城天资聪慧，加上家庭氛围的熏陶，吕碧城很早就流露出在文学和艺术方面的天赋。她 5 岁知诗，7 岁就能做巨幅山水。如果没有后来曲折的人生经历和时代的剧变，吕碧城或许会和传统的才女一样，在闺阁中留下一些伤春悲秋的词句，供文人墨客赏玩而已。

在吕碧城 13 岁那年，她的父亲突然因病去世，吕氏族人为争夺家产，竟将母女几人幽禁。最终，母亲带领吕氏姐妹远走外家，而自幼与吕碧城订亲的一户汪姓人家也因此强行退婚。

不久，吕碧城奉母命，前往天津塘沽投奔舅舅严朗轩，理由是舅舅能为她提供较为优厚的教育条件。当时的天津是通商口岸之一，是中西、新旧文化交融碰撞的前沿。在这里吕碧城既得到了学习新文化、新思想的机会，也目睹了列强对于中国的种种侵略行径，这都为她日后独树一帜的创作风格埋下了伏笔。

1904 年初，吕碧城准备约同友人一起前往天津的女学堂读书，不料却遭到舅舅的一番责骂，并且极力阻止。天性倔强的吕碧城非但没有低头示弱，反而决意与舅舅脱离关系。吕碧城后来回忆道："然予之激成自立，以迄今日者，皆舅氏一骂之功也。"

踏上独立之路的吕碧城，在文学创作上也是一路高歌猛进。在英敛之的提携下，吕碧城进入《大公报》编辑部，并开始在报刊上发表自己的作品。这一时期的作品，主要是一些关于提倡女学的政论性质的文章，如《论提倡女学之宗旨》《兴女学贵有坚忍之志》《教育为立国之本》等等。

民国建立后，吕碧城曾短暂地被袁世凯聘为公府谘议，并结识了袁克文、易顺鼎、费树蔚等人，与之诗词唱和。但在目睹了北洋政府的黑暗之后，吕碧城很快便辞职南下，并通过经商实现了“财富自由”。她不仅畅游祖国的大好山水，还将游踪拓展到了欧美。1920 年秋，吕碧城远赴美国留学。之后，她又转赴欧洲，足迹遍布英、法、德、意、奥等国，最后在瑞士的日内瓦湖畔定居。

在旅居欧美期间，吕碧城笔耕不辍，创作了大量描写异国风光的词作，这也是她词集中最引人瞩目的部分。其中既有对雪山、湖光等自然景物的描写，也有对欧洲历史和文物古迹的凭吊，更有对近代以来新事物的描绘。例如，她曾以一首《玲珑玉》歌咏在阿尔卑斯山上乘坐雪橇的场景：

> 谁斗寒姿，正青素、乍试轻盈。飞云溜屧，朔风回舞流霙。羞拟临波步弱，任长空奔电，恣汝纵横。峥嵘。诧瑶峰、时自送迎。　　望极山河羃缟，警梅魂初返，鹤梦频惊。悄碾银沙，只飞琼、惯履坚冰。休愁人间途险，有仙掌、为调玉髓，迤逦填平。怅归晚，又谯楼、红灿冻檠。

再比如，下面这首《解连环 · 巴黎铁塔》，用典雅华丽的辞藻，描写了工业文明的建筑奇观：

> 万红深坞。怕春魂易散，九州先铸。铸千寻、铁网凌空，把花气轻兜，珠光团聚。联袂人来，似宛转、蛛丝牵度。认云烟缥缈，远共海风，吹入虚步。　铜标别翻旧谱。借云斤月斧，幻起仙宇。问谁将、绕指柔钢，作一柱擎天，近衔羲驭？绣市低环，瞰如蚁、钿车来去。更凄迷、夕阳写影，半梢蒨雾。

梁启超倡导“诗界革命”时，曾提出“新意境、新语句和旧风格”的呼吁。若以此标准衡量，吕碧城的词作无愧于近代旧体诗词中的典范。正如吴宓所说，吕碧城的词作“确能以新材料入旧格律”，“而其艺术及词藻，又甚锤炼典雅”。

凭借深厚的底蕴和新奇的内容，吕碧城的词作在当时即享大名。当时的评论家，经常将她与宋代著名女词人李清照相比较。例如潘伯鹰就曾在1929年10月的《大公报》上发表《评吕碧城女士〈信芳集〉》一文，称其“足与易安（李清照）俯仰千秋，相视而笑”，并说：

> 盖信芳集之词境、其艳冶凄馨之处，虽为易安所可颉颃，然碧城则生于海通之世，游屐及于瀛寰，以视易安，广狭不可同年而语，词中奇丽之观，皆非易安时代所能梦见。虽云易地皆然，而惜乎生之不晚，

此碧城环境、时代优于易安者。

在吕碧城之前，中国的传统女性大多被束缚在闺阁之中，其所见、所闻、所历都相对狭窄，其诗词创作的内容自然也就相对单一。即便如李清照那般能写出“九万里风鹏正举”的女中豪杰，受时代所限，其作品也难以达到吕碧城那样的广度。

与同时代的女性词人相比，吕碧城的作品也是独树一帜的。因为在吕碧城所处的时代，新的思想虽然已经输入，但社会的变革仍然需要一个过程，女性的解放并非一蹴而就。所以，晚清时期虽然也涌现了不少女性词人，但她们大多仍被囿于传统闺阁词的范式之中。吕碧城在自己的文章中也提到：“世多訾女子之作，大抵裁红刻翠，写怨言情，千篇一律，不脱闺人口吻者。”

从这个角度讲，吕碧城可谓那个时代女性中的先行者，她用自己的行动证明了女性也可以在精神和生活上实现独立，并将这种自由独立的精神融入到文学创作之中，在近代词坛上留下了浓墨重彩的一笔。

（原载2023年12月27日“中华书局1912”微信公众号，作者系中华书局文学编辑室编辑）

学林散叶

张元济与《古本戏曲丛刊》出版

齐浣心

1949 年至 1959 年，中华人民共和国成立 10 周年；82 岁至 92 岁，张元济人生最后的 10 年。在普通人颐养天年的时候，张元济依然在为我国图书出版事业的发展，古籍的收藏、整理与出版工作着。这 10 年，张元济完成了《涵芬楼烬余书录》的撰著，为商务印书馆的公私合营多方奔走，特别是在 1958 年担任国务院科学规划委员会下属古籍整理出版规划小组成员后，为我国古籍整理出版事业的发展贡献着光和热。

张元济人生最后 10 年间，还参与到《古本戏曲丛刊》的编纂、出版工作中。《古本戏曲丛刊》是张元济、郑振铎二人深度合作的一部戏曲总集，故先简单介绍一下张元济、郑振铎二人之交谊。

20 世纪 50 年代初，张元济、郑振铎相识已有 30 载，二人年龄相差31岁，典型的忘年交。早在20年代初，张元济与郑振铎即已相识，此后，1921年5月郑振铎入职商务印书馆；1923年10月，郑振铎与商务印书馆董事高梦旦的小女儿高君箴结婚，而高梦旦与张元济既是同事也是老友，此时张元济已从商务印书馆经理改任监理，主持商务印书馆诸多重要出版工作。郑振铎作为晚辈，与张元济于公于私的关系都很近。而在保护古籍、整理出版古籍图书等方面，二人的合作更多，可以说贯穿二人30年的友谊：20世纪30年代，二人合作抢救古籍，比较重要的《孤本元明杂剧》，二人通力合作于1939年选印完成，这套元明杂剧，学界专家认为是《古本戏曲丛刊》的先导之作；20世纪40年代，二人一起成立文献保存同志会，抢救、收购江南藏书楼图书等。

20世纪50年代，是张元济与郑振铎交往较为密切的一个阶段。1953年4月6日张元济致函郑振铎，拟将所藏两件文物委托时任文化部部长兼文物局局长的郑振铎过目后捐赠国家，当时郑振铎作为文物局局长，正忙于我国文物的保护、回归，张元济捐赠文物正当其时。在信中，张元济写道：

> "……兹有读者，家藏元儒谢先生应芳手书佛经六种，书法极精，历六百年，金纸如新，藏之私邸，决非长策，合亦献归国有。……再有陈者，先九世祖

> 讳惟赤于清初中试，顺治甲午科顺天乡试举人，当时领有鹿鸣宴银质杯盘各一事，制作甚精，藏之寒家，适满三百年。……此为国家典章，数百年之遗物，窃愿归诸国有。”

信中提到的谢应芳手书的“佛经六种”和张元济先祖作为清初举人在鹿鸣宴上所领赠品，皆为张元济私人收藏、非常有价值的文物。1958年，国务院科学规划委员会成立古籍整理出版规划小组，郑振铎和张元济同为古籍整理出版规划小组成员。二人在此阶段还有多次信函往来。

20世纪50年代初，二人开始为卷帙浩繁的戏曲总集《古本戏曲丛刊》的编选与出版做准备工作，《古本戏曲丛刊》是二人友谊的重要见证。

一、《古本戏曲丛刊》缘起及出版情况

戏曲是人民群众喜闻乐见的一种艺术形式，自宋、金始，至20世纪50年代，八百余年流传下来、有名目可稽考的剧本，“总在四千种以上”（郑振铎《古本戏曲丛刊初集序》），让这些史料为今人所用，是郑振铎心心念念之事。元明清历代的民间藏书家做过一些搜集整理工作，有《元刊古今杂剧三十种》《杂剧十段锦》《古名家杂剧选》《元人百种曲》《盛明杂剧》《六十种曲》等刊行，并在小

范围内流传，1910年商务印书馆印出吴梅收藏、整理的《奢摩他室曲丛》初集6种、二集29种，1931年郑振铎本人收藏的《清人杂剧》等也曾印出。但这些零敲碎打的整理出版距离郑振铎的理想——“大规模的影印出来，作为研究的资料”，还有很大差距。到20世纪50年代，各方面条件较为成熟，郑振铎即着手落实《古本戏曲丛刊》的出版工作，“征集北京图书馆、北京大学图书馆等公私家所藏，并联合国内各大学、各图书馆、各戏剧团体和戏剧研究者们，集资影印这个《古本戏曲丛刊》六百部，作为内部参考资料”（郑振铎《古本戏曲丛刊初集序》）。

郑振铎关于戏曲资料的整理出版，设想规模颇为宏大，他亲自统筹、策划、编选，原计划选取历代戏曲、传奇千种以上，《古本戏曲丛刊初集序》中即列出具体计划：

> “初集收《西厢记》及元、明二代戏文传奇一百种，二集收明代传奇一百种，三集收明、清之际传奇一百种。……四、五集以下则收清人传奇，或更将继之以六、七、八集收元、明、清三代杂剧，并及曲选、曲谱、曲目、曲话等有关著作。……期之三四年，当可有一千种以上的古代戏曲供给我们作为研究之资，或更可作为推陈出新的一助。”

可以看出整部丛刊规模之大，统筹、策划之精密，《古本戏曲丛刊》呼之欲出。

商务印书馆是我国第一家出版机构，创办于1897年，规模大，设备先进，20世纪20年代即开始影印出版图书，影印技术已十分成熟，完成了文渊阁本《四库全书珍本初集》、百衲本《二十四史》等大型古籍的影印出版。郑振铎自然放心将《古本戏曲丛刊》的出版交给商务印书馆，所以在1953年年初郑振铎统筹、策划《古本戏曲丛刊》伊始，便与张元济、商务印书馆的相关工作人员一起商讨影印之事，张元济以86岁的高龄参与其中亲力亲为。

经过多方努力，《古本戏曲丛刊》按照郑振铎设想，编印计划顺利推进，于1954年2月开始出版，郑振铎为每一集撰写序言，初集序言以《影印"古本戏曲丛刊"缘起》为题，刊登在1954年3月1日《光明日报》上，在学术界产生强烈反响。

郑振铎在世时，完成了《古本戏曲丛刊》前四集的编选印，具体出版信息如下：

1954年2月，《古本戏曲丛刊》初集由商务印书馆上海印刷厂影印出版，收剧100种；

1955年7月，《古本戏曲丛刊》第二集由商务印书馆上海印刷厂影印出版，收剧100种；

1957年2月，《古本戏曲丛刊》第三集由文学古籍刊行社影印出版，收剧100种；

1958年12月，《古本戏曲丛刊》第四集由商务印书馆上海印刷厂影印出版。

1958年10月16日，郑振铎率领中国文化代表团出国访问阿富汗王国和阿拉伯联合共和国前日，完成了《古本戏曲丛刊》第四集序言。第四集按照最初的计划，是清人传奇专辑，第三集印出后，恰逢世界和平理事会执委会决定以我国元代剧作家关汉卿为1958年世界文化名人，为了纪念关汉卿、配合世界和平理事会的工作，郑振铎决定第四集印元明杂剧，其中共收元明杂剧八部总集，计元明刊本、抄本杂剧376种，120册。《古本戏曲丛刊》第四集的全部编选工作完成，序言也赶在出访前撰写毕，只等印装完成，10月18日郑振铎等人乘坐的飞机在苏联卡纳什地区发生事故，机上全体人员不幸遇难，郑振铎时年60岁。消息传回国内，举国哀悼。《古本戏曲丛刊》第四集两个月后于12月出版。而张元济在10个月后于1959年8月14日去世，享年92岁。幸运的是，《古本戏曲丛刊》的出版工作虽因各种原因有所停顿，但仍在继续。

第五集以后《古本戏曲丛刊》的编印工作，因主编郑振铎去世停顿了一年有余，1960年中国科学院文学研究所为完成郑振铎未竟之功，把《古本戏曲丛刊》编印工作列为文学研究所的工作任务，由文学研究所研究员吴晓铃负责，新的编委会由赵万里、傅惜华、阿英、周贻白和吴晓铃等五人组成。古籍整理出版规划小组组长齐燕铭十分关心这项工作，1960年召开过两次专门会议，请了编委和一部分专家共同商讨，编委也开会具体落实推进。这几次会议，确定了郑振铎去世后继续编印《古本戏曲丛刊》的相关事宜：1961年至少出版一集，以后每年编印两三集；第五集至第十集印清代传奇杂剧以及第一至第四集的补充和补遗部分；清代的作品，采取混合编辑，部分传奇和杂剧，概依作家时代的先后排列，原则上以1840年为下限；清代作品很多，拟集中编为第十一、十二两集，其中第十一集提前编印，定于1961年内出版。

有关《古本戏曲丛刊》编印工作情况，在《古籍整理出版情况简报》1961年12号（10月8日）上刊发介绍。其中还特别提到，前四集的补遗和补充，当时也已进行了初步调查，拟补元代戏曲20种、明代戏曲164种、清代戏曲18种，共计202种，拟在第五至第十集的选目中一并编入。

这个工作计划受到各种因素的影响，实际落实、完成情况并不理想，有编委协调遇阻、人员力量不足等问题，但最主要的是众所周知的历史原因。中华书局上海编辑所1964年出版《古本戏曲丛刊》第九集后，工作再次陷入停顿。

1981 年 12 月，国务院恢复古籍整理出版规划小组，李一氓担任古籍小组组长，李一氓提出：“至于《古本戏曲丛刊》补齐五、六、七、八四集的问题，已做了必要的准备工作，希望一九八四年能把第五集印出来。”1985 年上海古籍出版社完成《古本戏曲丛刊》第五集的出版工作，再之后，上海古籍出版社虽做了策划、选目等工作，但因种种原因《古本戏曲丛刊》再度搁置，六、七、八集始终未能出版。

2012 年，中央文史研究馆馆员程毅中先生《关于完成〈古本戏曲丛刊〉的建议》一文刊于该年第 9 期《古籍整理出版情况简报》，程毅中先生在文中建议把《古本戏曲丛刊》后续出版纳入国家古籍整理出版规划。《古本戏曲丛刊》在 1985 年出版第九集后，再次启动，中国社会科学院文学研究所、国家图书馆出版社承担了《古本戏曲丛刊》后续的编纂、出版工作，并申报列入《2011—2020 年国家古籍整理出版规划》。

2020 年，在几代学人、出版人员的努力下，《古本戏曲丛刊》十集全部出齐。郑振铎、张元济的夙愿得以实现。

二、张元济校阅《古本戏曲丛刊》

据笔者目力所及资料统计，1953 年张元济先后阅看《古本戏曲丛刊》样本十数种，有《杀狗记》《幽闺记》

《西游记》《拜月亭》《草庐记》《白兔记》《精忠记》《琵琶记》《升仙记》《怀香记》等。1953 年—1954 年，张元济致商务印书馆丁英桂谈《古本戏曲丛刊》事宜的信函，就有 13 封。信函的主要内容，是张元济对《古本戏曲丛刊》的校阅、影印、进度、补配等的意见。

丁英桂，1915 年进入商务印书馆补习学校，半年后学习期满，被安排到商务印书馆书栈、编译所等部门实习，后在印刷厂、人事科、经理部、总管理处等部门工作，其间，丁英桂主持影印了大量古籍，《古本戏曲丛刊》即其中一种。1954 年公私合营后，丁英桂先后任高等教育出版社及商务印书馆上海办事处副主任等职，至 1958 年转入中华书局上海编辑所任影印组组长，他一生最主要的工作是古籍的影印。郑振铎、张元济都十分信任丁英桂，《古本戏曲丛刊》的编选印工作，以及与郑振铎的联络、沟通等，都由丁英桂具体负责。

兹将张元济致丁英桂关于《古本戏曲丛刊》信函搜集、整理如下，必要处以括注“引者注”之形式加以说明，保留引文原书注释，不再单独注明。

1953 年 5 月 12 日致丁英桂书，送还《古本戏曲丛刊》初、二、三、四集目录：“前交阅涵芬善本点收清册，又《古本戏曲丛刊》初、二、三、四集目录四本，今送还，乞察收。此上 英桂仁兄台鉴 弟张元济顿首 五月十二日。”

1953年5月19日致丁英桂书，询问郑振铎托印《古本戏曲丛刊》是否已商定、何时可以着手开工："郑振铎先生托印古本戏剧已否商定一切办法？未知何时可以着手？此书用连史或毛边纸印环筒装。将来如果发外摺迭，敝处佣人欲求给与工作。不知有无不便？乞示。此上 英桂吾兄台鉴 弟张元济顿首　五月十九日。"

1953年9月20日致丁英桂书，催索《古本戏曲丛刊》样张："前谈《戏剧〔曲〕丛刊》有须与郑振铎先生商榷者，先打样张。弟曾请将样张交下一阅，如有可不必商榷者，拟请抽去，以省周折。奉示约一周可以交来。计时已过，特再奉询，乞示。此上 英桂仁兄台鉴 弟张元济顿首　九月二十日。"

1953年9月23日致丁英桂书，张元济开始校阅《古本戏曲丛刊》："昨交阅《戏剧〔曲〕丛刊》样本五种，均已阅过。就原附各笺略具管见送还，乞查收。此上 英桂仁兄台鉴 弟张元济顿首　九月二十三日。"

1953年9月25日致丁英桂书："昨还上《戏剧〔曲〕丛刊》五种，想已收悉。《杀狗记》《幽闺记》如公司存有样本，乞借我一阅。并祈代问中图公司本月分《人民画报》已否到沪。弟系在邮局订阅也。此上 英桂仁兄台鉴 弟张元济顿首　九月二十五日。"

1953年9月28日致丁英桂书："《戏剧〔曲〕丛刊》承示十月底为第一批出书之期，不知能赶得及否？前示

《西游记》样本将与郑振铎君商榷，不知有否回音？此上 英桂仁兄台鉴 弟张元济顿首　九月二十八日　续印各书如有问题者，均盼示及。弟不敢惮烦也。”

1953 年 9 月 30 日致丁英桂书：“《拜月亭》样本已就，《幽闺记》校过并于校笺上注明答复。此上 英桂仁兄台鉴 弟张元济上　九月三十日。”

1953 年 10 月 13 日致丁英桂书：“前日交来《曲丛》样本六册，佣人称已经送还。弟记未写回单簿。究竟〔是〕否，乞查示。此上 英桂仁兄台鉴 弟张元济顿首　十月十三日　《□□记》《草庐记》《白兔记》《精忠记》各一册，《琵琶记》二册。”

1953 年 10 月 25 日致丁英桂书：“《升仙记》《怀香记》样本两册，遵示于今晨送还，以备装订。第一期印装完成，馆中存留样本，乞畀我一看。勿急急。又合众图书馆存有旧本戏曲若干，如北京寄来底本有残阙者，彼处或可补配。届时可与顾起潜君（引者注：顾廷龙）一商。此上 英桂仁兄台鉴 弟张元济顿首　十月二十五日。”

1953 年 10 月 30 日致丁英桂书：“今届月终，《曲丛》第一批想〔已〕经完成。第二批已着手否？须与郑先生商酌者种数多否？再潮州芥菜（引者注：冬季是芥菜收获的季节，潮汕人会大量地用潮州芥菜来腌制咸菜，下粥、入菜都离不开它）在广州种植者现在如已上市，乞代托黄秉恒（引者注：疑误，应为黄秉植，见 1954 年 1 月 2 日张元济致丁英桂函。黄炳恒，山东荣成人氏，时任福州军区后勤部参谋长；黄秉植，商务印书馆营业主任。不知二人是否有亲属关系，待考）兄代购。不踰托人可带分量，遇便托人带沪。至为感幸。此上 英桂仁兄台鉴 弟张元济顿首　十月三十日。”

1953 年 12 月 18 日致丁英桂书：“启者，兹有托寄黄〔秉植〕、涂〔传杰〕两兄信一件，乞阅过代寄，以资接洽。费神感感。此上 英桂仁兄台鉴 弟张元济顿首 十二月十八日 《续琵琶记》抄稿已着手托裱否？甚念甚念。”

1953 年 12 月 27 日致丁英桂书：“昨得周汝昌君信，《续琵琶记》的确见于《红楼梦》第五十四回。兹将原信送阅。如能告知郑振铎兄，当可坚其印入《曲丛》（全名是何）之意。此上 英桂仁兄台鉴 弟张元济顿首　十二月二十七日。”

1954 年 1 月 2 日致丁英桂书：“英桂仁兄大鉴：新岁维潭第纳福为颂。拟印曹楝亭《续琵琶记》，郑振铎兄有无复信？托裱已否峻工？鄙意不如直接照相，依《曲丛》尺寸照成打样，即以一分寄成都周汝昌君，总比抄写为便。《曲丛》二批岁底已出齐否？如有样本乞畀我一阅。再去岁乞代托黄秉植（引者注：商务印书馆营业主任）、涂传杰（引者注：曾任商务印书馆重庆印刷厂厂长，史久芸日记有载）二君购寄潮州芥菜，为时已久，尚不见到。

如有便，乞再询问。费神之至。顺贺新禧。弟张元济顿首 元月二日。”

从上述信件中可以看出，张元济不但看过《古本戏曲丛刊》初、二、三、四集目录，了解前四集整体情况，而且对每一种单行本戏曲会“就原附各笺略具管见送还”，“校过并于校笺上注明答复”，且多次问及“郑振铎先生托印古本戏剧已否商定一切办法”，“有须与郑振铎先生商榷者先打样张”，“须与郑先生商酌者种数多否”，“郑振铎兄有无复信”，“如能告知郑振铎兄，当可坚其印入《曲丛》（全名是何）之意”，足以见出张元济对《古本戏曲丛刊》的重视，更能见出其敬业之精神。

三、张元济与周汝昌往来函

张元济在与郑振铎、丁英桂等人商讨、编校《古本戏曲丛刊》期间，与时年 35 岁的“年轻人”周汝昌有几通书信往来，涉及《古本戏曲丛刊》。事情缘起于周汝昌写信给张元济，问询曹寅所作《续琵琶》是否仍存于商务印书馆的涵芬楼。

1953 年 10 月 10 日周汝昌致张元济函：“菊生老先生有道：久切钦迟，莫由晋接。兹有细事敢向左右渎问：缘读卢前先生旧著《读曲小识》中记有无名氏《续琵琶》一剧，长达数十出。今考该剧曲确系曹寅楝亭所作无疑。其文孙雪芹小说中尚一及之。据卢记乃当年涵芬楼收得怀宁曹氏抄本传奇多种，由先生之介，为整理作记焉。今念涵芬楼既毁于敌火，该剧本不知是否已同归于尽？抑后由涵芬楼移庋他所未遭俱焚？材料珍罕，殊系萦念。此事除先生外，未必有人能道其始末原委。用敢冒昧裁启，倘得不弃赐覆，俾益见闻，曷胜荣幸之至。肃此，并候健康。后学周汝昌敬礼一九五三年十月十日赐寄：成都四川大学华西村 39 号（张元济批注：一九五三年十一月二十二日复）”

收到周汝昌来函后，张元济专门就此事写信给吴湖帆询问相关情况。吴湖帆，清代书画家吴大澂哲孙，20 世纪 50 年代任上海市文物保管委员会、上海文物鉴定收购委员会委员、上海市文史馆馆员。1953 年 11 月 18 日致吴湖帆书：“湖帆仁世兄阁下：奉手教，如亲光霁，甚慰饥渴。附下周君汝昌信亦经诵悉。所询曹氏曲本记似未遭兵燹，容查明径复，祈勿念。藉颂康宁。世小弟张元济顿首　十一月十八日”（原书编者注：原信未署年份。现据张元济、周汝昌往来信件之年份确定）

收到吴湖帆的回复、了解到曹寅《续琵琶记》情况后，张元济于 1953 年 11 月 22 日回函周汝昌：“汝昌先生清鉴：敬复者，前数日友人吴湖帆君转到本年十月十日手教，垂询涵芬楼所藏购自怀宁曹氏抄本传奇是否保全，尤拳拳于曹楝亭先生所作《续琵琶记》。逸情雅致，殊深向往。抄本传奇幸于兵乱时先期移出，未遭劫火。《续琵琶记》亦获保全。当乞敝馆经理诸君从书库捡出，并将《续琵琶记》抄稿二册送到敝处。弟不幸于四年前染有废疾，所谓半身不遂，终日卧床，仅右手尚能握管作书，然亦劣不成字矣。一举一动均须假手于人。书〔已〕经送到，略一展阅，见前后底面若干页霉烂甚重，几成纸灰，稍一触手，便即飞散，欲捡与卢氏所识参校而有所不敢。以后如欲保存计，惟有精裱或橅写一份，然非得极静〔精〕细而有耐性之人未敢付托，否则欲保存之而适以速其毁灭也。再承示曹雪芹先生小说中亦曾道及，未知见于何书？倘蒙指示，曷胜感幸。肃复，顺颂文祉。弟张元济谨上一九五三年十一月廿二日（信稿地址栏内批注：成都四川大学华西村三九号）”

1953 年 11 月 27 日，周汝昌收到张元济回函，得知涵芬楼所藏曹寅《续琵琶记》未被战火所烧欢喜若狂：“菊生前辈老先生赐鉴：顷奉廿二日手书，如聆謦欬，欣慰无既。蒙示楝亭先生遗著《续琵琶记传奇》抄本并未因敌火俱烬，大出望外，欢喜若狂。此诚文物遗产之大幸，而往哲之幽光不致终僿者也。雪芹先生于《红楼梦》第五十〔四〕回借贾母与薛姨妈论戏而出《续琵琶》一名，向无人注意。康雍诸家记载知此曲本为楝亭作者，目前只发现刘廷玑《在园杂志》与佚名氏之《永宪录》二书而已。考世人所以知楝亭在刊书、在藏书、在诗词、在书法而独不言其能为曲，而据其自言则固明谓‘吾曲第一，词次之，诗文又次之’矣。又考旧所演《别母》《刺虎》等折，脍炙人口，剧园辄贴《铁冠图》之名，而不知此固棟亭之《虎口余生》（亦名《表忠记》）而非《铁冠图》也。言剧曲史者，亦从不予楝亭以一席之地，岂能谓平哉。晚久欲表而出之，嗣以考证小说《石头记》而涉及之。数年以来，思向左右一询而未敢冒昧。今既原物具在天壤间，谅无二本，其珍贵实无以喻之，当如何宝惜之耶。唯今之计，恳老先生任其事，或装褙，或录副，交与妥人，以免损伤。其费若干？倘不甚巨，晚愿任之，藉求副本以供欣赏研讨，务乞不吝臂助，曷其企幸之至，之至。拙著《红楼梦新证》一书已在沪出版，积至四十万言，惟初、二版讹误甚多。三版即出，容当呈奉一册求教。晚天津人，学外文而甚耽于祖国古典文学，尤喜诗、词、曲诸韵语，间亦学作。老先生有真不弃而垂教之，何幸如耶。又晚今才卅余岁，请直以后辈相呼，万勿客气，尤所感幸。老先生春秋既高，又有旧疾，千祈为道珍摄。临书不尽所怀，肃叩冬安，盼再赐覆。晚汝昌再拜一九五三年十一月二十七日（周汝昌附注：①清丁耀亢亦有《表忠记》，与此又非一本。②请预估其所需见示，以便筹措。③由拙著之出，闻沪地已寻得雪芹小像，并有照片，先生见否？）”

1953年12月13日张元济复周汝昌书：“汝昌先生台鉴：月初奉前月廿九日手书，捧诵谨悉。先生闻《续琵琶记》抄本尚存，为之狂喜，楝亭先生于数百年后得一知音，地下有知，当可快慰。此稿必须橅录，而橅录之前必须托裱，方可着手。此间已觅得裱工，即日从事。裱成当请人照抄，抄成即寄呈左右，由先生自录一分，留贮尊斋，以原本见还。彼此各存，世间可以多存两分，亦先生之素志也。先生二字为今日通称，并非尊称，弟未敢遵命改用，幸勿过示㧑谦。大著《红楼梦新证》夙未捧读，三版出书，蒙许惠示，曷胜欣幸。弟于词章一道久惭荒落，猥承索取前岁病榻中偶成追述戊戌政变若干首，尚存印本，今邮呈一分，乞教正是幸。近又染恙，稽答有时，不胜惭歉，惟乞见宥。手复，祇颂康宁。弟张元济拜上十二月十三日。　再承示曹雪芹曾于《红楼梦》第五十四〔回〕贾母与薛姨妈说戏剧事，提及《续琵琶记》事。据小媳面称，是书已翻阅五次，却未见有此文。渠所据者为道光壬辰吴县王氏双冷〔清〕仙馆所刊一百二十卷本，回目为'芦雪亭争吟即景诗，暖香坞雅制春灯谜'，或与先生所见本不同，敢乞详示。张元济再启（原书编者注：原信未署年份，内容与上信紧接）。"

1954 年 3 月 8 日张元济复周汝昌书："汝昌先生台鉴：去腊、今正两奉惠书，敬承逸兴雅怀，惮惮入胜，至为佩慰。《续琵琶记》钞本馆中业经裱成，此为怀宁曹氏藏曲之一种。刻下曹氏藏曲由中央文化部社会文化事业管理局收购，已经定议，未便另行钞出。将来《续琵琶记》

经《古本戏曲丛刊》编委会收入付印时，拟商请以印样一份奉赠清览。倘编委会以为未便，拟请阁下径向编委会定购，则印本清晰更胜于钞笔多多。但《古本戏曲丛刊》初集现方陆续出版，《续琵琶记》因撰人时代关系，须收入第三集中，故出书期尚难预定耳。大著《红楼梦新证》已收到。详征博引，询为传书。另示第五十四回叙及《续琵琶记》事寻捡相符，诚为快事。元济近来颇畏春寒，极感疲困。病余脑力不耐构思，命和题词，深愧未能奉报，伏乞赐谅是荷。专此布复，并祝康宁。张元济五四年三月八日”

张元济与周汝昌的信函往来沟通，为《古本戏曲丛刊》增补了《续琵琶记》一种，而二人之间的一段翰墨书缘，亦已成为学术史、出版史的一段佳话。

张元济的一生，为我国文化出版事业的发展做了大量史诗级别的工作，相关研究甚夥，但有关张元济与古籍整理出版规划小组、与《古本戏曲丛刊》出版等相关研究，目前并不多见。本文仅就张元济与《古本戏曲丛刊》，将相关史料进行较为系统的梳理，并做初步研究，力图对张元济研究有所补充。

附记：本论文的写作，是在中央文史研究馆馆员程毅中先生的鼓励下完成的，定稿后程先生对全文进行了审订，做了若干重要修正。在此对程先生表示感谢。

（原载2023年第1期《中国出版史研究》，作者系中华书局学术著作出版中心编辑）

汤志钧先生与中华书局

欧阳红

今年是著名中国近代史学者汤志钧先生期颐大寿，上海社会科学院历史研究所举办了“庆贺汤志钧先生百岁华诞暨汤先生学术思想研讨会”。笔者蒙邀参会，并受中华书局总编辑的委托在会上致辞，向汤先生送上中华书局的美好祝福！

赴沪前，致电书局原近代史编辑室主任陈铮先生，说明此行任务。陈先生深感欣慰。关于汤先生与中华书局的关系，陈先生根据亲身经历和见闻，早有深思，写有回忆文章文稿，总结出三点：汤先生是在书局出书最多的作者，是对近代史编辑部助力最大的学者，是书局总编辑的挚友、编辑的良师。这三点道出了老中青中华人的共同感受和心声。

在书局出书最多的作者

近代史学界，著作之丰，汤先生不失为一位，他在中华书局出版的图书，主要围绕康有为、章太炎的研究，一共有 12 种，其中著作 8 种：

《戊戌变法简史》，1960 年 8 月出版

《戊戌变法人物传稿》（上、下），1961 年 4 月出版

《章太炎年谱长编》（上、下），1979 年 10 月出版

《戊戌变法人物传稿（增订本）》（上、下），1982 年 6 月出版

《康有为与戊戌变法》，1984 年 10 月出版

《近代经学与政治》，1989 年 8 月出版，1995 年 3 月再版，2000 年 8 月第 3 次印刷

《章太炎年谱长编（增订本）》（上、下），2013 年 3 月出版

《经与史：康有为与章太炎》，2018 年 3 月出版

编纂整理的近代人物文集和日记 4 种：

《章太炎政论选集》（上、下），1977 年 11 月出版

《康有为政论集》（上、下），1981 年 2 月出版，1998 年 6 月第 2 次印刷

《陶成章集》，1986 年 1 月出版

《王韬日记》（与方行合署），1987 年 7 月出版，2014 年再版

据汤仁泽先生编的《汤志钧先生著述目录》，可见汤先生还有16篇文章刊于书局出版的《中华文史论丛》《文史》《书品》和学术会议论文集，以及近代报刊影印说明4篇、《文廷式集》序1篇。

在书局出版，又堪称汤先生代表作的当属《戊戌变法人物传稿》《近代经学与政治》《章太炎年谱长编》三书。

汤先生与书局结缘始于“书”，早在1958年，年仅30多岁的汤先生将以文言文撰写的《戊戌变法人物传稿》投稿书局，受到老一辈出版家、曾任近代史编辑组组长张静庐先生的青睐，该书于1961年4月出版。

1963年书局计划再版《戊戌变法人物传稿》，建议："改为语体文，每个人物的活动，不要限于戊戌，可以综合一生分析研究。”为此，汤先生广泛搜求史料，“作了大量的补充、修订、改写”。（《戊戌变法人物传稿（增订本）》“增订题记”）从初版到增订本，“越廿馀年晨昏，积百万言芜稿”，又是“南北访求，耆老征询”。至1980年复经长达十个月的正楷繁体缮写，方成定稿。汤先生后来忆述："盖余所撰各书，以此书缮写最具功力也。”（汤仁泽：《百岁汤志钧：为康有为、梁启超和章太炎三大思想家的深入研究探索之路》）1982年增订本问世，全书仍以文言文写就，繁体直排，篇幅已较初版增加了近两倍。该书问世后，广受学者的关注，成为研究戊戌变法人物、史事的重要参考书。

《近代经学与政治》的出版，不仅是汤先生学术积累的一个呈现，也是出版者和作者间有效互动、桴鼓相应的结果。

20 世纪 80 年代，随着改革开放，社会上出现一股文化热潮，时任书局总编辑李侃敏锐地察觉到中国近代文化史的研究将成为热点。1983 年 5 月在长沙召开的全国历史规划会议上，他及时联络近代史学界的学者，建议组织力量，成立编委会，编写一套《中华近代文化史丛书》，并亲自出面向钟叔河先生发出邀约，把《走向世界丛书》每本书的叙论汇编成书 :《走向世界——近代中国知识分子考察西方的历史》。又提议由汤先生撰写《近代经学》。越数年，书稿写成，交给书局近代史编辑室，经编辑部审读，提出 :“书中谈经学和近代政治的关系多，而对经学剖析少”，建议“把书名改为《近代经学与政治》”。汤先生欣然采纳了编辑部的建议，认可书名的更改“比较恰当”，于是“把书名更改，又补了一份大事记”（汤志钧著《近代经学与政治》“序”、“后记”）。

60 年代初中期，汤先生的《章太炎政论集》已编就交稿，书局业已排版校对，还请古代史组老人、章太炎的关门弟子马宗霍先生阅读了校样。至 70 年代初，选文略作调整后，定名《章太炎政论选集》，于 1977 年印行。

对近代史编辑部助力最大的学者

除了在中华书局出版自己的著作，汤先生还对书局尤其是近代史编辑室的出版项目，予以热心帮助与支持。

20 世纪 70 年代，汤先生应古代史组副组长（后任副总编辑）赵守俨之邀，参与《宋史》点校工作。据汤先生忆称：赵守俨先生开始是找到上海师范学院张家驹先生，经张先生绍介联络到他，由他们二人负责标点；“文革”结束后，他和复旦大学的杨宽教授共同完成《宋史》的定稿工作。（戴海斌：《汤志钧先生访谈录：我的求学与治学经历》）

80 年代初，汤先生又应时任书局副总编辑李侃之请，出任《梁启超全集》主编。

早在 1916 年，中华书局出版《饮冰室全集》，由梁启超“亲自料简”，刊载 1902 年至 1905 年间政治及学术文章，约 200 多万字。梁启超去世后，1936 年中华书局出版了林志钧编辑的《饮冰室合集》，含 148 卷，千万余言，成为此前各本中最为丰富的版本，是研究近代政治、经济、文化的重要参考资料。60 年代初，老一辈史学家吴晗、范文澜、侯外庐等建议重新编辑梁启超的资料。中华书局总编辑金灿然自河南省社科所借调赵丰田先生偕助手来京，长住中华书局翠微路二号院，收集梁启超的资料。几年后因客观原因，资料收集工作中辍，已收集到的资料保存于书局近代史组。

1981 年 12 月 10 日，国务院古籍整理出版规划小组恢复，李一氓任组长。1982 年 4 月，李侃先生主持制定第二个全国古籍整理出版规划，及修订《中华书局 1982—1990 年古籍整理出版选题计划》。8 月 23 日，书局召开座谈会，邀请汤志钧、金冲及、龚书铎、王庆成、曾业英、王好立、梁从诫等，就编辑整理《梁启超全集》进行讨论。会议由李侃先生主持，近代史编辑室的刘德麟、何双生、陈铮等与会。会上决定将《梁启超全集》列入中国近代人物文集出版计划，委托上海社会科学院历史研究所组织实施该项目，邀请该所汤志钧先生任主编。之后，汤先生组织人力，着手搜集资料，标点校勘，为编《梁集》付出了辛勤劳动。

据陈铮先生回忆：1991 年李侃先生卸任总编辑职务，书局进行体制改革，由事业单位改为企业，又受书业行情影响，《梁集》等经济效益不佳的选题被压缩，近代史编辑室只好安排影印《饮冰室合集》，并征得梁思成长子、梁启超长孙梁从诫先生同意，影印借存书局的《梁启超未刊家书》，另准备编辑出版《饮冰室合集续编》，以代替《梁启超全集》的出版，满足研究需要。上述调整均得到汤先生的谅解。

1997 年秋，书局机构调整，40 年历史的近代史编辑室撤销，与古代史合并为历史编辑室，编辑人员或退休或调动岗位,《梁集》事宜无人关注。有关档案资料移交历史室,保存于书局地下室。进入新世纪,由汤先生主编的《梁启超全集》先后被两家出版社列入出版计划。虽经波折,但在汤先生父子的努力下,最终由兄弟出版社出书,可喜可贺!该项目始于书局,却因种种原因未能在书局出版,不能不说是书局的一个遗憾,也是书局对汤先生的抱憾。

中华书局还有多种图书的出版也与汤先生的帮助和推动分不开。

20世纪60年代出版蔡尚思、方行编的《谭嗣同全集》,蔡先生辞世后,70年代书局希望方行先生将《全集》修订再版。方先生太忙,无暇顾及。汤先生是方先生的老友,受方先生的委托,代其完成了《谭嗣同全集》的修订再版工作。

70年代末至80年代初,中华书局出版七卷本《蔡元培全集》。事先,获悉上海蔡元培故居藏有蔡元培的资料。陈铮先生拜访了退休在京的蔡元培的长公子无忌先生。无忌先生支持出版《蔡元培全集》,同意查阅和利用故居资料,并告知在沪的蔡睟盎妹和蔡怀新弟予以接待支持。汤先生与睟盎女士和怀新先生认识,经汤先生沟通,陈铮先生陪同编者高平叔先生赴上海故居,得到蔡元培先生亲属的热情接待。编者住华东师大一段时间,从故居获得许多珍贵资料,编竣出版了中国内地首部《蔡元培全集》。

90年代，书局影印出版《中国近代期刊汇刊》，包括《强学报》《时务报》《清议报》《昌言报》《实学报》《集成报》等晚清发行的多种报刊。这些报刊，上海图书馆所藏最全。经汤先生与上海图书馆顾廷龙先生沟通联络，书局近代史编辑室的年轻编辑借到多种刊物的影印底本。16年后，汤先生回忆道："顾、方（方行）二老和我时相过从，近代期刊的搜集、辑印，也成为我们经常谈到的课题"，"1986年，我到北京开会，和中华书局总编辑李侃同志同在一组，向他提出此事，他同意了"。"在编辑过程中，中华书局陈铮、吴杰同志费了不少心血，吴杰同志还亲自来沪查询，篇目索引也是中华书局编的。"（参见汤志钧《关于〈中国近代期刊汇刊〉》，《书品》2007年第5期）

2006年至2008年，笔者负责影印出版《中国近代期刊汇刊》第二辑，在补充、搜寻《新民丛报》底本之时，经陈铮先生指引，于2006年第一次打电话、2007年7月首次致函汤先生，请求襄助。汤先生请公子汤仁泽先生查实报刊收藏，又请历史所芮传明所长安排专人协助借阅。2007年10月，笔者赴沪借书，在天山西路寓所第一次见到老先生，印象深刻，对年轻后辈十分和善，言谈间更显高风峻节。之后又得先生助力，借用部分《国风报》《庸言》的底本，该三刊均以上海社科院历史所馆藏，与他处所寻合成足本影印出版。此期间，为便于读者利用，汤先生以钢笔竖排繁体写就这三刊的“影印说明”，挂号寄至书局。种种恩惠，笔者感激不尽。

总编辑的挚友，编辑的良师

汤先生与中华书局之缘，不仅是书缘，也是学缘。中华书局老一辈的领导和编辑，如张静庐、赵守俨、李侃、刘德麟、何双生、陈铮、吴杰等，均与先生建立了深厚的情谊。李侃先生长期主持中华书局的近代史图书出版，又身兼全国政协委员、政协文史委员会副主任、中国史学会副会长、中国孙中山研究会理事等多种身份和社会职务，对史学研究的发展有很高的敏锐度。他积极融入近代史学界，交游广泛，结交了学术界一大批学者，这些学者既是书局的作者，又是他的好友；汤先生作为他的挚友，便是其核心圈子的学者之一。

李侃先生与近代史学者之间的佳话很多，当时，近代史的学术会议多，会议期间有的学者忙完会务于晚膳后，不约而同到李侃先生的房间串门，有的自带好酒、小菜，小酌畅谈。时间久了，发现李侃、汤志钧、林增平、金冲及四位，酒量颇大，被封为圈内“四大酒仙”。后来，李文海先生酒量也不小，被称“后起之秀”。李侃主持近代史出版工作之时，有些选题便是在开会串门的轻松愉快的气氛中聊出来的。

汤先生更是书局近代史编辑的良师，陈铮先生感受深切。上个世纪八九十年代，近代史编辑室许多出版项目正是仰赖汤先生的帮衬得以圆满。70年代至90年代，陈铮先生常到沪上公干，每次必会到延安西路1545号拜谒汤先生和汤夫人，总会受到热情招待。

陈先生回忆：自己从事编辑工作，得益于汤先生的扶持、指导与帮助，从汤先生那里学到很多，包括为人和做学问。例如书局计划出版《黄遵宪集》，原请方行先生承担。80年代后方先生忙于行政领导工作，便委托汤先生代其完成任务。汤先生科研任务重，便将《黄集》的编辑任务交给自己。在方老已有资料基础上，在汤先生指导和一些学者的帮助下，《黄遵宪全集》于2005年得以编竣出版（2015年增订本改为《黄遵宪集》）。陈先生说："有时为了我工作方便，汤先生还约请沪上有关学者到府上与我见面，洽谈工作，一同小酌。对于汤先生和师母的深情厚意，我由衷感激，铭记不忘！"

后辈如我，汤先生更是良师。作为晚辈编辑，笔者对此体会颇深。2009年至2013年间，笔者有幸任《章太炎年谱长编（增订本）》责编，学到了很多。2009年7月16日笔者致函汤先生，大意谓：《长编》"早已断货，理当重印，得知您已补续新的内容，预备作新书出版"，希望"将增补内容寄来（包括《长编》订正之处）"。11月8日得先生复函："《章太炎年谱长编》已增订，'补编’约三十万字，按原式补订，系手稿。”收到来稿，新增内容，均以钢笔繁体缮写，工工整整。此时，先生已年至耄耋。该书于 2013 年出版，由初版 32 开改为大 16 开本，实际增补文字四十万余。期间，汤先生数次逐字逐句亲自审看校样，凡遇疑问，均致函逐一注明；对收到的新资料，及时补入。如来函谓：“章氏万年弟子鲁宗昇之子送来章氏手札，为庚午孟秋（1930 年）所书，甚珍贵，特附上。能将前寄手迹中抽去一张，将此纸换上否？”（2011 年 1 月 7 日）“《章太炎年谱长编》旧校样 804 页，内有请改正者，凡旁加红笔者，敬烦改正。”（2013 年 2 月 15 日）汤先生治学之严谨认真，丝毫不减，值得吾辈效仿。

2018 年适逢汤先生 95 岁华诞，书局出版先生的论文精选集《经与史：康有为与章太炎》，汇集了汤先生在康有为、章太炎研究领域的代表性成果，总结了汤先生的学术研究成果。

回忆汤先生与书局的交往，还有件事值得一道。2012 年 10 月 24 日，汤先生在公子陪同下来京，到清华大学参加“梁启超与现代中国”学术讨论会，书局文学编辑室主任俞国林（现任副总编辑）和笔者亦与会。次日，我们诚邀汤先生父子二人来书局做客，总经理徐俊出面接待（同行的还有华中师大董方奎先生等）。在书局五楼会议室，汤先生给徐总、俞国林主任和笔者分别挥毫赐赠墨宝。见汤先生思路敏捷，谈吐儒雅，身板挺阔更不似老翁，徐总不禁赞叹："90 岁了，真不像，也就 60 多的样子！"

岁月迭易，春秋轮回。自 1958 年投稿至今，汤先生与中华书局结缘已 65 岁首，有 12 种著作在书局出版，20 余篇论文及文章在书局刊出，不仅见证了中华书局的发展，也见证了一代又一代编辑的成长。笔者与先生相识，亦近 20 年，其间数年频繁保持书信往还。如今，珍藏的先生手函，经常翻看：

> 别有匝月，未见函电，甚念。（2007 年 11 月）
>
> 《新民丛报》影行进展顺利，索引编好否？（2008 年 3 月）
>
> 客岁接电后，知《国风报》缺最后两期，即函请上海图书馆 ××× 教授协助。（2008 年 5 月）
>
> 新春康乐为祷！时值岁尾，将返里度假否？（2010 年 12 月）
>
> ……

朴素的语句中，透着长辈的温馨关怀。

此次研讨会期间，大会连线的视频上，笔者再次见到了身在医院、向与会嘉宾表达谢意的汤先生。已是百岁高龄，发言仍思维清晰，有条不紊。说到做研究，汤先生认为最重要的就是"持之以恒"，一件事情，要一生做下去，不要中断。“一生做一件事”，做研究如此，做出版亦当如是。

（原载2023年9月24日澎湃新闻，作者系中华书局近代史编辑部编辑）

傅先生的骆驼草

——在纪念傅璇琮先生九十诞辰暨《傅璇琮文集》发布会上的发言

俞国林

尊敬的傅旭清、傅文青老师，彭校长，各位领导、学界前辈，同学们，媒体朋友，主持人：

大家上午好！

我们知道，清华成立于1911年，中华创建于1912年，两家兄弟单位，都有着110多年的历史。在各自的历史上，提到姓，即知其所指为谁者，清华有“梅校长”，中华有“傅先生”。

傅先生离开我们已经7年多了，作为学者型编辑的杰出代表，他的著作的整理与出版，既是中华的“规划”，也是清华的“计划”。

2021年10月21日，刘石先生把傅先生学生梳理的傅先生的著作目录发与徐俊先生；25日，徐俊先生将与刘石先生关于傅先生《文集》编纂方案探讨的往还微信，合并转发给我，并留言说：“你先研究一下，没有形成最后意见和方案。”次日，即与刘石先生商议，关于《文集》收入的标准，以及相关的体例，做了长时间的深入的沟通。27日，与傅旭清老师联系，征询意见。傅老师的回复是：“《文集》出版过程中，需要我们做什么，请尽管告知。”28日，中华草拟了协议，与清华交换了意见，基本达成一致。《文集》的收集、录入、排版、校对、编辑工作，就此展开。

收入《文集》的《唐代诗人丛考》《唐代科举与文学》《唐翰林学士传论》《李德裕年谱》《李德裕文集校笺》《河岳英灵集研究》六种，是此前单独出版过的。单篇文章，包括学术论文、杂文、随笔，以及所作序跋、书评、前言、说明等等，经过收罗，除了收在上述六种专书里的前言、后记之外，共计360余篇。这一论集的定名，与刘石先生商量了许久，颇费斟酌，因为傅先生没有斋、阁、楼、堂等名号。经刘石先生提议，并经与傅文青老师商议，定作《驼草集》。即请文青老师写一篇“弁言”，冠诸卷首，算是命名缘起。这篇文字，今天中午前后，将在上海澎湃刊发。

《驼草集》的篇目，曾送请陈尚君先生、刘石先生审阅。其中唯一一篇据手稿收入的是第七册（P1898）《跋〈续古宫词〉》，也得到二位的认可。因为这篇题跋，我个人觉得，很可以看出傅先生的治学精神、为人品格与内心世界。所以，当刘石先生提议做一枚藏书票的时候，我就想到用这篇跋文内傅先生节录的黄山谷的语句，印在上面；又请我们的编辑，绘制了一株骆驼草。当然，更重要的是，傅文青老师找出来傅先生自用印九枚，我选了黄永年先生篆刻的满白汉印，钤盖在合适位置。诸位面前的那一枚藏书票上的印，都是我钤盖的。

《文集》的编辑出版工作，虽说主体是在特殊的 2022 年进行的；好在傅先生著作的出版与再版，中华近 20 年来的四任总编辑，李岩先生、徐俊先生、顾青先生、周绚隆先生，都非常支持，且积极推动。大会开幕式主持人刘石先生，是傅先生担任总编辑时入职中华的；后调至清华，并聘请傅先生在清华讲学，传授中华文化。可以说，清华是傅先生晚年的中华！

今天，傅先生的《文集》由中华出版，在清华召开纪念傅先生九十诞辰暨《文集》的出版发布会，具有多重值得纪念的意义。

诚然，由于出版时间紧张，整体篇幅巨大，体例格式多异，篇目或有失收，刊载或有不全，底本容有未善，编校容有错讹。清华与中华共同向与会学者赠送了一套《文集》，大家在使用过程中，发现任何问题，请告诉我们，以便将来重印时得以增订。

感谢傅先生留下了这么多学术遗产，感谢清华的鼎力支持，感谢编辑部的全力以赴，感谢傅旭清、傅文青老师的高度信任，感谢今天在座的傅先生的生前学友与门生弟子。

由于会议只有一天的时间，所以还有很多与傅先生关系密切的学者、朋友，没能邀请，如果后面有问起，也请大家代为转达中华与清华我们“双华”的歉意！

谢谢！

2023年4月15日

（作者系中华书局副总编辑）

一流的学者的一生的事业

——在浙江大学古籍研究所建所40周年所庆会上的发言

俞国林

尊敬的龚延明先生、李铭霞院长、王云路所长、卢伟先生，老师们、同学们、朋友们：

大家上午好！

今天是癸卯年三月初三。1670年前的癸丑年，永和九年的今天，“在浙之滨”的南侧，有一次雅集；而今天我们“在浙之滨”的北侧，隆重举行浙江大学古籍研究所建所40周年庆典典礼。草长莺飞，少长咸集，最美人间天堂杭州四月天！

“议程”里将这一环节称作“大会发言”，我与文学院院长、古籍所老所长、现任所长、教师代表、学生代表编成一组，为什么这么分组？且还是第一个登台。我其实有点惶恐。不过我想，既然这样安排，肯定是有特别深的蕴意，那就是把我编入了自己人的队伍。这是我个人的荣幸！为什么是自己人呢？我想把珍藏于我心中一个 26 年的小秘密，汇报给在座的诸位。

在我这个年龄以及之前的一代浙江籍高中学生的心目中，高考报考中文系，除了北大中文系之外，只知道杭大中文系了。我当年填报的第一志愿是杭大中文系，第二志愿才是北大中文系；但很有意思，录取我的是北师大中文系。

读书的时候，其实并不知道中文系、古籍所之间的关系与区别。直到 2001 年工作以后，从事古籍整理图书的编辑，才逐渐明白其中的奥妙。中华书局的出版宗旨是"弘扬传统，服务学术"，出版方向是古籍整理与传统文史领域的学术著作，我个人对小学、敦煌学以及浙江本土重要学者的著作较为关注，且中华书局"出版的方向"，与咱们古籍所所形成的"鲜明的研究特色和非常稳定的五个研究的方向"，可以说是高度一致，且完美重合。

记得刚工作的时候，国内互联网兴起未久，各单位也都陆续在互联网上推出本单位的"门户网站"。我曾经访问过全国重点高校中文系、历史系、古籍所的网页，了解他们的历史，有哪些老师，什么著作，进行着什么课题研究，以及哪些书是中华书局出版的，等等。

我第一次到访浙大古籍所，是 2006 年，那时还是在西溪校区；为了推动《孙诒让全集》的进展，找了王云路老师。后经与诸方协调，确定以浙大古籍所为主，承担

《全集》的整理任务，最终于2016年8月全部完成。而从2010年起，与方一新老师为“汉语史研究丛书”的出版，也是往还多年。

今天是我第一次来到紫金港校区。来之前，我梳理了自1958年以来，古籍所老师在中华书局出版古籍整理与学术著作的情况，有70余种；又统计了古籍所老师在《文史》杂志上刊发的学术文章，有60余篇。特别是《文史》1982年第三辑，同时刊发沈文倬先生（《略论礼典的实行和〈仪礼〉书本的撰作》）、刘操南先生（《〈周髀算经〉读记》）、郭在贻先生（《释“大顿势”》）三篇文章，是否可以说是为1983年古籍所的创建张本呢！

在70余种著作中，有姜亮夫先生两种（《历代人物年里碑传综表》《楚辞书目五种》）、沈文倬先生一种（《苏舜钦集》），共三种，出版于1983年之前，其余的都是古籍所建所之后出版的；60余篇学术文章中，沈文倬先生两篇（《略论礼典的实行和〈仪礼〉书本的撰作》上、下）、刘操南先生一篇（《〈周髀算经〉读记》）、郭在贻先生三篇（《楚辞解诂》《楚辞解诂（续）》《释“大顿势”》）、方建新先生一篇（《“杯酒释兵权”说献疑》），共7篇，刊发于建所之前，其余都是1983年之后的。换言之，40年来，古籍所交付给中华书局出版、刊发的学术成果，数量是非常丰富的。这些著作，已出版的如《敦煌变文校注》《汉语俗字丛考》《敦煌经部文献合集》等获得国家级出版奖项，如《训诂学》《宋代官制辞典》等，成为经典的教材与工具书，质量更是非常权威的。

同时，古籍所培养的学生，从事教学研究者有之，从事编辑出版者有之，给浙江古籍出版社、齐鲁书社、上海古籍出版社、中华书局等出版社输送古籍编辑人才，特别是中华书局徐真真，不仅是她编辑的图书有两种获得政府奖，其中《敦煌经部文献合集》获得第二届宋云彬古籍整理奖·图书奖；她本人还荣获第三届宋云彬古籍整理奖·编辑奖。这是中华书局的荣幸！

因为从事编辑出版工作，所以与古籍所老师在编校过程中多有联系与沟通，我们都能深切地感受到，古籍校订与古籍编辑之艰辛、不易与相互支持之重要。现在国家重视古籍整理工作，于是就有很多学者开始加入到古籍整理的行列中来，这是很好的现象。当然，也有人以为古籍整理就是逗号、句号而已，那就大谬不然也。我们知道，两千余年以来，从事典籍整理的，自孔子、刘向、刘歆暨李善、孔颖达、洪兴祖、朱熹、胡三省以迄乾嘉时期，全都是一流的学者的一生的事业。

我个人有一个很深刻的理解与体会：古籍整理，就是通过对古籍文本的校订——哪怕仅是一个字的考辨，一个句读的更正——去发现书写者与被书写者之间的关系，从而感受历史尽可能的真实与温情。可以说，古籍整理，实际是对历史的再一次书写。——因为读者要根据你校订的文本认识历史、理解历史、诠释历史。我们知道，有的人文研究，“神思可在云天外”；而古籍整理者的著作与文章，必然是“落笔不放一字空”的。套用张之洞所说的“由小学入经学者，其经学可信”的句式、句意，也可以说“由古籍整理入中国传统学术研究者，其学术可信”。

最后，我谨代表中华书局，对浙江大学古籍研究所建所 40 周年，致以热烈的祝贺；对古籍研究所历任所长和老师们数十年来对中华书局的鼎力支持，表示衷心的感谢；在中办、国办印发《关于推进新时代古籍工作的意见》的指导之下，中华书局愿与浙江大学古籍研究所，协同合作，共同努力，将国家古籍整理事业推向新的高度。

谢谢！

2023 年 4 月 22 日

（作者系中华书局副总编辑）

为史学界开一新径

——在纪念顾颉刚先生诞辰130周年座谈会上的发言

俞国林

尊敬的李院长、卜所长，各位前辈，朋友们：

大家上午好！非常荣幸代表中华书局参加顾颉刚先生诞辰130周年纪念会。

顾先生1954年8月22日从上海到北京，任中国科学院历史研究所第一所研究员。次日，中华书局编辑部姚绍华即登门拜访，商谈《史记》点校事宜。从此，顾先生人生三分之一的时间，即62岁至88岁的26年，其在业务上的每一件事，都与中华书局休戚与共。

一

我本人2001年7月到中华书局工作，2002年即转入顾青总当时担任主任的古籍一部，从事古籍整理、学术著作图书的编辑。当年交给我一部著名的书稿，陈梦家先生的《西周铜器断代》，该书稿卷首有两张插页，其中有一张为1955年6月陈梦家与顾颉刚、于省吾、唐兰、金毓黻诸先生的合影。大概是从那个时候起，算是有某种关系似的认识了顾先生。

2003年、2004年，我负责钱海岳《南明史》、孟森《明元清系通纪》、吴燕绍《清代蒙藏回部典汇》三部大书的编辑任务，也都是顾先生身前大力倡议，并在《整理国史计划书》里特别提及，希望出版的。

当然，最重要的是，2005年1月，《顾颉刚全集》正式进入中华书局的编辑校对流程。由我主持，经过6年奋战，2010年12月25日，在顾先生逝世30周年之际正式出版，召开了新书发布会与学术研讨会。

上述这些图书的出版：我做编辑时，顾总是主任；我做主任时，顾总是主管领导。

可以说，我个人编辑业务的能力和规范，是顾总传授的；学术视野的确立与评判，是做着顾先生的著作逐步成长的。

二

我曾经在社科院，查阅过“顾颉刚文库”的藏书。当我看到几柜子的洋装本，还未经整理，于是就将每一本书的封面、内封、封底以及有签名、题跋等的页面，全部进行了拍摄。发现很多是顾先生师友的签赠本，就编了一部

《顾颉刚旧藏签名本图录》，在顾先生诞辰 120 周年时出版。也就是 10 年前，在历史所召开了纪念会。

自从《顾颉刚全集》出版之后，我与顾潮老师，又陆续收集顾先生著作的散篇佚简。我关注各种拍卖会图录，凡有看到，确定是真迹的，就将图片发给顾潮老师。本想在 2020 年年底顾先生逝世 40 周年时推出，因为疫情的原因，直到 2021 年上半年才完成。

今年是顾先生诞辰 130 周年，同时也是“层累地造成的中国古史说”发表 100 周年。

我们重印了《顾颉刚全集》。同时，顾潮老师整理的《顾颉刚殷履安抗战家书》，5 月 7 日在山东大学进行了新书发布。非常遗憾的是，顾潮老师于 3 月 27 日不幸辞世，未能看到本书的出版。

为了纪念“层累说”发表 100 周年，我受顾先生孟姜女研究之启发，将思考了 10 余年的一篇文字写了出来，题为《寻找祝英台》。5 月 6 日，在上海澎湃新闻发布。

三

因编辑书稿，我曾经仔细阅读过顾先生的日记、书信、笔记、文存，因为这些都是个人情感非常浓厚的，信息量极大，也能引起阅读的兴趣。

当我后来重新校订梁任公撰写于 1920 年的《清代学术概论》时，看到梁任公手稿中有很多增删修订的地方。

梁任公在该书《自序》里说过，修订意见来自蒋百里、林志钧、胡适三人。梁任公曾写信给胡适，“钞一副本”寄去，希望得到胡适“一长函，为之批评”。结果，胡适确实给提了好多意见，梁任公所谓的“采其说，增加三节，改正数十处”，就是这个意思。

胡适 1921 年 5 月 2 日日记写道：“《清代学术概论》的原稿，我先见过，当时曾把我的意见写给任公，后来任公略有所补正。……另加‘惠栋’一章，‘戴氏后学’一章，‘章炳麟’一章，皆原稿所无，……是我的意见。”与梁任公所说“采其说，增加三节”，两相对看，若合符契。

但胡适给梁任公提的意见，是胡适自己的么？我们若翻检 1920 年 10 月至 12 月间顾先生与胡适的往还通信，我们会惊奇的发现，这些意见其实都是来自于顾先生的！

就是说，1920 年 10 月，梁任公将《清代学术概论》“钞一副本”，寄给胡适，请胡适给予批评。胡适直接将书稿交与顾颉刚，让顾先生先提意见。顾先生把意见写好，交给胡适。胡适又把顾颉刚提出的问题转写成自己对《清代学术概论》的意见，寄给了梁任公。——当然，梁任公是不知道顾颉刚存在的。

换言之，顾先生代胡适对梁任公《清代学术概论》所提的修改意见，推动了新一代学术大师与旧一代学术大师之间学术的深入交流，在近代学术史上具有重大的意义。

从1920年秋至1926年间，顾先生开始伪书材料与郑樵、姚际恒著作的收集，作《伪书疑书目》《伪史考》等，点校《诸子辨》《四部正讹》《古今伪书考》《崔东壁遗书》等，并在杂志上与胡适、钱玄同、柳诒徵等讨论古书、古史。而梁任公此一时段内，有《中国历史研究法》（1921年秋）、《国学入门书目及其读法》（1923年）、《要集解题及其读法》（1923年）、《汉书艺文志诸子略考释》与《汉书诸子略各书存佚真伪表》（1926年）等，也都有涉及古书真与伪的判断。

1926年6月，《古史辨》第一册出版，顾先生寄给梁任公一册，梁任公收到后回复一信，说："前在杂志中稍窥鳞爪，今得卒读，真所谓开拓万古心胸者，快慰何似。虽所论不敢尽苟同，但至少成为一种假定，引起问题，为史学界开一新径，无可疑也。"及至1927年初，梁任公作《古书之真伪及其年代》，说最近的疑古、辨伪，"用科学的方法和精神，提出无人怀疑的许多问题，虽然不能完全同情，最少认为有力的假定，经过了长期的研究，许有一天可以证实的。……我们不必完全赞成他们辨伪的结论，但这种精神，总是可贵的。……我们如努力求真，这种辨伪学的发达，是大有希望的"（第三章《辨伪学的发达》）。

可以说，梁任公在20年代实际也是参与到古书辨伪和古史考辩这场学术大讨论之中。诚然，考古史之真伪是以考古书之真伪为前提的。换言之，论古书之真伪，即论古史之真伪也。

论古书之真伪，则需要回到文献，回到文本，回到历史的情境之中。顾先生自 20 年代初起，即从事“国故整理”，今日称之为“古籍整理”者。1923 年，顾先生曾指出：“要知道过去的生活状况，与现在各种境界的由来，所以要有整理国故的要求。”因之而有后来 1954 年进京，承担《资治通鉴》、《尚书校释》、“二十四史”及《清史稿》的整理总其成的任务。

四

章学诚《文史通义》里说：“高明者多独断之学，沉潜者尚考索之功。”顾先生早年的古书古史考辨、孟姜女故事演变研究等，可以归之为“高明独断之学”；晚年的尚书大诰译证、周公东征史事考证等，则可以称之有“沉潜考索之功”。

顾先生一生写作，以及主持的古籍整理图书，都是交付中华书局出版的。中华书局作为顾先生学术的传播者、弘扬者，作为中国传统文史著作的专业出版者，我们纪念顾先生，既是纪念他对学术之贡献，对中华之信任，更是纪念顾先生的学术理念与追求、治学情怀与胸襟。

学术研究，正如顾先生所强调的，需要“求真的精神，客观的态度，丰富的史料，博洽的论辩”。其中最为重要的，即是秉持客观的态度，以求得历史之真实。

期与大家共勉！谢谢！

2023 年 7 月 25 日

（作者系中华书局副总编辑）

守正创新名传千古，细腻生动透视江湖

——纪念连阔如先生 120 周年诞辰

梁　彦

2023 年是曲艺活动家、评书艺术家连阔如 120 周年诞辰。回顾连阔如的艺术人生，既是追念前贤、致敬历史，更要汲取力量、感恩奋进。

连阔如（1903—1971），原名毕连寿，曾用名连仲三、乐天居士，笔名云游客。1927 年拜李傑恩为师学说《西汉》和《封神榜》，又向张诚斌学说《东汉》，并得到热心听众孙昆波的悉心指点。虚心好学，记忆力强，刻苦钻研，创立自己的表演风格，听众称赞其“见识实在，胜人一筹”。20 世纪 30 年代起应邀在各大报刊连载评书，计有《西汉演义》（《小公报》）、《明英烈传》（《时言报》）、《岳飞》（《立言报》）、《东汉演义》（《民声报》《立言画刊》）、《卅六英雄》（《新北平报》）、《炎宋兴》（《公报》）等；还以云游客为笔名，撰著《江湖丛谈》，连载后结集出版。

连阔如擅说《东汉》《三国》《水浒》《隋唐》《明英烈》等书，书情结构严谨，人物性格鲜明，气魄宏大，尤重讲评；台风潇洒，神完气足，口齿清晰，语重声宏，且擅长以学马跑、马嘶的口技辅助表演。向“醉鬼”张三学过武术，为在说书中使好“刀枪架儿”奠定基础。与萧长华、徐兰沅、郝寿臣、谭富英、李万春、马富禄、袁世海等京剧名家过从甚密，借鉴艺术技巧，丰富自身表演。连派评书三大书目（《东汉》的打功、《三国》的评讲、《水浒》的民俗），成为其扛鼎之作。20 世纪 30 年代末在电台连续播讲《东汉》，有“千家万户听评书，净街净巷连阔如”之誉。

在长期的评书表演中，连阔如要求自己做到“五忘”，即“忘己事、忘己貌、忘座有贵宾、忘身在今日、忘己之姓名”，这是一种超然忘我的艺术境界。“五忘”与其说过的另一句话“懂多大人情说多大书”，已成为评书界的金石之言。

一、守正创新

民国时期连阔如以说传统书享誉曲坛，然而不广为人知的是，连阔如还曾编演多部新书，堪称评书界守正创新的典范。

1949 年 7 月，连阔如作为曲艺界代表参加中华全国文学艺术工作者第一次代表大会，在中南海为代表们表演了新评书《十八勇士强渡大渡河》。周恩来总理给予高度评价："连阔如同志只用一块醒木，为我们表演了评书，我们部队的文艺工作者要向曲艺工作者学习。"7 月 22 日，中华全国曲艺改进会筹备委员会成立，连阔如当选为副主任委员，兼任辅导部、福利部负责人。8 月 8 日，北京戏曲界讲习班开课，通过参加学习，连阔如认识到作为新文艺工作者的崇高责任，初步理解了党和政府制定的文艺方针政策，进一步激发了政治热情和创作积极性，为日后"说新书"奠定了坚实基础。不久，中华全国曲艺改进会筹备委员会和北京大众文艺创作研究会共同发起成立大众游艺社，连阔如任社长，组织演员每天在前门箭楼上演出新曲艺，大力开展"说新唱新"活动。连阔如身先士卒，说演了《二五长征》《暴风骤雨》《太阳照在桑乾河上》《李有才板话》等长篇新评书。

1951 年 3 月，连阔如任第一届中国人民赴朝慰问团总团曲艺服务大队大队长，奔赴朝鲜，不畏艰险，深入战地，热情慰问志愿军广大指战员，说演了《武松打虎》和新评书《追击敌人在静水亭》等。归国后又赴西南各地进行汇报演出，编写了《飞夺泸定桥》《智取娄山关》等评书作品。

1953 年 9 月，连阔如参加中国文学艺术工作者第二次代表大会，当选为中国文联第二届全国委员会委员和中国曲艺研究会副主席。其间，连阔如一直在广播电台演播传统评书《东汉》《西汉》，以及《李有才板话》《三里湾》和《暴风骤雨》等新评书。

在“推陈出新”方针的指引下，以连阔如为代表的评书演员守正创新，说演的传统评书在批判继承的基础上获得新的生命力，成为中华优秀传统文化的重要组成部分；创作的新评书题材大为拓宽，无论革命题材、新编历史题材，还是反映现实生活的题材，都取得突破性进展，受到广泛欢迎。

说到守正创新，还要讲一段美谈，即“北丽学南丽”。1956 年 3 月，为了贯彻周恩来总理“南北曲艺要进行交流，互相学习，共同提高”的指示，连阔如赴上海演出，凭借《头请姚期》《诵赋激瑜》《辕门射戟》三段评书受到好评，同时又学习南方评话，向扬州评话名家王少堂悉心学习《武松》。因王少堂孙女王丽堂继承祖父艺业，连阔如受到启发，回京后便让女儿连桂霞改名连丽如，学说评书，承袭父业。北有连丽如，南有王丽堂，“北丽学南丽”，成就曲坛佳话。

二、细腻生动

众所周知，评书是说书人口头讲述故事，以古事而今说，佐以评论的叙事艺术。评是精髓，或引经据典，或有感而发，评人、评事、评情、评理、评历史曲直、评人物功过，醒世警俗，画龙点睛；书是要素，故事起承转合，跌宕曲折，人物命运因之变化。然而评书之所以不同于故事，还在于评书要说理，说理要说事，说事要说人，说人要说心。评书要说理，是要有主题，扬善抑恶，褒是贬非；说理要说事，是要有情节，说明事件始末原委；说事要说人，是要塑造人物，让人物活灵活现；说人要说心，是人物要有思想感情，通过说书，观众的情感变化和书中人物的悲欢离合系于一体，同频共振，因之产生共鸣。

老舍在《说好新书》中曾谈到："评书演员似乎可分为两类：一类是真给书听，一件事紧接一件事，不多费力气去详述细节，或旁征博引。这是尽职的演员。可是我所见过的第一流名手，都是第二类的——把书中每一细节都描绘得极其细腻生动，而且喜欢旁征博引。"细腻生动，正是北京评书的风骨，然而又不是为细腻而细腻，而是在细腻中见滋味、在细腻中见感情。尤以连阔如为代表，将北京评书于细腻生动中说尽人情的特点彰显得淋漓尽致。

试看连阔如说《辕门射戟》时对于拉弓射箭的描写：

> 咱们中国射箭跟外国射箭用的功力不一样，中国射箭八个字：撑、拔、拐、抹、托、捋、刁、合。九斤十二两为一个劲儿，十三把半这张弓算是拉开。拉弓的人都得背着手往这儿一站，拔脯子调脸儿，练这个站功。站功练好了，吊膀子。膀子吊好了，才能拉硬弓。……左手攥着弓背儿，右手攥着弓弦儿，举

过脑门儿，往下落。弓一撑，前把推，后把一拉，前把托住，后把捋住，一拔脯子，拐胳膊肘儿，一调脸儿。吕布左手攥弓背儿，右手箭认扣，左手手指头还要掐着箭杆儿，箭杆儿这儿叫扣门儿。箭杆儿翎毛尾巴这儿有一道深沟儿，还把弓弦搁在里头，这就叫填弦。

何为拉弓、认扣、填弦，交代得清清楚楚，既生动形象，又翔实可信。

再看连阔如在典韦出场时，通过先声夺人的“开脸儿”（外貌描写）描摹刻画，生动传神，人物形象如在目前：

看将军，八面威，人又大，马又肥。腰圆膀阔三山配，身高丈二晃巍巍。铜铃怪眼一字眉，翻天鼻孔獠牙嘴，一部红髯颌下垂。红耳毫，尖似锥，红发根根背后披。头上戴，錾金盔，焦黄抹额金丝垒。黄绒球，绕四围，雉鸡翎，白狐尾，五杆黄旗背后背。紫火焰，金铃坠，上绣金狮把云吹。黄金甲，连线缀，金牛犀带花纹碎，护心宝镜明秋水。杏黄袍，绣红葵，鱼褟尾，苫两腿，大红中衣露微微。虎头靴，黄云绘，坐下马，虎皮被，四蹄蹬翻土雨飞。手中拿，戟一对，八十斤，力不费。大红缨，嵌草穗，峨嵋尖，戟枝锐。抛戟能将敌命追，当年大战濮阳内。黄幡乍下天堂路，人魔离去蜀江湄。有人若问名和姓，五路救应是典韦。

洋洋洒洒一大段，不但人物形象呼之欲出，而且朗朗上口，韵味十足，极富语言美感。

连阔如曾以《东汉》为例，说明“扣子”（悬念）的运用：

> 开书先说刘秀拜马援为帅，姚期不服，与马援赌头争帅印，如若姚期用三千兵打破潼关，马援将帅印输给姚期；如若姚期打不开潼关败了仗，姚期将人头输给马援。听书的人最喜爱忠臣，都替姚期担心，怕他打不破潼关，将人头输了，都坐在凳上不动，要听姚期胜负。这样便算书座入了扣儿，这就是说书的演员使小扣儿。听书的人不动了，说书的人往下说，姚期还没到潼关，离城三十里就被王莽的兵将打败了，岑彭给姚期打接应，掉到陷马坑里，岑彭被王莽兵将生擒活捉入潼关。听书的座儿听到这里，又替姚期害怕，怕回去脑袋没了，又怕岑彭死在潼关，这样就不走了，非听个水落石出不止，这就叫碎扣儿，将座儿扣住了。这样说，就是说书的演员用步步连环紧的法子，将书座儿吸住了，直听到临散场的时候，听出两个岑彭来，书座儿更纳闷了，怎么会多出一个岑彭呢？真叫人纳闷。离了书馆，回到家中，吃饭、睡觉

> 还是纳闷，无法解决，只好明天早早去书场，接着再听下去。这样便是评书演员使用大扣儿。使用大扣儿为的是吸住听书的座儿明天再来听书。听到明天散书时，又听到马援巧使连环计，书座儿又纳闷了，不知马援使的是什么计能得潼关，明天再接着去往下听。即是四五天才说完潼关，那潼关这段书就是四五天的大坨子。说评书的没有小扣儿，吸不住座儿；没有碎扣儿，拉不住座儿；没有大扣儿，不能吸住回头再听的座儿；没有大坨子，就不能吸住听五六天的座儿。

“扣子”不单是指内容意义上的悬念，还包括制造悬念的具体手段，既有内容的含义，又有形式的含义。作为内容，“扣子”要求扣人心弦；作为形式，“扣子”要求丝丝入扣。所以俗话说得好：“听书听扣儿，听戏听轴儿。”一个“扣子”就有这么多讲究，足见连阔如评书艺术之精深。

综上所述，说书必先悟书：一是悟情，二是悟理，三是悟人。从领悟情节内容开始，包括事件发生的环境、历史背景、人物活动；这部书要说明什么，有何思想意义；人物的语言、动作、气质、心理活动，概括地说，就是一举一动都要领悟，尽可能具体、细致，这样表演出来就生动了。相对而言，悟情最难，因为其中涵括了演员自己的感情，欲感动观众，必先感动自己，这样才能以情动情。

书中有情，能为演员提供发挥的基础；演员有情，才能把书中情逼真地传达给观众。在这一点上连阔如做到了极致，因此诞生了那句至理名言："懂多大人情说多大书。"

民国文人金松涛曾在一首竹枝词中赞誉连阔如的评书艺术："讲评形容酷似真，何须证史觅前尘。谐谈唤醒痴人梦，柳敬亭君又现身。"

三、透视江湖

> 连阔如，是我小时候常常把耳朵贴着话匣子听的评书的播演者。他的《江湖丛谈》为我们打开了陈旧中国的一个全新世界，令人叹为观止。
>
> ——王蒙

> 连阔如先生以一位评书艺人的身份，写出这样一本可以让后人饶有兴味地知道往事的奇书，本身就是奇迹。奇人、奇书值得我们好好地读一读。
>
> ——苏叔阳

说到连阔如，不能不提其代表作《江湖丛谈》。王蒙和苏叔阳绝非妄言，"叹为观止"也好，"奇人、奇书"也罢，都不是溢美之词，连阔如和《江湖丛谈》当之无愧，实至名归。

20 世纪 30 年代，连阔如以云游客为笔名，在北平

《时言报》发表长篇连载《江湖丛谈》，并于 1938 年结集出版。《江湖丛谈》是现今仅存的一部客观且比较全面地介绍江湖行当、行话和内幕的书籍，除了介绍北方大中城市旧式娱乐场所沿革及艺人小传、艺人生活状况外，尤以大量篇幅记述和揭露了清末民初以来北方江湖艺人的行规和活动方式、江湖行当的内幕及危害社会的种种骗术，五花八门，包罗万象。由于作者具有丰富的社会阅历，本身又是江湖艺人，所记内容大多是身临其境掌握的第一手感性材料，对于诸多社会现象作了生动写照，并对其实质予以阐释和剖析，目的在于通过这些调查和揭露，使之有益于当时的社会，予人启迪和警示。因为故事真实可信、语言通俗生动，加之作者“有拯人济世之心，无哗众取宠之意”，所以颇受读者欢迎。问世至今已近一个世纪，却并不过时，常销不衰，常读常新。

《江湖丛谈》以骗术为内容的文章共 31 篇，在曝光坑、蒙、拐、骗等丑恶伎俩的同时，通过真实生动的案例教化读者有效的防骗手段。像“丢包碰瓷”，时至今日依然常见，无非“换汤不换药”而已。这个故事告诉读者，这类人做的就是犯法之事，遇到时不要紧张害怕，不要受其蛊惑，切忌“私了”，应当寻求正确的处理办法。诸如此类的案例很多，恕不一一列举。通过阅读这些故事，读者会得到诸多教益，提高辨别力和判断力，不上当，不受骗，凭借一双“火眼金睛”识破种种“妖魔变化”。

《江湖丛谈》还是不可多得的珍贵史料，如以北方江湖行当状况为专题，资料的集纳规模和丰富程度，迄今为止都是独一无二的。它对于研究曲艺史，尤其是评书史和相声史，以及杂技史和武术史、城市游乐设施民族化等，具有重要的参考价值。如《漫话江湖 万象归春》中所涉穷不怕（朱绍文）编的《五百出戏名》、《千字文》带《百家姓》、《百山图》及对联等，都是稀见的曲艺文本，起到传承存续之功。

2023 年，连丽如经过多方查找，觅得连阔如 20 世纪 30 年代连载于《新天津》《现代日报》的佚作，注释整理后定名为《江湖续谈》，由生活·读书·新知三联书店、华文出版社出版，向纪念连阔如 120 周年华诞献礼。作为《江湖丛谈》的姊妹篇，《江湖续谈》关注清末民初的市井百态，尤其生动翔实地介绍了当时艺人的作艺与生活状况，具有极强的可读性和珍贵的资料价值，有助于读者领略旧京风貌，体味江湖浩荡。

众所周知，曲艺是中华优秀传统文化的重要组成部分，蕴含着中华民族的文化基因，传扬着中华民族的美学精神，家喻户晓，喜闻乐见。曲艺所包含的思想观念、道德规范、价值取向是中华优秀传统文化的重要源泉，是社会主义核心价值观的重要涵养，只有深入继承、挖掘和传播曲艺中的经典元素，才能更有效地推动中华优秀传统文化创造性转化和创新性发展。《江湖丛谈》和《江湖续谈》

正是这样一个取之不尽、用之不竭的艺术宝库，亟需更多的人挖掘、使用、研究和珍视。

囿于篇幅所限，以上三方面仅是连阔如艺术人生中的一鳞半爪。学习前辈大家的艺术风范，最终要体现在传承发展上。评书作为传统艺术，它的价值和作用是多向性的，其生命力离不开作品内容选择的创新、艺术本质要素的创新和传播方式方法的创新。更重要的是，评书必须立足于弘扬民族精神、坚守文化立场的高度，同时务必保持为大众喜闻乐见的特点，方能永葆通俗文学艺术的魅力、感染力和生命力。作为从事弘扬中华优秀传统文化工作的一员，理应传承中华文明、坚定文化自信，担当使命、奋发有为，为创造属于我们这个时代的新文化而不懈努力。

（原载 2023 年 6 月 25 日“中华书局 1912”微信公众号，作者系中华书局党群工作部员工）

百川学海

史上第一个免死铁券的由来

张继海

所谓铁券，应该说是皇帝与功臣之间的一种信物。比如汉高帝刘邦颁赐功臣丹书铁券，表示封赐给功臣的封爵和食邑可以传给后世子孙，即使泰山如砺，黄河如带，也不改变。

从汉到晋，铁券承担的功能都是如此，相当于皇家的一种信物或盟书，常常与玺印、符等一起出现。到了北魏，开始出现金书铁券，但铁券仍与爵位赏赐联系在一起，一般还没有免死的功能。例如著名的文明冯太后，曾赏赐其宠臣王叡“财帛以千万亿计，金书铁券，许以不死之诏”。从史文的记载看，既然是在诏书中许其不死，则铁券中还没有相关“不死”的文字内容。

但是，事情都是发展变化的，有一就有二。到了北魏后期另一个掌大权的胡太后那里，开始有了免死铁券的苗头。《魏书》卷十六《道武七王列传》记胡太后曾对侍臣说："刘腾、元叉昔邀朕索铁券，望得不死，朕赖不与。"这两个人曾主动提出希望获赐免死铁券，只是没能如愿。

有史可查的中国历史上第一个免死铁券，是西魏实际掌权者宇文泰赐给大将李穆的，因为在河桥之战中，李穆曾在危急时刻救了宇文泰一命。根据《周书》卷三十李穆本传的记载，其经过是这样：

李穆很早就追随宇文泰，服事左右，因为为人机敏，办事得体，深得宇文泰信任，被委以心腹之任，可直接出入宇文泰的卧内，深被宠遇，一时无人可及。李穆也确实不负所托，更加小心谨慎，不敢有丝毫懈怠，对宇文泰也更加忠心耿耿。

河桥之战时，宇文泰骑的马为流矢所中，受惊狂奔，宇文泰坠落于地，军中大扰。这时敌人追了上来，左右皆奔散，形势万分危急。李穆当时急中生智，就在敌兵面前演了一出戏。他用自己的马鞭抽打宇文泰，一边打一边骂："你的主子在哪里？怎么单单只有你在此？"好像宇文泰是一个仆从，在战斗中把主子还跟丢了，正受责骂。大概是演得很像，敌兵没有怀疑宇文泰有什么尊贵的身份，遂舍之而去。见敌兵远去，李穆赶紧把自己的马让给宇文泰骑，最后二人均逃过一劫。这一次要不是有李穆，宇文泰就完了。

自此之后，宇文泰对李穆的提拔、封赏不断，恩遇更隆，擢授武卫将军，加大都督、车骑大将军、仪同三司，进爵安武郡公，增邑一千七百户，前后赏赐，不可胜计。

过了许久，宇文泰对李穆的救驾之功还是念念不忘，美其志节，叹道："人最可宝贵的就是身家性命，李穆能豁出性命，救我于危难之中，即使我后来给他再高的爵位，赏他再多的玉帛，也未足为报。"于是"特赐铁券，恕以十死"，即以铁券为凭，可以宽恕他十次死罪。

《周书》没有关于此铁券的更多记载。我们可以推测的是，铁券上应该有字，可能是丹书，也可能是金书（即文字为金色，隋唐以下多为金色，代表的是皇家的颜色），形制应与西汉初刘邦分封功臣的铁券相似（史载唐代以下多为长方形），而且也应是中央留一份，功臣手里留一份，将来好有个对证。免死铁券的特殊性在于，只要朝代不改换，只要还是这一姓的天子坐江山，理论上来说持有者就可以免死。李穆拿到的这一块免死铁券更厉害，可以免除十次死罪。

那么，李穆的这块铁券后来有没有起作用呢？应该说还是起了作用的。北周初年，李植想谋害权臣宇文护，事败被杀。李植是李穆之兄李远之子，也就是李穆的侄儿，李穆受到牵连，遭到"除名"的处理，应该是免除一切官爵，被削夺为民。因为李穆有免死铁券，所以最多也就处理到这一步。李植的弟弟李基任淅州刺史，依例应坐死罪。李穆以开国元勋的身份，频频到宇文护府上求情，甚至提出请以自己的儿子李惇、李怡等来代李基受死，言词恳切，哀戚动人，终于使宇文护手下留情，饶了李基一死。从这件事上又可以看出，免死铁券仅限于本人特享，不能拿来用于免除子侄辈的死罪，也就是既不能分享，也不能继承。

到了唐代，铁券的功能得到扩展，一般不仅能免死，而且还把功臣本人和子孙都写上去，等于人为制造了一个享受法律豁免权的特权阶层。这里不再展开。

免死铁券的存在，使我们有必要考虑一下铁券与皇帝、法律三者之间的关系。免死铁券可以逃脱法律的制裁，说明是券在法上；券的来源是出于皇帝的恩赐，则说明是帝在券上；在君主专制时代，皇帝的意志高于法律，对于不合己意的法律可以修改或删除，正所谓“前主所是著为律，后主所是疏为令”（《汉书·杜周传》），当然是帝在法上。不要看古代设计了很多限制皇帝行为的制度，实际上只要这个皇帝憋着劲一意孤行，是没有东西能拦住的。现实中能对皇帝行为发生牵制影响作用的，与其说是法律，还不如说是礼制（前代传下来的祖宗规矩）和舆情物议，皇帝更在乎的其实是礼法规矩和人心之向背。

正因为帝高于法，帝在法上，所以由帝派生出可以高于法的券。这应是免死铁券相对于帝和法的准确定位。

中国传统社会一直是一种讲人情的社会，是人治，不是法治，没有司法独立或法律独立的精神。因为说到底，法律不过是维持社会秩序稳定、体现公平正义诉求的一种工具，有权势的人完全可以对其施加影响，只要手段够巧、范围够小、程度有限、影响可控即可。当然，虽然事实上如此，当权者可不会明说，他们当然要宣扬法律的庄严神圣和不可侵犯。

免死铁券看似是一个极大的特权、一种很高的荣誉，其实也充满了很多不确定性。俗话说，伴君如伴虎。今天皇帝高兴颁给铁券，明天翻脸兴许就不认了；老皇帝发的铁券，新皇帝认不认也得两说。总之，铁券好不好使，这要看皇帝的心情，要看当时的具体政治环境如何，而这也恰恰体现了人治社会的一大特征：人情厚薄、人缘好坏始终是很重要的因素，看人下菜碟更是家常便饭。朱元璋还给很多功臣发了铁券呢，到时候还不是说杀就杀？

所以，还是让免死铁券或免死金牌之类的东西永远消失在历史的烟尘中吧。去除特权思想，建设法治国家、法治政府和法治社会，是我们能从历史中得到的一点启示。

（原载2023年1月16日“中华书局1912”微信公众号，作者系中华书局副总编辑）

谈统编语文教材中古诗文的歧解现象及其注释方式

钱　蕾

所谓古诗文的"歧解"，就是指读者对于同一诗文作品的意义，有两种或多种相互歧异的解读。歧解现象是古诗文学习和研究中经常会遇到的问题。由于时代、地域的隔阂，语言文字的变迁等因素，后世读者在阅读古代典籍时，常会遇到理解文本方面的障碍。虽然自古以来就有诸多学者对经典加以诠释，但除了作者的自注能揭示创作的本意之外，他人的解读终究都隔了一层，不同的学者阐释同一作品，常发生注解不一的现象。如注《诗经》者，在汉代就有齐、鲁、韩、毛四家；杜甫的诗歌和韩愈的文章在宋代广受推崇，注者纷纭，又有"千家注杜"、"五百家注韩"之说。古人云"诗无达诂"，一方面表明读者很难完全准确地阐明作品的原意，另一方面也肯定了歧解存在的合理性。

语文教材中选编的古诗文也不可避免地会存在字词音义、用典出处、内容主旨等方面的歧解，而对相关词句的注释，也最容易引起争议。当读者发现教材注释与其固有认知或其他版本教材、教辅、古籍注本、工具书等资料中的注解不一致时，就可能产生困惑或质疑。实际上，歧解并存是正常现象，教材注释中采用某一种解释或胪列异说，则有其内在的逻辑。本文将以统编语文教材中选编的古诗文为例，谈一谈古诗文的歧解现象，以及语文教材注释中如何处理古诗文的歧解问题，在此基础上进一步提出有关古诗文注释与教学方面的建议。

一、古诗文歧解现象产生的原因

同一诗文作品有多种解释，既出于读者对文本的不同解读，也与古诗文本身的特点有关。除去读者个人的知识背景、学力、偏好等主观因素，从客观上来说，古诗文歧解现象的产生主要有以下几种原因。

1. 词语本身的多义性

古汉语以单音节词为主，一词多义的现象十分普遍。有时，具体语境中的词义较难确定，对文本内容的理解也就容易产生歧义。如《论语·为政》：“学而不思则罔，思而不学则殆。”（七年级上册《〈论语〉十二章》）其中的“殆”字，历代注家主要有三种解释，各家对整句的疏解也不同。三国魏何晏注曰：“不学而思，终卒不得，徒使人精神疲殆。”认为“殆”同“怠”，作“懈怠、倦怠”解。宋朱熹《论语集注》曰：“不求诸心，故昏而无得。不习其事，故危而不安。”将“殆”释为“危险”。清王念孙、王引之父子则引《公羊传》襄公四年（前569）何休注“殆，疑也”为据，指出“殆”为“疑惑”之义，“谓思而不学，则事无征验，疑不能定也”。《论语》作为儒家经典之一，历来阐释者众多，以上诸种说法，代表了不同时代学者的解经思路，各自言之成理，很难说有对错之分。

同一个词还可能具有不同的词性，词性不同，表达的意思也有差别。如九年级下册《陈涉世家》文句“陈涉乃立为王，号为张楚”中的“号”，既可作动词，意为“扬言、宣称”，又可作名词，意为“名号、称号”。因此，“号为张楚”也就有两种解释：一说陈涉对外宣称要张大楚国，即复兴楚国；一说陈涉称王后定的王号或国号为“张楚”。而关于“张楚”之义，前人之说亦有分歧。《史》《汉》注家多认为张楚是张大楚国之意，王先谦则谓张楚就是大楚。至于陈涉是否曾建立一个名为“张楚”的政权，学界亦有争议。传统的说法一般持肯定的态度，张政烺、田余庆还曾据长沙马王堆汉墓出土的帛书中记载秦及汉初纪年中有张楚而无秦二世年号的情况，指出张楚既是国号、王号，又用以纪年。然亦有人根据《史记》中称陈涉“楚王”或“陈王”，认为“张楚”只是造反的号召，并非王号或国号。这也是对“号为张楚”的理解产生分歧的一个方面。

2. 特定语境中文本内涵的多重指向性

有些词语本身的意思虽不难理解，但联系上下文语境，它在诗文中的具体所指，读者却可能有不同的解读。特别是诗词作品中常化用典故或采用其他修辞手法，典故等的运用，使得文本的内涵更加丰富，读者的理解也可能因此产生分歧。如九年级下册苏轼《江城子·密州出猎》词句：“持节云中，何日遣冯唐？会挽雕弓如满月，西北望，射天狼。”其中所用冯唐事见《史记·张释之冯唐列传》。汉文帝时，云中太守魏尚抵御匈奴有功，却因为报战果时多报了六颗首级而获罪削职。冯唐向文帝劝谏，文帝即“令冯唐持节赦魏尚，复以为云中守，而拜唐为车骑都尉，主中尉及郡国车士”。关于这一典故的用意，有两种不同的说法。一说作者是以魏尚自许，如朱东润主编《中国历代文学作品选》注释中指出，苏轼这时也是太守，政治处境不甚得意，所以希望得到朝廷的信任。一说作者以冯唐自比，如俞平伯《唐宋词选释》指出，这里“兼采左思《咏史》‘冯公岂不伟，白首不见招’及王勃《滕王阁序》所谓‘冯唐易老’等意”，苏轼自杭州通判调任密州太守，是升官而非贬职，更非有罪下狱，与魏尚事不合。而且冯唐其时不仅为使者，也领兵，与下文“挽雕弓”、“射天狼”等意思相呼应。两种说法各有道理，而词人遣词每不拘，词中的典故也不一定要与现实中的人事一一对应。苏轼此处用典，主要是借以表示希望朝廷委以边任，到边疆抗敌，抒发他报国立功的壮志豪情。

3. 文献阙如造成史实难考

历史上由于各种各样的原因，佚失和残缺的古籍都不在少数。文献的阙如，导致某些古诗文中涉及的人、事、物等难以确考，也会造成对作品相关问题理解的分歧。如八年级上册陶弘景《答谢中书书》题中的“谢中书”究竟是何人，迄今为止尚难确考。这篇文章见于《艺文类聚》，显系节录之文，完整的书信原貌今已不可知。文中主要描绘山水胜景，结尾提及谢灵运，却未交代谢中书的信息，作者笔下的山川景物也不知出于何处。关于“谢中书”的身份，学界有多种说法，基本是根据有关陶弘景及其同时代人的史料而做出的推测。

一说为谢征（或作谢微），清人许梿编选《六朝文絜》批注：“中书名微，或云征，字元度，陈郡阳夏人。好学，善属文，尝为安成王法曹，累迁中书、鸿胪。”据《梁书·谢征传》，谢征（500—536），字玄度（“元度”为清人避讳所改），约梁武帝普通年间位兼中书舍人，直至中大通元年（529）以父丧去职，四年（532），累迁中书郎，鸿胪卿、舍人如故。可见谢征很长时间都在中书省任职，故当称“谢中书”。陶弘景（456—536）与谢征卒于同年，但二人年纪相差44岁，在现有的史料中也找不到二人交往的证据。

一说为谢朏，高步瀛《南北朝文举要》注曰："谢中书，疑是谢朏。《梁书·朏传》朏，天监五年，授中书监。"钟国发《陶弘景评传》亦持类似的观点，但认为本文作于谢朏任中书令时。按《梁书》本传载，谢朏（441—506）于宋明帝泰始后期（约469—471）任中书郎，约齐永明八年（490）至隆昌元年（494）间为中书令，梁武帝天监五年（506）授中书监，不久即辞世。又据陶弘景从子陶翊所撰《华阳隐居先生本起录》，陶弘景恰于永明八年启假东行浙越。钟国发指出，本文所描写的风景可能是他于浙东所见，这也正是谢灵运曾着力歌咏的永嘉山水。谢朏在当时也确有"谢中书"之称，王僧虔《诫子书》中有"谢中书挑汝言《庄》"之言，叶适《习学记言序目》曰："谢中书，朏也。"但他和陶弘景之间的关系，并没有直接的史料记载，只能通过陶弘景曾与刘俣过从甚密，而刘俣又与谢朏、江斅、褚炫号为"顺帝四友"等资料，推测陶弘景也可能与谢腓论交。

一说为谢朓，王家葵《陶弘景丛考》称："谢中书应即谢朓，据《南齐书》本传，朓建武初曾'掌中书诏诰'，故得称'谢中书'，至建武二年夏谢朓出守宣城，友朋唱和乃呼为'谢宣城'，不称'谢中书'矣，如沈约有《和谢宣城》。"此说亦认为本文描述永嘉风景，作于陶弘景建武二年（495）东祈名山之时，但也缺乏陶弘景与谢朓二人交往的直接依据。

一说为谢览，王京州《陶弘景集校注》注曰："谢中书：当指谢览。览字景涤，天监元年（502）为中书侍郎，卒于吴兴太守任上，时年三十七，诏赠中书令。"据王京州考证，宋贾嵩《华阳陶隐居内传》和《太平御览》中都提及谢览与陶弘景的交往，从陶弘景"唯奇谢览"更见二人交谊之深。但王京州认为谢览自天监元年至十二年一直在中书任上，本文作于陶弘景天监七年到十一年间第三次东游至永嘉时，则值得商榷。据《梁书·谢览传》，谢览"天监元年，为中书侍郎，掌吏部事，顷之即真"，可见他在中书任上仅很短的一段时间，随即转为吏部郎，此后也未再任职中书，直到死后才诏赠中书令。所以陶弘景是否称其为"谢中书"仍然存疑。

以上四种说法，从"谢中书"的称号及其任职的情况，或其与陶弘景的交往等方面看，皆有可取之处，但由于缺乏充分的文献依据，又都难以下定论。

4. 异文导致的歧解问题

古诗文由于流传久远，在传抄刻印的过程中，常出现"异文"，即在同一书的不同版本或不同的书中呈现出不同的文字面貌。有些古诗文异文并不影响文意的理解，如八年级下册白居易《卖炭翁》诗句"半匹红纱一丈绫"中的"纱"，一作"绡"，"纱"与"绡"都是轻薄的丝织品，意义没有差别。

有些异文则可能使文意产生微妙的变化，如八年级上册李白诗《渡荆门送别》尾联“仍怜故乡水，万里送行舟”中的“怜”字，一作“连”。此诗是李白出蜀行至与楚地的交界处时所作，用“怜”字，有“爱惜”之意，指到了荆门，诗人就要与送自己远行的“故乡水”告别了。借写故乡之水的恋恋不舍，含蓄地抒发了对故乡的无限眷恋之情。若作“连”字，当指诗人虽然行舟万里之外，仍与故乡之水相连，以此表达对故乡的思念，但下句的“万里送行舟”则似没有了着落。此处不同异文所表现的诗意有一定程度的差别，从情感的表达上看，“怜”字将故乡之水拟人化，从对面着笔，深情缱绻，表达效果较“连”字更胜一筹。

还有些异文，由于涉及古代人名、地名等，也会引起后人理解上的分歧。如七年级上册李益《夜上受降城闻笛》诗句“回乐烽前沙似雪，受降城外月如霜”中的“回乐烽”，在《旧唐书·李益传》、《文苑英华》、《唐诗纪事》、明嘉靖三十三年（1554）刻本《李益集》等诸多文献中均作“回乐峰”。《全唐诗》亦作“回乐峰”，注曰：“一作烽。”而李益另有《暮过回乐烽》诗：“烽火高飞百尺台，黄昏遥自碛西来。昔时征战回应乐，今日从军乐未回。”异文均有一定的依据，放在诗句中亦皆可通。作“回乐烽”，指烽火台名，一般认为在西受降城（今内蒙古杭锦后旗乌加河北岸）附近。作“回乐峰”，则指山峰名，在灵州回乐县（今宁夏灵武西南）。此处异文虽然造成具体词句意思的差异，但却并不影响对整首诗意的理解。

二、语文教材注释对古诗文歧解的处理原则

关于古诗文的歧解现象，钟振振曾撰有《谈中国古典诗词的歧解》一文，举出多例古诗词的歧解加以辨析并另立新说，认为“言之成理、持之有故的歧解，有助于扩大和丰富诗词作品的社会认识功用和艺术审美效果，有必要大力提倡”。虽然钟先生的倡议对于开拓一般读者对古典诗词的认知，提高古典文学研究水平，都具有积极的意义，但若就中小学语文教学和教材中的古诗文注释而言，似乎却不可一概而论。

对中小学生而言，古诗文学习的重点在于理解文本内涵，培养文言语感，领略中华优秀传统文化的魅力。如果教学中过于关注个别词句的歧解问题，会有喧宾夺主之嫌。语文教材也不同于学术性的古籍注本，教材中古诗文注释的主要功能是帮助学生理解课文内容，传达一定的语言文化知识，培养学生独立阅读浅易文言诗文的能力。作为教学活动的辅助，注释并非学习的主体，不宜繁杂，也无须罗列诸家的观点，而重在帮助学生扫除阅读的障碍。语文教材注释对古诗文歧解问题的处理一般遵循以下原则：

1. 择定一说，慎列异说

教材注释必须充分考虑中小学生的认知水平、接受能力等实际情况，遇到有歧解的古诗文词句，应尽量选定一种说法，少列异说，以免加重学生的学习负担。特别是在古诗文学习的起步阶段，如过早地引入歧解，可能会增加学生在阅读时的困惑，令其有无所适从之感。所以，教材注释中一般不列异说，特别是小学教材注释，一般倾向于选择较为通行又易于学生理解的成说。

如四年级上册王昌龄《出塞》诗句"但使龙城飞将在，不教胡马度阴山"中的"龙城飞将"，历来众说纷纭。这一典故涉及古代地名和人物，关于其具体所指，主要有以下两种代表性的说法。其一，认为"龙城飞将"是用汉朝名将李广的典故。"飞将"指李广，见《史记·李将军列传》："广居右北平，匈奴闻之，号曰'汉之飞将军'。"而"龙城"的所指，各家有不同的看法。如霍松林《唐诗精选》注："龙城：指卢龙城，在今河北省喜峰口长城附近一带，为汉代右北平郡所在地。"孙其芳、王秉钧指出，"龙城"应为"陇城"，李广为汉陇西成纪人，也可说是陇城人。程千帆、沈祖棻《古诗精选》则承清阎若璩《潜邱札记》之说，认为"龙城"乃"卢城"之误，所谓卢城指卢龙县，李广所驻守的右北平在唐朝为北平郡，治卢龙县；而龙城是匈奴单于祭神的地方。其二，认为"龙城飞将"系兼用卫青、李广二典故。马茂元《唐诗选》、李云逸《王昌龄诗注》等均持此说，主张“龙城”乃用卫青的典故，《汉书》载卫青曾攻至龙城、大破匈奴。近来，又有学者提出“‘龙城飞将’或指身陷匈奴的李陵”的新见，并一度引发学界热议。但这种过于新异的观点，尚存有较大争议，不适宜被教材所采纳。小学阶段的古诗文教学，不宜求之过深，关键在于帮助学生理解诗文大意，体会作者所表达的思想感情，对于诗文中的典故，学生通常只需作大致的了解，不必拔高要求。本诗中的“龙城飞将”，不论究竟是用谁的典故，都意指英勇善战、扬威边地的名将，在注释中做简单介绍，能让学生明白典故的用意即可。所以教材注释选取了相对传统又最易于学生理解的一种观点，将“龙城飞将”注为：“汉朝名将李广。这里泛指英勇善战的将领。”

2. 尊重故训，择善而从

教材注释是在前人研究的基础上，加以斟酌损益而成。如何从多种不同的解释中选定注释，也有一定的标准。首要的原则就是要尊重故训，因为传统的注释大多是世代相传，被历史认可的解释，一般来说更具有权威性和通行性；而对一些专家学者提出的新说则需持审慎的态度。但这也并不意味着新说完全不可取，若已得到学界普遍认同，也应为教材所采纳。另一方面，选定的注释不仅应是历史地形成的，而且从训诂学上看，必须有据可依，同时又符合语言的社会性。

如八年级下册陶渊明《桃花源记》文句“忽逢桃花林，夹岸数百步，中无杂树，芳草鲜美，落英缤纷”中的“落英”，历史上就有两种说法，一说为落花，一说指初开的花。将“落英”解释为“初开的花”，源于宋人谈诗的一段公案。王安石曾作《残菊》诗曰“残菊飘零满地金”，欧阳修就此指出秋菊不落花，批评王诗不合物理，王安石则反讥欧阳修不知《离骚》“朝饮木兰之坠露兮，夕餐秋菊之落英”的典故。蔡絛《西清诗话》中最早记载了欧、王的这段争论，并指出“落，始也”，由此也引发了宋以后文人关于王诗乃至《楚辞》中“落英”含义的长久争辩。

宋人大多以菊不落花的自然规律作为讨论的出发点，对“夕餐秋菊之落英”句亦多有辩护。如洪兴祖《楚辞补注》云：“秋花无自落者，当读如‘我落其实而取其华’之落。”姚宽《西溪丛语》则称“是英谓之叶也”，认为“落英”指落叶。而更多宋人主张“落英”之“落”当作“初、始”解。如罗大经《鹤林玉露》“落英”条载：

> 《楚辞》云：“餐秋菊之落英。”释者云：“落，始也。”如《诗·访落》之落，谓初英也。古人言语多如此，故以乱为治，以臭为香，以扰为驯，以慊为足，以特为匹，以原为再，以落为萌。

“落”训为“始”，见《尔雅·释诂》：“落、权舆，始也。”晋郭璞注引《诗经·周颂·访落》“访予落止”为例，指出“此所以释古今之异言，通方俗之殊语”。宋人将“落英”释为“始开之花”，则是受郭璞所谓“义有反覆旁通，美恶不嫌同名”的“反训”之说的影响。但今人已指出，反义为训不足信，它实际上是由词义的引申造成的，反映了古人对事物发展过程的一种哲理性认识。“落”训“始”是特定语境中的词义引申，而“落英”的“落”即指其本义，不必刻意务奇。

古人亦有认识到此解之牵强者，如宋王楙《野客丛书》谓“落英”即“落花”，认为屈原是借“秋菊落英”以自谕：“士有不遇，则托文见志，往往反物理以为言，以见造化之不可测也。”指出文学作品中的表达可以不受自然物理的限制。清尤侗《艮斋续说》则称落英“谓始开之花，亦近穿凿”。当代学者更是通过归纳语言材料对这种解释加以批驳。如钱锺书指出，“‘落英’与‘坠露’对称，互文同训。《诗》虽有‘落’训‘始’之例，未尝以言草木”，而《离骚》中所谓草木、荣华之“落”亦皆陨落之义。

将陶渊明《桃花源记》中“落英缤纷”的“落”训为“始”，也是受宋人的影响。郭在贻曾统计出陶集中“落”字共出现八次，除“落英缤纷”外，其余七次均作“陨落、坠落”解，指出“落”训“始”乃先秦古义，《桃花源记》中的“落”不可能为“始”的意思。他强调，“不能离开语言的社会性，对词义进行随意的解释”，“不从语言事实出发，单从文学赏析的角度进行主观臆测，所得结论往往不可靠”。所以，虽然自宋代以来就有将“落英”释为“始开之花”的说法，但是通过对这一释义的探源，以及考察“落英”一词在古代文献中的使用情况，可知这一说法并不妥当，该词的释义宜取“落花”之说。

3. 根据教学需要，适当保留多说

虽说教材中的注释以择定一说为好，但若了解异说，有助于古诗文的学习，也可适当保留多说。由于小学阶段学生已打下一定的文言基础，而中学阶段的古诗文教学也有更高的要求，所以中学教材注释中可以根据教学需要胪列异说，帮助学生了解古诗文的歧解现象，拓宽知识和思维，并加深对具体诗文的理解。但所列异说应控制在适当的范围内，并且诸说必须有据可依，具有一定的认知基础和教学价值。如八年级下册《核舟记》文句“高可二黍许”，教材中注为：

> 大约有两个黄米粒那么高。一说，古代一百粒黍排列起来的长度为一尺，因此一个黍粒的长度为一分，这里的“二黍许”即二分左右。

“黍”字的本义是一种谷物名，《说文解字》曰：“禾属而黏者也。以大暑而种，故谓之黍。”黍子去皮壳之后称为“大黄米”，是商代主要的谷类作物。同时，黍也是古代建立度量衡的基准，《汉书·律历志》曰：“度者，分、寸、尺、丈、引也，所以度长短也。本起黄钟之长。以子谷秬黍中者，一黍之广，度之九十分，黄钟之长。一为一分，十分为寸，十寸为尺，十尺为丈，十丈为引，而五度审矣。”据此说法，则一黍的长度为一分。在本文这一句中，“黍”用来表示高度，可直接以其本义解释，亦可将“黍”作为长度单位来理解。教材中注出两说，不仅在释义上更为稳妥，也提供了更多的古代文化知识。

三、语文教材中如何处理古诗文的歧解问题

在以上原则的指导下，统编语文教材中存在歧解的古诗文词句，一般采用如下几种注释与处理方式：

1. 可判定诸说优劣的，择其善者作注

古诗文的多种歧解之间往往有优劣之分，作注时需要广泛搜集材料，从语言、文学等多方面综合比较诸种观点，选择其中最为准确、稳妥的一种解释。如苏轼《江城子·密州出猎》词句“为报倾城随太守”中的“报”，长久以来有两种不同的解释，一说是“报答”之义，一说是“报知”之义。这两种释义放在整首词中理解，皆可说通。联系全句，诸家的解说又各不相同。持“报答”说者，如俞平伯《唐宋词选释》注曰：“‘为报’云云，为了报答大家追随的盛意。”持“报知”说者，如朱东润主编《中国历代文学作品选》注：“为报句：意谓请为我报知全城老百姓，使随我出猎。”王水照《苏轼选集》则持两说：

"一、报答，为报答全城人追随盛意，看我亲自射虎；二、报说，听到报说，全城人皆跟随来看我射虎。"其中第二种解释，"报"的对象是诗人自己，与认为"报"的对象是全城的人又有一定的差别。仅从词意上看，诸说似皆可通，但结合语言的社会性考察，则可见诸说之优劣。蒋绍愚《唐诗词语小札》中考辨，"为报"是唐诗宋词中之熟语，意即"替我告诉"。（"为"后省略宾语。）他又指出，"为报"成一熟语后，"为"的意义虚化，亦可解释为"告诉我"，如柳宗元《得卢衡州书》："临蒸且莫叹炎方，为报秋来雁几行。"据此，则王水照的第二种解释亦可通。而将苏词中的"为报"解释为"为我报知"，不仅从语言学上讲释义更为妥当，也更能表现出词人意气风发的豪情。所以，统编教材中此句注为："为我报知全城百姓，使随我出猎。"而前述钟振振的文章中，还曾就该句提出过另一种见解，他虽也赞同"为报"是告诉、通知他人之意，但认为"倾城"是指美人，即宋代州府所置侑酒的官妓。此解颇为新颖，从文学研究的角度看，可备一家之说，但这种个性化的解读并非学界的共识，也不足以推翻故训，故不宜为教材所采纳。

2. 存在较大争议的歧解，择定一说作注，在教参中说明他解

当古诗文中的词句具有两种或多种解释，诸说皆可通，而各种说法之间又存在较大争议时，可选择其中更为传统、通行的一种说法作为教材的注释。同时利用教参列出其他解释，供教师在教学中参考。如七年级下册《木兰诗》前四句“唧唧复唧唧，木兰当户织。不闻机杼声，唯闻女叹息”中的“唧唧”，是一个拟声词，历来有三种解释，一指叹息声，二指织机声，三指虫鸣声，又以前两说争议最大。其中，前一说根据上下文语境，认为这几句是写木兰停机长叹，“唧唧”即指木兰的叹息声。后两说则是从乐府民歌的诗体出发，认为乐府诗首句通常采用比兴的手法，故“唧唧复唧唧”句具有起兴的作用，由此转入对木兰在织布机前叹息的描写。三种解释，文意皆可通，亦都合情合理。不过大多数学者，如朱东润、余冠英、张燕瑾等，都倾向于第一种解释，郭在贻更举出《洛阳伽蓝记》卷四《法云寺》中“京师士女……咸皆唧唧”诸语，及白居易《琵琶行》诗句“我闻琵琶已叹息，又闻此语重唧唧”等多例，证明古籍中常以“唧唧”表叹息声。教材注释注重释义的稳妥可靠，一般倾向于选择学界普遍认同或较为通行的成说，故此处的“唧唧”注为“叹息声”。考虑到关于该词的解释，长久以来存有较大争议，教参中对三种说法都做了疏解，并指出“诗无达诂，合乎情理合乎文意即可”。“唧唧”一词的不同释义，并不影响对诗句大意的理解，也不具有较高的知识价值，故教材注释中无须胪列异说。而在教参中辅以相关说明，可在一定程度上避免歧解引起的纷争，教师也可在教学中适当引导学生从不同的角度理解诗歌开头所描述的场景。

3. 诸说皆通且有益于教学，在注释中列出两说或多说

当同一词句的两种或多种解释都通，训诂上也有据可依，不容易判断哪一种更符合作者的原意，并且了解异说有助于语言文化知识的学习，又能拓展学生的思维时，则可在注释中适当列出两说或多说。特别是由一词多义现象所导致的歧解，往往对学生学习、积累古汉语词汇有积极的作用，因此具有一定的教学价值，教材中宜注出异说。如七年级上册《论语·学而》："曾子曰：'吾日三省吾身：为人谋而不忠乎？与朋友交而不信乎？传不习乎？'"其中的数量词"三"，在古书中有实数和虚数之别。清人汪中《述学·释三九》云："生人之措辞，凡一、二之所不能尽者，则约之三，以见其多；三之所不能尽者，则约之九，以见其极多：此言语之虚数也。实数，可稽也；虚数，不可执也。"《论语》中多有以三言多之例，如："季文子三思而后行。""令尹子文，三仕为令尹，无喜色。三已之，无愠色。"（《公冶长》）"三"字皆不必落实。而此句中的"三省"，因其后所举的内容恰为三个方面，故理解为实指亦有道理。统编教材中注为："三，泛指多次。一说，实指，即下文所说的三个方面。"正是表明"三"既可虚指，又可实指。此处胪列两说，有利于学生掌握古诗文中相关数量词的用法，懂得辨别其虚实之用，可以起到举一反三的效果。

四、教学中如何看待古诗文的歧解现象

现行统编语文教材中的注释，对于存在歧解的古诗文词句，基本都按上述原则与方式处理，而且充分利用教参，对相关的各种解释做出适当的说明，供教师作为教学的参考。由于很多古诗文的歧解由来已久，学界尚难有定论，而教材注释的内容和功能又有限，所以常见的情形就是，在教材注释中择定一说，另于教参中说明他解。如前文所述陶弘景《答谢中书书》题中的“谢中书”到底是谁，虽然当代学者提出了多种新见，但由于缺乏有力的证据，难以完全推翻他说，教材注释仍然选择了流传较广、更为传统的说法，将“谢中书”注为“谢征”。而教参中则简要提及其他三种说法，并且指出，教师对此略加了解即可，教学中不必细究。就这篇文章的学习来说，谢中书指谁，文中描绘的山水在何处，都不是主要的问题，重点在于把握作者所描绘的景物特点，学习文中写景的技法，体会作者热爱自然、寄情山水的情感与志趣。所以教学中应当抓大放小，此处按教材注释讲解即可，无需触碰学界有争议的细节问题。

一般来说，教材中选定的解释是相对权威、通行的，但这也并不意味着教材中的注释就是最好的。从文学欣赏的角度看，不同的解释在艺术上的优劣往往见仁见智，若再综合考虑训诂、语用等因素，有些说法仍有可商榷的

空间。

如八年级上册李清照《渔家傲》词是一首记梦之作，词中充满了浪漫丰富的想象，并多处化用典故。关于开头两句“天接云涛连晓雾，星河欲转千帆舞”所描写的景象及其中“云涛”一词的含义，有两种不同的解释。一说云涛是形容云似波涛翻滚，这两句是写天上的景象。如朱东润主编《中国历代文学作品选》注：“天接二句：谓夜色将尽的时候，满天云雾中，微露曙光，天河渐转，意想中如千帆飞舞。”另一说认为云涛指海涛，开头两句是写拂晓时候海上的景象。如徐培均《李清照集笺注》注曰：“云涛：指海涛。”夏承焘也认为，“‘天接云涛’两句用‘接’‘转’‘舞’三个动词，来写海天动宕的境界”。两说从语意上皆可通，教材注释即兼采两说，注为：“如波涛翻滚的云。一说指海涛。”按统编教材的注释常例，教材编者似乎更倾向于前一种说法，教参中对课文的研读也是依照这一思路理解，同时提供了按后一说解读《渔家傲》的赏析文字作为参考资料。

然而考察古人用语情况，“云涛”一词大约产生于魏晋南北朝时，如《艺文类聚》选晋曹毗《观涛赋》曰：“瞻沧津之腾起，观云涛之来征。”这里的“云涛”便是用来形容翻飞着白浪的波涛。到唐宋时期，“云涛”已成为诗文中的常见意象，基本也都用来指海上或江上的波涛，而非指云。例如：

孟浩然《宿天台桐柏观》:“日夕望三山，云涛空浩浩。”

韩愈《贞女峡》:“悬流轰轰射水府，一泻百里翻云涛。”

白居易《海漫漫》:“海漫漫，直下无底旁无边。云涛烟浪最深处，人传中有三神山。”

皮日休《重送圆载上人归日本国》:“云涛万里最东头，射马台深玉署秋。”

苏轼《过莱州雪后望三山》:“参差太华顶，出没云涛堆。安期与羡门，乘龙安在哉。”

苏轼《中山松醪赋》:“遂从此而入海，渺翻天之云涛。”

苏轼《与王庆源十三首》之五：“寓居官亭，俯迫大江，几席之下，云涛接天，扁舟草履，放浪山水间。”

黄庭坚《赠惠洪》:“月清放舟舫，万里渺云涛。”

释惠洪《二月大雨江涨晚晴作三首》(其一):“春寒作意搅吟魂，欲出云涛已溅门。”

陆游《暮秋遣兴》:“如虹壮气终难豁，安得云涛万里舟！”

以上不少诗句还化用了“三山”的典故。所谓“三山”，指传说中的蓬莱、方丈、瀛洲三座海上仙山。《史记·封禅书》云：“此三神山者，其传在勃海中，去人不远；患且至，则船风引而去。盖尝有至者，诸仙人及不死之药皆在焉。其物禽兽尽白，而黄金银为宫阙。未至，望之如云；及到，三神山反居水下。临之，风辄引去，终莫能至云。”因三山在海中，故相关诗句中的云涛自然指海涛。而李清照《渔家傲》词的末句恰也运用了“三山”的典故：“风休住，蓬舟吹取三山去！”以海上仙山为其归宿。

按此说法，从内容上看，词的上片是由海上写到天上。古人传说天河与海相通，晋张华《博物志》中就记载了居于海渚之人乘槎浮海而至天河的轶事。李清照由海上乘船的所见所感，想象来到天帝的住所，其实也暗用了这一典故。上片末二句写天帝的问话，下片则是词人的回答。她的思绪借由《庄子·逍遥游》中“水击三千里，抟扶摇而上者九万里”的大鹏，又从天上重回海上，结尾的典故正与开头的描写相呼应。若“云涛”指云，开头两句便是描写天上云海茫茫的景象，那末句的“蓬舟”与“三山”便都缺少了对应，似乎作者只是任由想象驰骋，上天入海，整首词的结构看起来也不那么缜密。而且“天接云涛”一语中的“接”字似乎不太好理解，按理说应是天上的白云相接，而非天与云相接。而将“云涛”释为海涛，整句就不难理解了，表现的是晨雾中海天相接的场景。上引苏轼文句中亦有“云涛接天”之语，也是表现波涛汹涌、江天一色的景象。所以，从宋人的用语情况和本词的内容结构上看，将“云涛”解释为海涛似更确切。

此处“云涛”一词的歧解，造成了这首词上片描写意境的差异，因此既有语言知识价值，又有文学欣赏价值，教材注释中列出两说，也有其合理性。在教学中，教师可以引导学生依照课文注释，感受两种说法所表现的景象的不同。至于两说之间的优劣，学生可以根据自己对文本的理解，有不同的看法。教师无须将学界的相关研究端给学生，对于词中所用典故和作者创作的背景，也不必做过深的讲解，而重在让学生涵泳品味词作想象的雄奇，通过不同意境的比较，锻炼审美能力和思维能力，进而把握整首词所描绘的梦幻境界，体会作者寄寓其中的情感，以及本词独特的艺术风格。

多数情况下，个别词句的歧解对于理解诗文大旨并没有太大的影响，特别是有些古诗文的歧解，并不涉及具体词句的含义，而是关乎作品的写作背景、对文本内涵的理解等，教材中的注释也可以尽量避开学术争端，不必只取一家之言，而采用一种相对折中的方式作注。如七年级上册“课外古诗词诵读”板块选有李商隐诗《夜雨寄北》:“君问归期未有期，巴山夜雨涨秋池。何当共剪西窗烛，却话巴山夜雨时。”关于诗题中的“寄北”，一直有两种解读。一种认为诗是作者寄给妻子的，一种则认为是寄给友人的。教材取前一种说法，“寄北”的注释为：“当时诗人在巴蜀，妻子在长安，所以说‘寄北’。”将本诗理解为一首寄内诗，实际上是受了不同版本异文的影响。这首诗的诗题正有作“夜雨寄内”一说。清冯浩《玉谿生诗集笺注》谓“《万首绝句》作《夜雨寄内》”，他虽然对题作“寄内”存疑，但仍认为这是一首寄内诗，作于李商隐游巴蜀之时。而明嘉靖十九年（1540）刊本《万首唐人绝句》亦题作“寄北”，现存李义山诗集诸旧本，仅明姜道生刻《唐三家集》本作“寄内”，其他各本均作“寄北”。“寄内”这一异文似不足为据。经刘学锴考证，本诗大致应作于李商隐滞留梓州柳仲郢幕期间，而李商隐入梓幕前，其妻已逝，故本诗并非寄内。教材虽然选用了诗题为“寄北”的底本，但对诗意的解读，却是题为“寄内”的思路。而就整首诗所传达的旨意来看，无论是寄妻子，还是寄友人，都不影响对诗意的理解。此处若将“寄北”注为“寄给北方的亲友”，似更为稳妥。而中学生在阅读这首诗的时候，则不必拘泥于“寄北”的对象究竟是谁，关键在于体会诗人所表达的思归之情，以及本诗时间与空间回环对照的意境之美。

总的来说，由于主客观方面的各种原因，古诗文存在歧解是很正常的，读者应当正确看待古诗文的歧解现象。一般而言，大多数诗文中存在歧解的词句并不会影响对诗文大旨的理解。如陈永正《诗注要义》中所言，“大多数诗歌，古往今来各家的解释、评论是一致的或大体相近的。多数诗歌，其言中之意，意中之言，是可以发而明之，没有太多歧见的”，“诗人的原意，也许真的是难以确知，求同存异，大多数读者对其诗歌所持有的相近的理解和释读，也许就可算是‘达诂’了”。对教材编者来说，为了更好地发挥教材注释的助读功能，消除读者不必要的误解，应力求注释的稳妥、可靠，面对歧解问题，尽量择定一说，遇到争议较大的问题，可在教参中说明异说，有时出于教学需要，亦可在注释中适当胪列异说。对广大师生来说，古诗文的教学则无须拘泥于个别词句的歧解，关键在于借助注释理解诗文内容，培养文言阅读能力。在教学中，教师也可以根据学生的实际情况，合理利用教参，适当引入歧解，锻炼学生的审美能力和思维能力。

（原载 2023 年第 2、3 期《语文学习》，作者系中华书局文学编辑室编辑）

《资治通鉴纲目》:《三国演义》成书的重要一环

刘胜利

《三国演义》是一部历史演义小说，就其成书而言，其史实大多取材自陈寿的《三国志》，如今这已经成为一个文学常识。对于这个说法，笼统来说不存在争议，但细究起来，还是有些问题的。《三国志》是纪传体断代史书，《三国演义》从史书体裁角度来说，属于编年史。显然，《三国演义》不是直接取材自《三国志》，其中有一个重要的环节，那就是朱熹的《资治通鉴纲目》。

朱熹的《资治通鉴纲目》在多个方面对《三国演义》的成书有着重要的影响，以下从正统论思想、结构框架以及文体三个方面，对这个问题进行探讨。

一

将《三国演义》与《三国志》对读，可以发现两书有一个很大的差别，那就是《三国演义》持拥刘反曹立场，以蜀为正统，而《三国志》则以魏为正统。显然《三国演义》的正统论思想不是来自《三国志》，而是另有来处。要厘清这个问题，则必须从《资治通鉴纲目》说起。

《资治通鉴》全书共二百九十四卷，因篇幅过大，人们“领其要而及其详”，编撰了一批便于阅读的衍生作品，朱熹的《资治通鉴纲目》是其中影响最大的一种，这种影响是多方面的。

尽管朱熹在该书《序例》中说自己“姑以私便检阅，自备遗忘而已”，然而他的真实目的是“岁周于上而天道明矣，统正于下而人道定矣，大纲概举而监戒昭矣，众目毕张而几微著矣”。《资治通鉴纲目》即是他在这种思想指导下删削、增、改《资治通鉴》而成。与《资治通鉴》重史实的剪裁和考辨不同，朱熹走了一条辨理之路，他效法《春秋》笔法，寄寓深意，阐发他的义理之说。

其中尤为值得关注的是其“正统论”思想。朱熹“正统论”思想首先体现在该书的凡例之中。他将不同政权划分统系，即正统、列国、篡贼、建国、僭国、无统、不成君小国几类，以辨正朔，增损隐括，以使“天道明”，“人道定”。其纪年文字有大字和小字的分别。大字是朱熹认可的正统帝王纪年，小字则为非正统政权纪年。

在朱熹看来，正统的王朝有七个：周、秦、汉、晋、隋、唐、宋，其余的则为非正统、无统王朝。曹操挟天子以令诸侯，曹丕则更是取而代之，建立曹魏政权，这无疑是乱臣贼子之举，朱熹即将其划归为僭国之属，不认可其正统地位；刘备有宗室血脉，有挽刘汉王朝崩颓的复国行为，有正统地位。在书中蜀汉政权为大字纪年，魏、吴皆为小字纪年，体现了《纲目》“尊刘贬魏”的《春秋》笔法。

从具体行文的一些特殊用语也可看出朱熹的正统思想。如“建安元年秋，曹操迁帝于许，自为大将军”，“自为”二字强调的是僭越、不合法；再如建安二十五年（220）冬十月，“魏王曹丕称皇帝”，昭烈皇帝章武元年，“夏四月，汉中王即皇帝位”，自此对魏文帝曹丕一直称其为魏主，而对蜀汉刘备则以“帝”相称。《资治通鉴》中有关蜀汉“寇魏”的字眼，朱熹全部改为“伐魏”，至于曹魏的“伐蜀”，则修改为“寇汉”。一字之差，正统思想体现得非常鲜明。

《资治通鉴纲目》面世后，被奉为“史中之经”，受到历代王朝的重视，影响深远。其“尊刘贬魏”的正统论思想也逐渐被民间普遍接受，进而影响到三国题材的各类文艺作品，包括小说、戏曲、说唱等，这可以从宋元时期的通俗文艺作品中看出来。罗贯中在创作《三国演义》时，自然而然地接受了这一思想，将“尊刘贬魏”作为整部作品的基调。

这种思想的变化会影响到人物形象的塑造，只要将

《三国演义》和《三国志》中有关曹操的描写放在一起对读，就可以很明显地看出这一点。

陈寿在《三国志》中的基本态度是尊曹，曹操列在《武帝纪》里，刘备则列在《先主传》里，一为本纪，一为列传，身份迥异。在《三国志》中，曹操的称谓是“太祖”、“魏武帝”、“魏公”、“曹公”，刘备则是“先主”、“刘备”或“备”，尊卑判然有别。罗贯中创作《三国演义》，为贯穿“尊刘贬魏”的正统论，将曹操设定为一个“宁教我负天下人，休教天下人负我”的一代奸雄形象，奸诈无信，自私残忍。刘备则被设定为中山靖王之后、汉景帝玄孙，以当朝天子皇叔身份行事，奉为“勿以善小而不为”的一代仁义之君。作品回目直接用“废献帝曹丕篡权”、“汉中王成都称帝”这样的字句。

《三国演义》为强化曹操奸雄的形象，将一些来源于《三国志》的素材做了相应的增补修饰或细节剔除的处理。如曹操误杀吕伯奢全家，此事见于《魏书·武帝纪》及裴注引《魏书》《世语》。《资治通鉴》未收录，《三国演义》因此事件能体现曹操残忍的一面，就吸纳进来，渲染铺陈，烘托曹操“宁教我负天下人，休教天下人负我”的奸雄人设。再如“借头欺众”这一情节，见于《魏书·武帝纪》注引《曹瞒传》，罗贯中选用此事并做了增饰。再比如“祢衡裸衣骂曹”这一情节，《三国志》未有记载，罗贯中为创作需要，从《后汉书》中补充进来，并做了增饰。

以往人们往往强调《三国演义》取材自《三国志》，而忽略了两者的差别，要了解《三国演义》的成书过程，不能忽略了朱熹《资治通鉴纲目》这个重要环节。

二

《三国演义》从东汉党锢之争、宦官弄权讲起，到司马氏天下归晋，描写了120年左右的历史风云，人物、事件纷繁。罗贯中是如何组织这些错综复杂的历史材料的呢？

前文说过，《三国志》属纪传体断代史，《三国演义》则属于编年体。尽管《三国演义》取材自《三国志》及裴松之注，但就文体而言，《三国志》显然不能为《三国演义》直接提供故事构架和叙述方式，从这个角度来说，《资治通鉴纲目》对《三国演义》的影响更大，也更为直接。《资治通鉴纲目》采用编年体，以年代为线索编排史实，依纪年展开叙事，以时间方式推演事件发展，条理分明，轮廓清晰。《三国演义》明代刊本书名多有“按鉴”二字，显然其所按之“鉴”应该是《资治通鉴纲目》。在此方面，《三国演义》得益于《资治通鉴纲目》者颇多。

将《资治通鉴纲目》的标目与嘉靖本《三国演义》放在一起对读，可以发现《纲目》标目与嘉靖本有八十一处对应，这说明罗贯中在创作小说时大量史实直接取自《资治通鉴纲目》，而并非《三国志》。比如《资治通鉴纲目》有"（汉灵帝建宁二年）夏四月，青蛇见御座上……（光和二年）夏四月，寺中侍雌鸡化雄"一条，《三国演义》开篇叙述东汉末年王朝大厦将倾时的乱象，也提到了《纲目》中所提及的异象；《纲目》汉献帝初平二年（191）二月有"孙坚进兵击卓，卓败，西走。坚入洛阳，修塞诸陵而还"一条，《三国演义》"匿玉玺孙坚背约"中也有孙坚驱军先入，屯兵城内，设帐于建章殿基上的情节。《纲目》同年十月"袁术使孙坚击刘表，表射杀之"一条，《三国演义》"袁绍磐河战公孙，孙坚跨江击刘表"部分也有孙坚讨伐刘表，遭林中乱箭射杀，死于岘山的情节。这样的例子还有很多，这里不再一一列举。

将《资治通鉴纲目》的内容与《三国演义》的情节进行对读不难发现，两书在历史事件时间顺序的叙述上保持高度一致。《三国演义》编年的痕迹较为明显，在一些重要的时间点上，会直接标注纪年，比如开篇即云"建宁二年四月望日，帝御温德殿"，其后还有"中平六年夏四月，灵帝病笃"，"六月，何进暗使人鸩杀董后于河间驿庭"，"九月朔，请帝升嘉德殿，大会文武"等，即便是小说人物中的退场顺序，也和《资治通鉴纲目》的时间顺序保持一致。

当然，小说毕竟不是历史，它往往会根据表达的需要进行艺术层面的提炼与加工。罗贯中创作《三国演义》时，并非简单照搬《资治通鉴纲目》，而是对其中的一些史实进行了筛选，并在其基础上进行艺术化的处理。以关羽败走麦城为例，《三国演义》与《资治通鉴纲目》重合的情节有如下八处：一、刘备汉中称王，命关羽攻打樊城；二、关羽得襄阳，赏军抚民；三、孙权为试探关羽，派人说亲；四、曹魏征援曹仁，派遣于禁；五、于禁被擒，斩杀庞德；六、吕蒙易服潜行，夺下荆州；七、魏、吴两军夹击，关羽败走麦城，求救糜芳、士仁，糜芳、士仁不出手援救；八、吕蒙擒拿关羽父子，关羽父子被杀。两相比较，《三国演义》基本上是按照《资治通鉴纲目》所提供的结构框架来叙述关羽败走麦城这段故事的。与此同时，《三国演义》为了增加悲剧色彩，渲染英雄末路的悲情，又增加了一些《资治通鉴纲目》中没有的细节，如孙权得知关羽讨伐樊城，开战前与诸大臣谋划；关羽为攻下樊城，水淹七军；关羽受箭伤，刮骨疗毒；荆州失守后，刘封、孟达拒不援助等。

《资治通鉴纲目》为《三国演义》提供了故事框架和叙事结构，这是罗贯中创作的一个重要起点，在此基础上，罗贯中妙笔生花，成就了一部传世名著。

三

朱熹编纂《资治通鉴纲目》有一个很大的创新，那就是开创了一种纲目体，这种纲目体有助于历史知识的普及，也对中国古代小说特别是历史演义小说产生了较大的影响。

朱熹所创的“纲目体”是“纲”和“目”相结合的一种叙事方式。所谓“纲”，为史事概要，在书中用大字书写；所谓“目”，为史事详情，在《纲目》中用双行小字书写。先提炼大纲，再详细记述具体内容，正所谓“纲举目张”，叙事条分缕析，简明扼要。前文谈到这种纲目体对《三国演义》故事框架和叙事结构的影响，这里再谈谈其对《三国演义》文体即章回体的影响。

《资治通鉴纲目》先“纲”后“目”的叙事方式对章回体小说体制的形成具有一定的启发和借鉴意义，两者具有一定的血缘关系。将《三国演义》的回目与《资治通鉴纲目》的标目对比可以发现，两书相对应的八十一条，标目长，回目短，但内容上则是基本一致的。如《资治通鉴纲目》“李傕、郭汜等举兵犯阙，杀司徒王允，吕布走出关”一条，嘉靖本《三国演义》这一节内容出现在第十八则，标目为“李傕郭汜寇长安”；《纲目》“陶谦卒，刘备兼领徐州”，《三国演义》第二十三则标目为“陶恭祖三让徐州”；《纲目》有“（二年）春正月，曹操败吕布于定陶”，《三国演义》第二十四则标目为“曹操定陶破吕布”；《纲目》有“曹操迁帝于许，自为大将军，封武平侯”一条，《三国演义》第二十七则标目为“迁銮舆曹操秉政”;《纲目》有“(五年)春正月，操杀车骑将军董承，遂击备，破之，备奔冀州”一条,《三国演义》第四十八则标目为“玄德匹马奔冀州”;《纲目》有“六年，夏四月，曹操击袁绍仓亭军破之”一条,《三国演义》第六十一则标目为“曹操仓亭破袁绍”;《纲目》有“夏五月，操引还，备遂取汉中”一条,《三国演义》第一百四十三则标目为“刘玄德智取汉中”。根据对比可以发现,《三国演义》的回目系根据《资治通鉴纲目》的标目而来，将其改写成整齐的七字短句。《三国演义》明代刊本的回目尽管还没有定型，但它对章回小说体制的形成具有“奠定意义”。

其后毛宗岗父子点评《三国演义》，对小说回目进行重新创作，如凡例中所说：“俗本题纲，参差不对，错乱无章；又于一回之中，分上下两截。今悉体作者之意而联贯之，每回必以二语对偶为题，务取精工，以快阅者之目。”经毛氏整理过的《三国演义》，每卷回目两两对应，为整齐的八字句或七字句，题旨鲜明，生动传神，将《三国演义》回目对偶的形式美发挥到极致。

通过上述三个方面的介绍和分析，可以看到《资治通鉴纲目》一书在《三国演义》成书过程中所起的重要作用。可以说，该书是从《三国志》到《三国演义》之间的一座桥梁，不了解这一点，对《三国演义》中的很多问题会感到困惑。由此也可以看出,《三国演义》的成书是相当复杂的，一部名著的诞生并非一蹴而就，而是有一个复杂的孕育过程。

（原载 2023 年第 12 期《文史知识》，作者系中华书局经典普及出版中心编辑）

从嘉祐到元祐：苏轼如何成为北宋文坛的新盟主

田苑菲

一门父子三词客，千古文章六大家

在四川眉山的三苏祠中，楹联林立，其中大门两侧有一副清人题写的对联，历来被奉为大雅："一门父子三词客，千古文章四大家。""三词客"当然是指苏洵、苏轼、苏辙，"四大家"则有两种说法，或指唐宋古文大家韩愈、柳宗元、欧阳修和苏轼，或指宋代的欧阳修和三苏。然而，若我们回到三苏的时代，为那段群星璀璨的文学史题写一句介绍词的话，那么这两种说法或许都不如"六大家"更为周全。在唐宋八大家中，除去唐代的韩、柳，宋人独占六席，即欧阳修、苏洵、苏轼、苏辙、王安石和曾巩，故后世专有"宋六家"之称。更为巧合的是，这六位文学巨星活跃于几乎同一时代，乃至笔墨文字多有往来应和，人生轨迹也相互交织印证，不能不说是历史之幸。

宋真宗大中祥符二年（1009）苏洵出生的那一年，众多在后世赫赫有名的人物也刚刚开始他们的人生。梅尧臣 8 岁、富弼 6 岁、文彦博 4 岁、张方平 3 岁、欧阳修 3 岁、韩琦 2 岁，范仲淹年齿稍长，也不过是 21 岁的青年。这一年看似平平无奇，真宗皇帝刚刚因为“天书”现世而改元封禅，皇位的继承人尚要等一年后才降生，“宋六家”中另外几位后进还没有步入历史，王朝的一系列政治风暴也还未在地平线上酝酿成型。

而若再将时间的指针快速拨几圈，直接移至半个世纪之后，到了宋仁宗嘉祐二年（1057）贡举那张赫赫有名的“龙虎榜”，名列其中的“大人物”则几乎满目皆是了。孔凡礼在《三苏年谱》中为这一榜上与苏轼、苏辙同年而以后交往者列了一张大名单，包括了多位日后活跃于北宋政坛、文坛及思想界的代表，例如与二苏共同撑起“宋六家”半壁的曾巩，理学大家程颢、张载，在日后与二苏成为政敌的吕惠卿、曾布、朱光庭，还有也参加了考试却放弃名次的章惇，他们在这一刻与年轻的二苏兄弟一同将自己的名字正式写进历史。

这一年精英云集的进士科考试，主考官是欧阳修。后人多将欧阳修奉为北宋第一位文坛“盟主”，将他和众多门生组成的进士集团称为“欧门”，事实上在当时，这位盟主对自己的地位也颇有一些自觉意识。北宋的士大夫无论在政治立场还是文学创作上都已建立起对群体的认同感，当代“文坛”这个颇具现代性的概念已在他们心中成型，而欧阳修就是以一种为自己选拔继任文坛盟主的心理来赏识苏轼的。他在与好友梅尧臣的信中谈到自己初读苏轼文章的感受：“不觉汗出，快哉，快哉！老夫当避路，放他出一头地。可喜，可喜！”甚至直言要将大旗交予这位后辈：“我老将休，付子斯文。”

在欧阳修对“大苏”“一见倾心”之前，这位老盟主曾先与“老苏”苏洵相识结交。嘉祐元年（1056），苏洵携带张方平的推荐信，偕二子从四川进京拜见欧阳修。二人相见后，一介布衣的苏洵得到欧阳修的大力赞赏，并受其荐举出任官职，由此在京城士人之中声名日重。这一年十月，苏洵参加了一场由欧阳修主持的饯行会，并和同样与会的王安石、梅尧臣相识。

事实上，在苏轼之前，欧阳修最先看好的继任旗手是曾巩和王安石。欧阳修曾对人夸耀曾巩：“过吾门百千人，独于得生为喜。”甚至在阅卷时读到苏轼的文章，喜爱之余也以为是曾巩所作。王安石较曾巩略年少，嘉祐初年尚属青年才俊的他已在士大夫之中享有了极高的知名度。欧阳修曾以李白和韩愈为目标期许这位颇具大手笔的后辈，不过王安石真正的志向并不在写诗作文，盟主大旗也就没能转手。

在嘉祐元年的那次聚会上，欧、梅、王、苏分韵赋诗，安石似有与苏洵相较量之意，无论是否真如后人揣测王、苏初见便已嫌隙暗生，后来的“拗相公”与三苏父子跨越数十年的矛盾纠葛，也都是后话了。而年纪最长、与欧阳修同为前辈诗人的梅尧臣，则与三苏保持了一生的交情。有这样一桩往事：苏洵曾为收藏于眉山家中的木假山作记作诗，嘉祐初年苏氏父子在京期间，这些文字为梅尧臣所见，于是他也为苏洵的木山作诗一首。30 余年后的元祐三年（1088），苏家后人又从蜀中带来了新得的木山，睹物思人，苏轼和苏辙回顾了当年的往事，而此时梅尧臣和苏洵都早已不在人世了。

世未之知，轼独先知

在苏轼从欧阳修手中接过大旗，逐渐成为获得大多数时人认可的新任文坛盟主的过程中，老一辈诗人渐次凋零，新的文学明星也在不断涌现，文艺界的聚光灯从“欧门”移向了“苏门”。“苏门六君子”之一的李廌在《师友谈记》中记录了苏轼曾这样叮嘱他的门生们：“文章之任，亦在名世之士相与主盟，则其道不坠。方今太平之盛，文士辈出，要使一时之文有所宗主。昔欧阳文忠常以是任付与某，故不敢不勉。异时文章盟主，责在诸君，亦如文忠之付授也。”和前任盟主欧阳修一样，苏轼也以传承当代文学统系为己任，并将继续沿着导师开辟的道路提携后进，直到下一位文坛领袖应运而生。在“苏门”诸君中，最核心也最耀眼的自然是由黄庭坚、秦观、张耒、晁补之组成的“苏门四学士”。

与“欧门”以嘉祐二年贡举为中心不同，苏轼和“四学士”的交往过程是层累渐进式的，他与这四人并非相识于一时一地，甚至在元祐之前都是单线联系。黄庭坚是李常的外甥和孙觉的女婿，这两位在当时都是名士，苏轼早在见到黄庭坚其人之前，就曾在李常和孙觉处读到他的文字，并惊叹为“精金美玉”，更称赞作文之人“超逸绝尘”，“非今世之人”。黄庭坚的兄长黄大临也早与苏辙交游，但庭坚本人仍未与二苏直接来往。直到元丰年间，黄庭坚主动给倾慕已久的苏轼写信，并随信附诗，反复表达了自己追随这位文坛领袖的意愿。苏轼亦有书与诗回报，于是二人自此正式定交。同样，秦观早在与苏轼见面之前，他的《黄楼赋》等诗文就先得到了苏轼的赞赏，后来曾与苏轼同游惠山、松江等地，在苏轼谪居黄州期间也多有书信往来。张耒则有所不同，在二苏之中他最先认识的是苏辙。早在熙宁年间苏辙在陈州任学官时，游学到此的张耒就与苏辙相识，之后才为苏轼所知，即先为“少公之客”，后入长公之门。晁补之和苏轼的交游始于杭州。熙宁时苏轼在杭州任通判，晁补之的父亲晁端友在附近的新城县为令，补之由此得以携文章拜见苏轼。

在熙宁、元丰年间，“四学士”和苏轼的交游就如同一条条在各自的人生轨道上独自运行的细线，而到了元祐元年（1086），诸位师友终于在京师会晤，这些始于不同时地的长线也得以汇聚交织成网络。这一年的十一月，已任翰林学士的苏轼在学士院召试馆职，将黄庭坚、张耒和晁补之都选拔为集贤院和秘书省等馆阁机构的官员，秦观也于几年后进入秘书省，“四学士”之名自此成为美谈。苏轼也颇以自己能够慧眼识人为荣：“如黄庭坚鲁直、晁补之无咎、秦观太虚、张耒文潜之流，皆世未之知，而轼独先知。”

元祐和声入管弦

文学史上曾有“三元”之说，即诗歌创作的三个高峰分别为“上元开元，中元元和，下元元祐”。前两“元”是以李杜元白等大诗人为代表的盛唐和中唐诗坛，第三“元”则或许“小众”了些，对应的时代是宋哲宗元祐年间。与前两个时代不同的是，若要在元祐时期的文学舞台上选出一位主角，那么当之无愧的应为一个群体，即苏轼和他的“苏门”。元丰八年（1085）三月主持“新法”的神宗皇帝驾崩后，在元祐更化、“旧党”还朝的新局势下，苏轼和苏辙于当年年底和次年年初先后从贬所返京，此后8年中，“四学士”等“苏门”成员也大多在京任职，因而多数时间得以齐聚一堂，雅集赋诗。据统计，元祐年间，以苏轼为核心的文人集会多达近70次。

早在晋代的金谷集、兰亭集，文人雅集就一直是诗歌唱酬的重要场合。谈起元祐文学，更不能不提“苏门”的集会唱和。除了著名的西园雅集和传世名作《西园雅集图》之外，另一次留下大量诗作的是王园雅集。王园位于开封城南，当时的主人是王棫。元祐二年（1087）盛夏的一天，黄庭坚、张耒、晁补之、李公择等人来到这里聚会赏景，作诗唱酬。数十日后，苏轼也来到王园，读到张耒此前聚会时所作“漱井消午醉，扫花坐晚凉，众绿结夏帷，老红驻春妆”之句，黄庭坚当日即对此赞赏不已，于是这位现任文坛盟主也不禁感叹，这是不食人间烟火的人才能写出来的诗句。读到这里，我们很自然地会想到黄庭坚也称赞苏轼在黄州定惠院所作《卜算子》（缺月挂疏桐）为“不食人间烟火之语”，而此刻非彼时，张诗与苏词自然也是两种截然不同的意境了。

元祐年间在京期间，苏轼和他的门生好友们曾多次在王园里赏花饮酒、谈诗论艺，当时这座园子的少主王直方由此听闻不少闲谈轶事，并在日后逐条辑录为诗话，千年后读到，仍不难想见当年师友欢聚的赏心乐事。

“苏门”诸公在元祐年间多在朝担任馆职和词臣，这让他们除了一般文人的园林宴集之外，在一些特殊的工作场合也有机会聚会，其中比较典型而独特的就是“锁院”。这是科举考试中的一项保密制度，即官员一经任命为考官后，在考试期内必须留宿于试院中，期间不得随便出入，也不准与外人来往。元祐三年（1088）的省试，时任翰林学士知制诰的苏轼领贡举事，孙觉、孔文仲、黄庭坚等“苏门”成员担任考官。此时距离嘉祐二年（1057）欧阳修主持的那一届，已经过去30年了。

这次一同参与锁院的官员中，李公麟是著名画家，于是在漫长的“被动”集会中，众人在出题和阅卷外，还曾多次前往公麟处观画。三月初的一天，长达数十日的锁院接近尾声，苏轼和黄庭坚等人一同到访时，李公麟正身体不适，于是信手画马来解闷，苏、黄二人见此画都有所感慨，各自作诗。此时他们几人在试院中闭锁已久，精神上难免疲乏苦闷，而眼前的骏马似乎为这种郁闷提供了一个出口，引导诗人的思绪冲破当前俗务的藩篱，遥想广阔的自然天地中春光正好，似乎己身也能扬鞭奋蹄，奔到城外去踏青寻春了。

另一次体现苏轼在元祐文坛号召力的是围绕武昌西山的一场大型唱和活动，其跨越时空之广、涉及人数之多，在整个北宋的诗歌唱酬中都是少见的。

它的起因是元祐元年（1086）十一月，苏轼在考试馆职期间，和一同担任考官的邓温伯偶然聊起一段旧事：邓温伯曾在嘉祐年间担任武昌县令，期间经常游览附近的景点寒溪西山；苏轼元丰年间谪居黄州，与武昌相距不远，也曾常常往来于西山。如今二人在学士院相遇，苏轼有感而作诗，并邀请邓温伯同赋。

这本源自二人的私人经历，没想到一经苏轼写出，主动跟随而作次韵诗的人数远超想象，其中既有苏辙这样也曾实地造访西山之人，不曾亲身践履的黄庭坚、张耒、晁补之亦从苏轼诗中生发出感慨，最后应和者竟超过30人。更难能可贵的是，这种应和并非强制，甚至也无人邀请，纯然是“同声相应”者自发的参与。

当然，他们响应的对象自然是苏轼，是对苏轼这段人生际遇的体认——从熙宁、元丰间奔波四海、谪居一隅，到如今端坐玉堂、齐聚话旧。“山川悠远莫浪许，富贵峥嵘今鼎来”，黄庭坚这样写道，这既是对苏轼遭际的现实描写，也是身处元祐元年“更化”之始的诗人在这个特殊的时间节点，对这些年中荣辱更替、沉浮变幻的总结与感悟。

这种感悟既非独属于苏轼，更非黄庭坚一人所有，事实上代表了一个群体的心声。从嘉祐到元丰，再到如今的元祐，短短30年间政治局势几经剧变，见证乃至经历这一切的人们，怎能不心生对置身漩涡中遇合不定的士人命运的慨叹，对师友辗转江湖重登庙堂的欣慰，以及在局势转好的背景下对未来的期许？对于黄、张、晁来说，相通的精神境界使他们不必到过武昌，也能神游溪山之间，感受到生命体验的共鸣。于是，时空的鸿沟得以淡化，个人记忆似乎变成了群体记忆，一个小小的话题演变出普遍性的感悟，具有了“诗可以群”的意义。而在元祐元年这次唱和又几十年后，南宋人楼钥又作《次韵东坡武昌西山诗》，再次以后人的视角参与进这次跨越时空的对话，就颇有“后之视今，亦犹今之视昔”之感了。

（原载 2023 年 4 月 2 日“中华书局 1912”微信公众号，作者系中华书局文学编辑室编辑）

经济史书稿编校策略举要

刘冬雪

经济史研究一直为学界所重视，多年来热度不减，无论是历史学还是经济学背景出身的学者，都对于经济史相关话题兴趣盎然。马克思主义政治经济学认为，生产力决定生产关系，经济基础决定上层建筑。有关经济的问题虽可大可小，却是一个触及根本的问题。毕竟，任何一个人在日常生活中都离不开经济。

经济史研究是一种纵深视角的考察，使人们更加理解经济问题的本质。优秀经济史图书的问世需要编著双方共同推动。如何才能编校好经济史书稿？笔者认为，政治和专业素养、图表处理技术以及文字加工能力是至关重要的。

一、提升编校素养

编校素养主要包括政治素养和专业素养两方面。对于出版单位来说，严把导向关是工作中的重中之重。面对经济史书稿，编校人员很容易放松警惕，有时会先入为主，想当然地以为经济史书稿不涉及导向问题。这是一种误区，应该引起编校人员的重视。经济史书稿也有可能出现导向问题，试举三例。

（一）阐述中国近代国门洞开之后的经济问题时，片面强调开埠的正面意义，试图美化列强侵略行径的倾向。鸦片战争之后中国被迫“开放”，根据不平等条约设立的通商口岸实际上成为列强对中国进行经济侵略的基地。归根结底，通商口岸是侵略的产物之一，应本着历史唯物主义的态度去研究其中的具体问题。对抗战期间沦陷区经济的研究同理，首先要头脑清楚，正确认识侵略战争的本质，不可只见树木不见森林。编校人员尤其要注意的是作者的评价，相对于事实判断，价值判断之中更容易出现导向问题。

（二）在抗战胜利后国民经济恢复迟缓的归因问题上产生偏颇的认识。抗战胜利后，国民党率几十万大军围攻中原解放区，挑起全面内战。内战对于国民经济的恢复和发展势必造成不利影响。共产党为阻击敌人在一定程度上干扰交通和电力运行等做法是战争形势下的无奈之举。战争责任完全在于国民党，过程中对于经济的冲击不应归咎于共产党。类似这种必须透过现象看本质的问题，编校人员必须牢牢把握住。

（三）示意图中国境线标注有误。经济史书稿中示意图往往较多，尤其是涉及贸易往来的研究，常常会绘制出城镇聚落、集市商号的位置图，使读者能够一目了然掌握空间方位。如今，边境贸易研究日益受到学界的重视，书稿中的相关示意图可能涉及国境线。随着学术交流的深入，很多学者具有国际视野，研究依托的史料源自境外文献的数不胜数。编校人员应关注图片的来源渠道，对于书稿中获得授权的示意图或自行绘制的示意图的底图源自境外的，务必留意国境线走向，并与自然资源部发布的最新版标准地图进行比对。

经济史书稿专业性较强，编校人员除具备必不可少的政治素养之外，还应该努力提升自身的专业素养，这样才能更好地提高书稿质量。首先，经济方面的常识应该具备，特别是出现频率较高的一些概念，如入超、出超、套汇、挤兑、控股、呆坏账、抵押品、通货膨胀、通货紧缩、布雷顿森林体系等，应明了其含义。还有中国历史上特有的一些有关经济的概念，如捐输、牙行、盐引、关金、地丁银、易知由单、鱼鳞图册等，以至明清以来民间广泛应用的商业数字——苏州码子，都应该有所了解。毕竟，掌握一定背景知识是审稿的基础。

另外，案头常备一本权威教材十分重要，这样可以时常翻阅，补足短板。笔者推荐南开大学王玉茹教授主编的《中国经济史》一书。此书是普通高等教育“十一五”国家级规划教材，编写用心，简洁准确，可作为了解相关背景知识的工具书。对于业内的重量级学术刊物，如《中国经济史研究》《中国社会经济史研究》《量化历史研究》《经济社会史评论》等，编校人员也应定期翻阅，以便及时了解学界动态。此外，还应对国内经济史研究重镇，如清华大学、复旦大学、中山大学、厦门大学等高校，以及中国社会科学院历史研究所、近代史研究所、经济研究所等科研院所的学术活动多加关注。

还有一点对于审稿来说至关重要，那就是了解两种具有较大差异的经济史研究思路，一是历史学框架下的经济史研究，一是经济学框架下的经济史研究。历史学强调一手史料的价值，注重运用原始档案展开研究。研究不会忽视数据统计，但总体而言对数学方法的运用比较有限。而经济学离不开数学运算，偏重以量化的方式展开研究。因此，这种思路下的经济史研究，涉及的数据规模更大，会计公式更多，内容复杂而严谨。

二、用心审读图表

经济史书稿中往往包含大量图表，处理起来很是不易，对于编校人员来说比较棘手。笔者认为，首先应该加强对图表的认识，明确其双重属性，即支撑属性与资料属性，如此方能端正态度，耐心处理大量数据。显而易见，在严谨的学术研究中，图表数据是用于支撑论点的，图表出现的位置与作者的论述逻辑相统一。然而，图表的资料属性常常被忽略。其实，对于读者而言，图表本身便是能够给人以启发的资料。相关数据的获得、汇总和梳理绝非易事，读者根据图表信息，能够站在前人的肩膀上，继续展开研究。因此，笔者建议在图表较多的经济史书稿的目录之后添加图表目次，如此可以突出图表的资料属性，方便读者利用。此外，编校人员可据此检查书稿中是否存在重复的图表。有些书稿由论文组合、修改而成，确实可能存在重复的图表，编校人员应对此多加留意。

编校经济史书稿还需要掌握一定的图表处理技术，灌版之前的加工尤为重要。编校人员可以向作者询问，书稿中的表格是否存在对应的 Excel 文档，即使没有，也可以将 Word 文档中的表格转至 Excel 文档中，只不过在粘贴时需要注意利用选择性粘贴的功能，选择其中“Unicode 文本”一项，如此可以尽量避免粘贴时造成表格行、列及单元格的混乱。表格中如果涉及数据统计，比如总计、占比、平均值、众数、中位数、极差、方差、标准差等，极其容易出错，利用 Excel 函数运算进行核对将有效提高数据的准确率。当然，案头常备计算器，随时手动核查同样十分重要。此外，Word 文档中的高级查找功能不容忽视。

高级查找可查找、替换、定位特殊格式文本，比如制表符、任意数字、图形等，对于统查全稿的图表能够提供必要的帮助。

表格数据的处理尺度，以及正文引用表格数据时的尺度是否统一，需要格外关注。数据精确到小数点后几位，截取时采用四舍五入还是取整抹零的方式，应该前后一致。此外，正文中引用表格数据的准确性需要注意，分析数据时还有可能涉及新的运算，特别值得留意的是增长或下降的倍数。以增长为例，“今年比去年增长两倍”与“今年是去年的两倍”之间相差一倍。经济史书稿中此类错误常见，编校人员面对“倍数”问题应有一定的敏感度。另外需要注意的一点是，审校时应将正文与图表数据对照来看，并重点关注正文对于数据的分析是否与图表反映出的重点相吻合。比如，一张统计表中的数据明显反映出某农作物产量的最高值集中于鲁西南，作者却重点分析数值位列第三的鲁西北的情况。类似这种问题，如果在正文中缺少相关解释，编校人员应该提出质疑，及时与作者进行沟通。

除此之外还有一些细节不容忽略。经济史书稿中往往存在数字用法不规范的现象，比如非公历纪年使用阿拉伯数字、表示数值范围时省略数值的附加符号或计量单位等。编校人员在审校过程中应严格执行出版物上数字用法的国家标准（GB/T15835—2011）。另外，示意图以清晰为先，应尽可能请作者提供矢量图，而不是位图。矢量图在进行放大、缩小或旋转等操作时，图像不会失真。示意图中是否应该包含图例，也要根据实际情况有意识地多加关注。表格则以便于读者利用为先，尽量不跨页，必须跨页时最好调整至对开面上，并关注续表的表头有无缺失的情况。表格单位和表格资料来源也常有缺失，需要留心核查。对于列多的表格，可考虑改为卧表。表格中的数字应以小数点为基准对齐，千位加空格或逗号。另外，三种对应关系不容忽视，即表序与正文叙述的对应，表题与表头的对应，以及表下说明与表中上标的对应。在书稿付型之前，应针对全稿的图表进行一次纵向核查。

三、审慎对待文字

经济史书稿专业性强，对编校人员来说属于较为繁难的一类书稿。众多专业名词的出现对编校人员的能力水平是一种考验，同时也是磨练心性以提升职业修为、培养工匠精神的一种途径。编校人员应该对文字存有敬畏之心，不可擅改，要尽可能尊重作者习惯，尊重史料。经济史书稿所引史料中常涉及异称和旧称，比如“高粮”和“高粱”、“粮石”和“粮食”、“磁器”和“瓷器”、“帐册”和“账册”等，前者均不必改为后者，维持原貌仍然符合学术规范。这里涉及编辑尺度的把握，通俗来讲就是手松与手紧之间的幅度范围。编辑尺度常常在编校人员心中而不易形成文字，笔者建议在书稿审校之初有意识地组织语言，将编辑尺度记录在字面上。通常情况下，编校人员会同时交替操作多种书稿，如果间隔时间略长，有可能遗忘编辑尺度，造成书稿前后编校方面的不协调。

对于书稿中出现的生僻字，编校人员需留意查核，确保其准确性。具体到经济史书稿中，农具、皮具、织物、饰品、水产等方面涉及的生僻字较多，需格外注意。字词疑误时，可利用国学大师、汉典等网站强大的查询功能，使用部件查字，或通过设置词首、词尾、词长等项查词。生僻字在排版时涉及造字的问题，极易产生错误或无法正常显示。书稿正式印制前核对蓝纸及毛书时，需重点关注造字的准确性。

经济史书稿中常常引用不同档案馆的档案，以及各种大部头的资料汇编，注释体例的不统一集中体现于以上两类文献。各档案馆对于档案的登记管理规则不一，有全宗号、目录号、案卷号、档案号、入藏登录号、典藏号、系列号、盒号、文件夹号等多种编号方式。书稿注释中如有涉及，只能具体问题具体分析，但大体上应按照一定的逻辑顺序从大到小排列，比如全宗号所涵盖的范围较大，应该置于具体的档案号之前。至于大部头的资料汇编，注释中提到分册信息时往往出现体例不统一的现象，还需参照综合性人文社会科学学术期刊文献注释技术规范或《历史研究》《中国经济史研究》等权威刊物的技术规范进行调整。

经济史书稿较为繁难，编著往来尤其需要重视。书稿中的文字应反复推敲，数据应多次核查，编校人员与作者之间必须保持密切联系，在双方的共同努力下，书稿质量才能得到保证。当编校人员对书稿内容存在质疑，又认为不可擅改时，应将有关疑问分门别类总结成文字，并标注相应的页码，请作者协助处理。尤其是中国古代经济史上的一些专业名词或特殊现象，以及研究时所涉及的会计公式、统计方法，等等，一旦出现疑问便要“打破砂锅问到底”。比如清代税关关期以 12 个月为一年，如遇闰月则连续计算，因而税收年份与实际年份并非完全对应，有个别年份会出现两个税收数字。如果图表数据对此现象有所反映，而作者却缺少解释，显然编校人员应建议作者在合适的位置添加说明文字。对于审校当中的疑问，能查阅资料则努力查阅，以期解决疑问，无法查实的必须与作者沟通，切不可一知半解，随意忽略。编校人员搭建起作者与读者之间的桥梁，应通过我们细致的工作，尽可能使读者更加顺畅和准确地理解作者的思想。

优秀的经济史图书往往内容价值高，文字精炼且数据准确，给读者以重要启发。这就需要编校人员树立精品意识，以工匠精神来对待书稿，做到精雕细琢，精益求精。如今，我们站在“两个一百年”奋斗目标的历史交汇点上，正在扬帆起航新征程，必须大力弘扬工匠精神。习近平总书记在 2020 年的全国劳动模范和先进工作者表彰大会上高度概括了工匠精神的深刻内涵：执着专注、精益求精、一丝不苟、追求卓越。工匠精神作为一种良好的职业精神，在出版业同样十分提倡。应该说，对文字的敬畏之心以及审慎的工作态度是中国出版人秉承和弘扬工匠精神的基础所在。

四、结语

编校经济史书稿面临较多的挑战，对于编校人员来说，良好的工作态度、工作能力、工作经验三者缺一不可。以上几点编校策略均是实操层面上的归纳和梳理，希望对编校人员的日常工作有所启发。在着力提升出版品质，优化出版供给，推动出版高质量发展，更好满足人民精神文化需求的当下，我们应该充分认识到，编校人员日积月累的一小步，终将汇成践行传播真理、传承文明、传扬文化重要使命担当的一大步。

（原载2023年6月1日“木铎书声”微信公众号，作者系中华书局大众图书出版中心编辑）

浅谈办好大众文史刊物的核心秘诀

——以《文史知识》为例

李　猛

1981 年，在杨牧之先生、黄克先生、李侃先生等专家学者的倡议和领导下，中华书局创办了《文史知识》杂志。40 多年来，《文史知识》得到广大读者的认可和喜爱，逐步成长为在学术界、文化界、知识界广受赞誉的中国优秀传统文化传播平台，并荣获一系列重要的国家级期刊奖项，是全国颇具影响力的文史类名牌刊物之一，被称作“中国古代社会的百科全书”。总结《文史知识》的成功经验，其中既包含着高屋建瓴的办刊宗旨和体现时代要求的编辑思想，又有行之有效的编辑操作和管理方式，对当前的期刊乃至图书编辑工作依然具有很强的启发和指导意义。

成熟的文化自觉及自觉的超越意识

《文史知识》诞生在尊重知识、尊重人才的风气初步重新形成的年代，它是以介绍中国历史和中国古典文学内容为主的刊物，一问世就受到学术界和广大读者的欢迎。这是因为它适应了当时社会的需要和时代的需要，能够想读者之所想，急读者之所急，对提高整个社会的知识水平、思想境界、文化素养，作出了重要贡献。在选题上，既注意系统介绍我国丰富的文化遗产，又力求反映出文史研究领域较新较高的学术水平，以满足读者学习要求。《文史知识》编辑部还会根据读者反映，不断调整刊物内容，不断更新栏目，有些栏目直接根据读者建议或当前热点设置，并务必做到深入浅出，以达到雅俗共赏。

该杂志总是因时代的变化、形势的发展而要求以新的观点、新的角度和新的诠释方式来传介文史知识。从《文史知识》数十个栏目设置来看，比如“特别关注”“文史百题”“诗文欣赏”“交流与比较”“文化史知识”“人物春秋”“民俗志”“学林漫话”“戏曲苑”“文物与考古”“随笔·札记”“讲堂实录”“青年园地”“聚焦三星堆”等，可以反映出改革开放以来中国时代特征和文化风貌，同时也体现了《文史知识》继承和发扬中华优秀传统文化这一始终不变的内核与宗旨，有一份成熟的文化自觉及自觉的超越意识，总能引起人们的强烈共鸣。

强调知识准确、生动、有用

创刊之始,《文史知识》编辑部就抱定一个宗旨：要为广大读者提供准确、生动、有用的中国历史、中国古典文学基本知识，要踏踏实实地为继承中华民族光辉灿烂的文化遗产贡献自己的一份力量。

《文史知识》创刊号上有一段话说得好："知识，只要是对人们的生产和生活有益的知识，都有用，而文史知识尤其有用。因为从某种意义上说，文史知识是通向各种知识领域的桥梁，是攀登科学高峰的起点。"

《文史知识》强调知识准确性。传播知识却不准确，会贻误青年。但是准确的知识，往往需要经过辛勤的考证研究和共同讨论才能得到，而不是凭哪一个天才、哪一个权威一言为定。《文史知识》是一个知识性刊物，但它并不是简单的知识复述、一般的知识介绍，它要求反映最新的学术思想、学术成果，同时又有准确、生动的事实材料。

定位明确，真正做到雅俗共赏

很多读者反馈说《文史知识》是一个有鲜明特色的刊物，之所以能给人留下这种印象，主要取决于其定位明确。创办《文史知识》的初衷，就是要向社会上不同文化层次的人传介中国古代文史知识，这个目标因符合社会要求而让《文史知识》稳占一席之地。走建设有中国特色社会主义的道路，要提高国民整体素质，要实现中华民族全面复兴，我们必须对过去的历史与文化有所了解，加强文化自觉和文化自信。

也有读者评价《文史知识》是一个既严肃又活泼的刊物。说它严肃，是因为始终保持着端正的学风，以传播文史知识、阐扬中华文明为宗旨，从不降低格调，因而在读者中享有很高声誉。说它活泼，是因为始终坚持着可读性原则，即便是一些有学术创见的文章，也大多以深入浅出的形式表现出来。这两者结合，正是“雅俗共赏”办刊方针的具体表现。历代编辑们有一个共识，即专家、学者读了，能有所启发；一般读者读了，能得到提高。《文史知识》一直坚持大学者写小文章、面向大众、通俗易懂地做传播，成为真“通俗”刊物的典范。

重视专家著文，杜绝人情稿

《文史知识》重视专家著文，拥有一支稳定的高水准作者队伍，其中有许多是有关研究领域的知名学者。值得一说的是，这个“专家”，不见得也不一定是教授、研究员，也可能是名不见经传的“小人物”。只要他对所撰述的那个问题有研究，是他所撰述的那个问题的专家就可以，绝不以次充好，绝不发关系稿。此外，《文史知识》的选题独特，规划前置，比如每期的“特别关注”和“本期话题”，比如影响一时的“朝代专号”和“地方专号”，都在知识的准确性、系统性、趣味性上持续下大功夫，也是成为精品名刊的关键因素。

《文史知识》前任主编刘淑丽曾总结说，《文史知识》一路走来，承载了太多人的拳拳厚爱，中国知识界的淑世情怀和传统在《文史知识》篇篇优美、形象、鲜明、生动的文章中亦可见一斑。它折射着中国知识分子所思所感所悟，满足众读者多方面的文化需求，形成了自己独特的文化个性和趣味。

（原载2023年5月26日《中国出版传媒商报》，作者系中华书局近代史编辑部编辑）

艺文类聚

孟浩然：盛世中的迷途者

郭睿康

木落雁南渡，北风江上寒。
我家襄水曲，遥隔楚云端。
乡泪客中尽，孤帆天际看。
迷津欲有问，平海夕漫漫。

这首《早寒江上有怀》，是唐代著名诗人孟浩然的代表作之一，历来受到文人墨客的叹赏，但是大多把焦点集中于首联。比如清代著名诗论家沈德潜就评价这一联：“起手须得此高致。”

相比之下，“迷津”这两句似乎不太受人关注。或许是因为，这一句虽然暗藏典故，但这典故在古人看来，有些稀松平常，平常到不必理会。然而，要了解孟浩然的一生，体会孟浩然的心境，今天的读者恐怕还要从“迷津”

这两句入手。

“津”，是渡口的意思。《论语》中记载，有一次孔子外出，找不到渡口，正好看到两个人在田地里耕作，于是就让子路去“问津”，也就是打听渡口在哪儿。其实这两位农人都是隐士，他们不仅没有正面回答子路的问题，还对孔子奔走四方、积极用世的态度作了一番嘲讽。

孟浩然在诗中使用这个典故，实际上是在说自己不知道人生的路途该往何处去，反映了他在出仕与归隐两种生活之间彷徨的心态。

如果我们翻开孟浩然的诗集，就会发现，他的诗句中经常提到“问津”这个典故，而“迷”这个字眼更是反复出现，比如：

余复何为者，栖栖徒问津。（《仲夏归汉南园寄京邑旧游》）

谁怜问津客，岁晏此中迷。（《游江西上留别富阳裴刘二少府》）

负郭昔云翳，问津今亦迷。（《久滞越中赠谢南池会稽贺少府》）

……

纵览孟浩然一生的行迹，用“迷途者”这个词来形容他，不失为一个合适的选项。

一

孟浩然是襄阳人，生于武则天永昌元年（689），卒于唐玄宗开元二十八年（740）。青年时期的孟浩然，在鹿门山一带隐居，有时也到各处漫游。从年轻时起，孟浩然就流露出对文学的热情与才华。正如他自己在诗中所说："昼夜常自强，词翰颇亦工。"（《书怀贻京邑同好》）"少年弄文墨，属意在章句。"（《南归阻雪》）

40 岁之前，孟浩然一直没有参加科举考试。不过，在此之前，他也与一些地方官员有过交往，这一点从他诗集中的作品可以看出。著名的《望洞庭湖上张丞相》，就是这一时期的作品。从"欲济无舟楫，端居耻圣明"两句可以看出，此时的孟浩然已经有用世之志。

40 岁这年，也就是开元十六年（728），孟浩然终于来到京城参加科举。当时的孟浩然已经名满天下，正如李白所说："吾爱孟夫子，风流天下闻。"又据盛唐诗人陶翰记载，孟浩然初到京师，"京师词人皆叹其旷绝也"。

然而，这次应考最终却以失败告终。关于失败的原因，我们今天也难以详细知晓，只是从他相关的诗作中隐约看出，无人举荐可能是一个重要的原因。比如他在《留别王维》中写道："当路谁相假，知音世所稀。"在《田园作》中，他又说："乡曲无知己，朝端乏亲故。谁能为杨雄，一荐《甘泉赋》。"

离开长安后，孟浩然曾到吴越一代漫游，之后便回到故乡隐居。开元二十五年（737），张九龄被贬为荆州长史，署孟浩然为从事，孟浩然由此跟随张九龄巡查各地，祭祀山川，并多有唱和。这算是孟浩然一生中仅有的官场履历。

二

关于孟浩然为何官场失意，古代笔记小说中有一种流传很广的说法，与王维及唐玄宗有关，大致情节是这样的：

当孟浩然游历京师时，王维已经是“待诏金銮殿”，于是邀请孟浩然入内署谈论文学。谁知唐玄宗突然造访，孟浩然慌忙之间藏入床下。王维害怕得罪，于是将实情禀明玄宗。

唐玄宗早就听说过孟浩然的大名，因此不怒反喜，还召见了孟浩然，并让孟浩然吟诵一下近来的诗句。于是孟浩然吟道：

北阙休上书，南山归弊庐。
不才明主弃，多病故人疏。

这几句出自《岁暮归南山》，本是孟浩然的名作，然而诗中的一个“弃”字却惹恼了唐玄宗。唐玄宗一向以明主自居，听到孟浩然这两句诗中隐然抱怨自己不举贤才，于是怒道："明明是你自己不求上进，怎么反而诬蔑朕？"从此以后，孟浩然再也没有得到出仕的机会。

其实，上面所说的这个故事，经过现代学者的考证，一般认为是不足为信的野史传说。因为它既不符合王维、孟浩然二人的行迹，也与《岁暮归南山》这首诗所表达的意思不甚契合。

然而，这个故事在古代却极有市场，很多笔记、诗话都转相抄录。宋人魏泰就说："世传如此，而《摭言》诸书载之尤详。"由此看来，虽然我们不能将这个故事作为孟浩然宦途失意的真实原因，但它背后所流露出的某种文化心态却值得重视。

或许，古人只是需要一个解释，需要有一个故事来告诉他们，为什么在那个号称"开元盛世"的时代，像孟浩然这样名满天下的大诗人，最终只能成为一个"迷途者"。

三

在唐代，科举制度逐渐发展，给了文人们更多施展才华的机会，也带给他们更多的希望。因此，在唐人的诗集中，随处可见他们对于那个时代的赞颂。比如李白就说："群才属休明。乘运共跃鳞。文质相炳焕。众星罗秋旻。"王维也说："圣代无隐者，英灵尽来归。"

然而，机会和希望并不一定能转化为成功。有唐一代，诗名显赫而终身沉沦者，同样俯仰皆是。而孟浩然，就是其中的代表。同为唐人的殷璠，在他所编选的《河岳英灵集》中，有这样一番感慨：

> 余尝谓祢衡不遇，赵壹无禄，其过在人也。及观襄阳孟浩然罄折谦退，才名日高，天下籍甚，竟沦落明代，终于布衣，悲夫！

殷璠的这段话，或许道出了唐代文人们的心声。当他们在感叹命运对孟浩然的不公时，或许也从中看到了自己的影子吧。

（原载 2023 年 6 月 2 日“中华书局 1912”微信公众号，作者系中华书局文学编辑室编辑）

到底谁作了这首樱桃诗，安禄山还是史思明？

胡正娟

近来编辑知名文史掌故大家、“补白大王”郑逸梅著《花果小品》书稿，拟出彩图增订本，几经搜寻，检得中孚书局1935年版，也是该书的初版本。当时吴湖帆、冯超然为之题签，蔡震渊绘四幅花果册页作为插图。不料即将面世之时，战事爆发，“金融立趋紧急状态”，中孚书局突然倒闭，《花果小品》只见了样书，而未能正式发行。1988年华夏出版社邀约再版，郑逸梅先生遂在初版的基础上增补了些篇目，文字亦略有增删调整。

在审读的过程中，两个版本对校，亦不时查核辨析，常有所得。抽丝剥茧解决疑问寻找答案的过程，对于编辑来说别是一种享受。兹举今日所审读郑逸梅《樱桃》一文中所遇之例，与诸位读者分享。文中写道：

> 相传安禄山好为韵语，尝作樱桃诗曰："樱桃一篮子，半青一半黄。一半寄怀王，一半寄周贽。"或请以四句作第三句易之则协韵矣。禄山怒曰："岂可使周贽压吾儿耶！"

这段文字未详所据何书。在检索时发现，它还有另外一个版本——"作樱桃诗"的为史思明。既然这样，那就不得不继续"刨根问底"了。

上引这段文字中，周贽这个人，应该没什么疑问，其人追随史思明多年，被委以重任，是史思明的得力干将。而照安禄山怒火中烧所说的"岂可使周贽压吾儿耶"这句话推测，怀王当为安禄山之子。

《新唐书·安禄山传》载，安禄山有十一个儿子，天宝九载（750），唐玄宗封其三子，以安庆宗为太仆卿，安庆绪为鸿胪卿，安庆长为秘书监，皆未有被封为怀王的记载。倒是史思明的儿子史朝义，曾被封为怀王。《新唐书·史思明传》载，乾元二年（759）正月朔，史思明据魏州僭称大圣周王，建元应天，以周贽为司马。夏四月，改国号为大燕，建元顺天，自称应天皇帝，立妻子辛为皇后，以史朝义为怀王、周贽为相。

于此，怀王是谁就显而易见了，并非安禄山之子，而是史思明之子史朝义。

一般情况下，文献越早或许越切近历史真实。检唐姚汝能撰《安禄山事迹》，其卷下有对此事的详细记载：

> 思明本不识文字，忽然好吟诗，每就一章，必驿宣示，皆可绝倒。尝欲以樱桃赐其子朝义及周贽，以彩笺敕左右书之，曰："樱桃一笼子，半赤一半黄。一半与怀王，一半与周贽。"小吏龙谭进曰："请改为'一半与周贽，一半与怀王'，则声韵相协。"思明曰："韵是何物？岂可以我儿在周贽之下！"

《新唐书·艺文志》只著录了"姚汝能《安禄山事迹》三卷，华阴尉"，姚汝能其人生活的年代等信息不详。据陈尚君先生所撰《〈安禄山事迹〉的成书年代》(《**中华文史论丛**》**第九十辑**）一文考证，姚汝能为唐武宗会昌末乡贡进士，唐宣宗大中后为华阴尉，《安禄山事迹》为其担任华阴尉时所撰，此时距离安史之乱已百年左右。

又，唐末丁用晦所撰《芝田录》，专记隋唐间杂事，总六百条。《新唐书·艺文志》只载"《芝田录》一卷"，未著录撰人。今未见单行本。关于"樱桃诗"一事，《太平广记》卷四九五引《芝田录》有记载：

> 安禄山败，史思明继逆，至东都，遇樱桃熟，其子在河北，欲寄遗之，因作诗同去，诗云："樱桃一笼子，半已赤，半已黄。一半与怀王，一半与周至〔贽〕。"诗成，左右赞美之，皆曰："明公此诗大佳，

若能言‘一半周至〔贽〕，一半怀王’，即与‘黄’字声势稍稳。”思明大怒曰：“我儿岂可居周至〔贽〕之下？”思明长驱至永宁县，为其子朝义所杀。思明曰：“尔杀我太早，禄山尚得至东都，而尔何亟也。”思明子伪封怀王，周至〔贽〕即其傅也。

于此可见，唐时相关文献记载，“樱桃诗”尚为史思明所作，宋李昉《太平广记》因辑自《芝田录》亦不误。虽几经查核，很遗憾，未能找出将“樱桃诗”归之安禄山的“始作俑者”，但可以确定的是，宋以后出现了这一版本，宋叶梦得《避暑录话》、明谢肇淛《五杂组》、明何良俊《何氏语林》、清独逸窝退士《笑笑录》等皆是持此说法。后世间有引用者，而以《避暑录话》流布最广，以讹传讹，至今未息。

现在回过头去看郑逸梅《樱桃》一文所述文字，与《笑笑录》几乎全同，是否引自此本，今已无从查核了。当然，白璧微瑕，郑先生一时不察引了错误的版本，无损于其文史掌故大家的盛名。

近世章太炎在讲演国学时，曾引用史思明“作樱桃诗”例：

诗至清末，穷极矣。穷则变，变则通，我们在此若不向上努力，便要向下堕落。所谓向上努力就是直追汉、晋，所谓向下堕落就是近代的白话诗，诸君将何取何从？提倡白话诗人自以为从西洋传来，我以为中国古代也曾有过，他们如要访祖，我可请出来。唐代史思明——夷狄——的儿子史朝义，称怀王，有一天他高兴起来，也咏一首樱桃的诗：“樱桃一篮子，一半青，一半黄；一半与怀王，一半与周贽。”那时有人劝他，把末两句上下对掉〔调〕，作为“一半与周贽，一半与怀王”，便与“一半青，一半黄”押韵。他怫然道：“周贽是我的臣，怎能在怀王之上呢？”如在今日，照白话诗的主张，他也何妨说“何必用韵呢”？这也可算白话诗的始祖罢。一笑！

读到这里，就由不得你不笑了。史思明若地下有知，看到自己竟然成为“白话诗的始祖”，不知作何感想。

（原载 2023 年 9 月 20 日《中华读书报》，作者系中华书局上海聚珍文化传媒有限公司编辑）

“侍书”柳公权

刘德辉

前段时间，西安出土了唐代书法家柳公权撰文并书写的《严公贶墓志》，两年前也是在西安，出土了柳公权书写的《杨承和碑》。柳书碑志的出土，不但是近年来重要的考古发现，具有重要的史料价值，更丰富了柳体楷书作品的宝库。

因为书法而名扬千古的柳公权，有着令人羡慕的家世。他出身于唐代的名门望族——河东柳氏，这个大家族可谓人才济济，孕育了众多官僚、武将、学者。除柳公权外，河东柳氏子弟中最为今人熟知的要数著名文学家、位列“唐宋八大家”之一的柳宗元。

柳公权，字诚悬，自幼好学，12 岁就能作辞赋。据史书记载，柳公权多才多艺，他通音律，能诗善文，曾在唐文宗面前赋诗联句，深得皇帝赞赏；他的学问也不错，对《诗经》《尚书》《左传》《国语》《庄子》等典籍颇有研究，还做过唐文宗的“学术顾问”，陪皇帝研讨《易经》；更厉害的是，他 29 岁就考上了进士，而且是状元。

唐代科举考试中最主要的科目是明经科和进士科，进士科很难考，以至于有谚语说：“三十老明经，五十少进士。”柳公权不到 30 岁就考了个状元——尽管当时的状元还远不像后世那么风光——可见他确实很有才学，早早就追随父兄的脚步走上仕途。

作为一个官僚，柳公权最显著的声名除了书法绝伦，就是直言敢谏。有一次唐穆宗问他用笔之法，他说出两句流传千古的话：“用笔在心，心正则笔正。”唐穆宗纵情声色，荒废政事，闻听此言，明白柳公权是以笔为谏，为之改容，后世遂传为美谈。后来柳公权还多次劝谏唐文宗，文宗赞其“有诤臣风”，并任命他为谏议大夫。

但柳公权早年的仕途“高开低走”，并不顺利，这位状元在翰林院做了 10 年校书郎，只干些文字工作，后来被唐穆宗任命为翰林院侍书学士，成了宫廷书法家。

柳公权在这个职位上蹉跎了好几年。到了文宗朝，他的哥哥柳公绰已身居高位，为弟弟的前途担忧，便写信给当时的宰相李宗闵，请求帮忙提拔弟弟。信中说“先朝以侍书见用，颇偕工祝，心实耻之”，意思是皇帝只把柳公权当写字工匠看待，让人感到耻辱——可见侍书是个什么性质的工作。在李宗闵的帮助下，柳公权得以离开翰林院担任右司郎中。但过了段时间，唐文宗再次将柳公权召回翰林院，还是让他做侍书学士。

不过文宗挺器重柳公权，此次将他召回后对他恩宠有加，经常与他谈论诗文书法。柳公权得以向皇帝展现书法之外的才能，加之忠直敢谏，因而屡获升迁。之后历武宗、宣宗、懿宗三朝，柳公权备受荣宠，官阶一路升到二品，最终以 88 岁高龄寿终，追赠太子太师。

柳公权晚年官居显位之后，他也没有留下什么特别的业绩。从史书上看，他在政治上的成就似乎仅限于匡谏天子、纠补谬失。书法史上常常以“颜柳”并称，但与杀敌报国、壮烈捐躯的颜真卿比，柳公权的一生显得十分“平庸”；与他的哥哥——遍历方镇、功业显赫的柳公绰比，也是相形见绌。

我们只能说，历史可能没有给柳公权建功立业的机会，但好在给了他精进书艺的条件，使他能凭借书法名扬千古。

柳公权一生与翰墨为伴。他年轻时书法就很有名了，当年唐穆宗刚即位不久，偶然召见进京奏事的柳公权，对他说：“我于佛寺见卿笔迹，思之久矣。”于是直接把他留在身边做了侍书，从此开启了柳公权漫长的“写字员”生涯。

到了晚年，柳公权官运亨通，尊荣的地位、优渥的生活更有助于他提升书艺。经过几十年的修炼，他名满天下。

在朝廷和宫禁中，他的书法备受帝王推崇，他书写的重要碑铭（如《神策军碑》等）代表了国家形象；在民间，柳书一字千金，不但本国人喜爱，连外国人都争相求购。《旧唐书》记载："当时公卿大臣家碑版，不得公权手笔者，人以为不孝。外夷入贡，皆别署货贝，曰'此购柳书'。"近年接连出土的柳公权书迹，也印证了当时的风靡。

柳公权能开宗立派，创造出一座书法艺术的高峰——柳体楷书，既是他一生孜孜追求的结果，也得益于独特的时代环境。因为唐代是书法艺术，尤其是楷书的辉煌年代。从初唐的虞世南、欧阳询、褚遂良，到中唐的徐浩、颜真卿，楷书逐渐摆脱魏晋笔法和隶书笔意，建立起严谨的书写规范，发展出多样的风格面貌。

身处晚唐的柳公权则在继承前人的基础上，创造出楷书的新面貌。他完美融合了颜真卿和欧阳询的优点：在结构上，柳字规范整饬，中宫紧凑，似欧；点画舒展，竖画外拓，似颜。在用笔上，柳字顿挫有力，提按分明，兼备颜体的圆笔和欧体的方笔，筋骨雄强似颜，瘦硬爽利似欧。柳公权把唐楷的规范化推向极致，他的代表作《神策军碑》《玄秘塔碑》等，皆是字字精严，一笔不苟，既精致雍容，又雄壮大气，使楷书达到高度的成熟。柳公权因此得与欧阳询、颜真卿等书法巨匠比肩齐名，为唐代楷书的发展画上句号；在他之后，除了元代的赵孟頫外，恐怕再没有人能真正创造新的楷书字体了。

柳体楷书是晚唐影响最深远的书体，直到今天，柳公权的字帖仍然是许多人学习书法的范本。然而，端庄优美、规范严谨的柳体字并非完美的范本，在后人看来，它最大的问题恰恰就是过于规范。

初唐书家的楷书尚留有晋人笔法，以“绞转”为主，和行草书衔接得很紧密。到颜真卿，楷书的写法发生了巨大变化，用笔方式由“绞转”变为“提按”。柳公权又进一步强化了“提按”，使柳体楷书与行草书之间的割裂更加严重，在书写的兼容性上也不及欧体，更逊于颜体。这就不利于学习者转益多师、继续深造，或者以柳字为基础融合其他风格，创造新的艺术面貌。

另外，在众多书家看来，柳体字与欧、褚等字体相比，特别适合碑刻，具有更强的装饰性，所以风格较为外露，不够“含蓄”；过于严格精准的字形结构，又使柳体字比较程式化，面貌大同小异，缺少变化，容易写得死板。

由于以上原因，历史上学柳体而成名成家的人不多，倒是有不少书法家对柳体“始学终弃”，乃至大加批评。比如宋代大书法家米芾，幼时曾学柳字《金刚经》，长大之后却说柳字是“丑怪恶札之祖”，开了后世“俗书”的头。

不过，柳公权毕竟是开宗立派的一代大家，学柳者代不乏人。比如，晚唐名相裴休的《圭峰禅师碑》和诗僧无可（诗人贾岛之弟）的《寂照和尚碑》和柳字一脉相承，皆为楷书佳作（《圭峰禅师碑》的篆额者就是柳公权，晚清学者叶昌炽甚至认为此碑根本就是柳公权所书）。再如宋代黄庭坚、苏轼，明代王铎，以及近现代的溥儒、启功，都或多或少地师承“柳法”，字带“柳意”，皆成大家。可见，只要善于学习，书法家依然可以从柳字中汲取艺术养分。

（原载 2023 年 4 月 19 日《北京晚报》，作者系中华书局大众图书出版中心编辑）

晏殊为什么被称为富贵词人

马　婧

公元 1004 年的一天，在北宋都城东京（今开封）的皇宫大殿前，正要举行进士考试。从各地进京的才俊与宫臣、卫官簇拥着北宋真宗皇帝，千余人汇聚一堂，摩拳擦掌，等着考题下发，期待写出锦绣文章，博取一介功名。其中，有两个面庞幼稚、身材矮小些的半大孩子，显然还没到正式应考的年龄。他们是因为学名远播，由察举地方的官员推荐，来应童子试，于是被安排一起参加。其中较大的一位，当年 14 岁，正是后来北宋历史上著名的宰相、富贵词人晏殊。

考题终于发下来，只见晏殊不动声色，摇笔立就，果然辞彩灿然，让真宗大为赞赏，于是在两天后再次召见，重新出题考试诗、赋、论，想做进一步考察。没想到晏殊朗声禀报："这篇赋题，我十天前刚写过，还请另外出题吧！”真宗大喜，更加欣赏他的淳朴直率了，另拟一题，只见晏殊又是下笔如神。真宗细细读来，称赏不已，赏赐他同进士出身的级别，并且拔任秘书省正字的职位。

晏殊面对权力的垂青，始终谨守本分、不妄贪求，类似这样的情形不止一次。当仁宗皇帝还是太子时，恰好出现一名太子舍人的职位空缺，这个职位虽然级别不高，但职责是陪太子读书，随时答疑解惑，是未来皇帝的心腹之选。没想到真宗在众多人选中，为儿子指定了晏殊。负责具体办事的工作人员很疑惑，真宗回复：“最近听说馆阁里的这些大臣们，总是互相宴请游赏，只有晏殊不参加，而是和兄弟们读书，像这样立身谨慎笃厚的，正是东宫官员的人选啊！”并且当面向晏殊说明原因。没想到晏殊老老实实交待：“我不是不喜欢宴游，只是太穷了，财力不允许。要是有钱，恐怕我也会去参加的。”真宗大笑，越发欣赏他的诚实。

晏殊不仅对皇帝坦诚相待，对贫寒的读书人也是如此。欧阳修在为晏殊所写的神道碑中，说他没有架子，“待人以诚，虽身处富贵，仍像寒士一样，跟人喝酒聊天，欣然欢喜”。晏殊何止是对士人诚恳以待，积极援引，身在那样一个严等级之分的时代，即便是对没有任何地位，身份低人一等的歌伎，也平等视之。

幼时贫寒日后做了宰相的晏殊，其实很喜欢享受生活，尤其喜欢与宾客宴饮，只要有佳宾，必然留客，留客宴饮的场合里，少不了歌舞助兴。晏殊总是在酒菜稍阑、歌伎演唱了一阵子之后说，“你们把拿手本事表演完了，我们也该表现表现了”，于是铺开笔墨，开始与宾客写诗赋词，相与唱和。歌伎与士人，在晏殊心里，是同样各自凭本事吃饭的人。

不论对待皇帝、读书人还是歌伎都质朴坦诚的晏殊，特别看重立身处世谨守本分。他曾委托范仲淹物色合适的女婿人选。过了很久，范仲淹回复，有两人可以考虑，一位姓富，日常注意言行修养，谨慎处世；另一位姓张，俊采英发，处世疏朗，不过富氏更加大气。晏殊还是选中了注意自身修持的富氏。

对于能够以非常手段，达到非常目标之人，晏殊特别反感。他任职陈州时，曾于州圃宴集宾客。时当伏暑，日光正盛，晏殊感叹，“江南盛冬时节，出产烘柿子，要是能在这样的大热天里吃到，应当会顿感清凉啦”。陈州名士李宗易忽然说“这好办”，拿着借来的四个大食盒，就进了州堂边的西房，过了一会儿出来，把食盒交给仆役，抖抖衣襟重入席中，只见食盒里装满了霜粉蓬勃的烘柿子，正是盛冬时节刚成熟时的样子，分给座客及其家人，大家都拿到不少。晏殊非常不高兴：“他能直接把州中公物取来分给大家，又有什么样的事情做不出来的！”从此逐渐疏远了李宗易。

晏殊经历过贫寒，也曾身历宰相，在少年时即进入举国瞩目的权力中心，又在鬓生花发的年岁，因为当年的文章没说明李宸妃实为皇帝生母，而被贬外任近十年。经历浮浮沉沉的人生，看惯起起落落的各种人和事，他笔下的词作，往往在真诚中透出一种旷达。“当时共我赏花人，点检如今无一半”，是无奈感伤知交零落。“萧娘劝我金卮，殷勤更唱新词。暮去朝来即老，人生不饮何为”，“人生行乐耳”，人生短暂，眼下的欢乐值得积极追寻，这是认真对待自己的需求。“满目山河空念远，落花风雨更伤春。不如怜取眼前人”，勘破了现实，才能更加坦诚地对待别人，放过一切不如意，过好当下的生活。

这样真诚又旷达的心性，使晏殊词在真挚中自有一种理性的力量，情与思交融无际。“可奈光阴似水声，迢迢去未停”，“夕阳西下几时回”，是略带感伤地叹息光阴如流水，美好的时光一去不返。“无可奈何花落去，似曾相识燕归来，小园香径独徘徊”，是安然接受生命的残缺与不完美，以沉潜萦回的思致，接受上天意外的馈赠，化解这份惆怅。

立身谨慎待人坦诚的晏殊，真诚地看待自己和别人，以理性旷达地接受生命中的种种不如意与不完美，他的词相应总是从容不迫，迂徐雍容，自然有种富贵高华的气质。“池上碧苔三四点，叶底黄鹂一两声。日长飞絮轻”，细碎的景物中，洋溢着悠闲安雅的情致。“昨夜西风凋碧树，独上高楼，望尽天涯路”，即便是求而不得，也是从容大气的。

人称“富贵词人”的晏殊，有一次看到李庆孙的《富贵诗》“轴装曲谱金书字，树记花名玉篆牌”，说：“这不是富贵相，而是乞丐像。我总说，富贵不是要去说金玉锦绣，而惟说气象便好。像‘楼台侧畔杨花过，帘幕中间燕子飞’‘梨花院落溶溶月，柳絮池塘淡淡风’，穷家哪有如此景致？”

晏殊正是如此，真诚、旷达、理性，立身处世本分谨慎，也不废对诗酒人生的快意追求，刚俭自律、重视本职工作，也追求美好的生活，而成为宋代一类士人的代表。

他由真宗简拔，长伴仁宗左右，虽然不是事功满满的一代名相，如寇准、范仲淹等，却在兴办学校、文学创作等方面，成为当时的一流人物，尤其是为北宋发展，荐拔储备了大批人才。“比他小16岁的欧阳修，就是宋仁宗天圣八年（1030）他主持礼部试时以第一名录取的。比他长两岁的范仲淹也是他的门生。此外韩琦、富弼、杨察等北宋名臣都出自其门下，王安石也受过他的奖掖。宋祁、张先等均曾在他手下任职。”（刘扬忠《晏殊词选》）

晏殊号称“宰相词人”，有意识地在唱和宴饮中，多角度考察值得援引之才，在事实上，领导了北宋前期上层文人士大夫圈子的歌词创作，他的词闲雅、真挚、理性，又总是透着淡淡的感伤，引领了当时的主流词风，被誉为“北宋倚声家之初祖”。

（原载 2023 年 5 月 25 日“中华书局 1912”微信公众号，作者系中华书局文学编辑室编辑）

文武全才还是大言误国？

——南宋最具争议的名相张浚

任超逸

南宋孝宗隆兴二年（1164）七月，已经退休的前任宰相张浚深感自己来日无多，写信给时年32岁、尚未成为著名理学家的儿子张栻，嘱托后事："吾尝相国家，不能恢复中原，尽雪祖宗之耻，不欲归葬先人墓左。即死，葬我衡山足矣。"一个月后，张浚在江西余干与世长辞。张栻遵从父亲遗命，葬之湖南。

身为南宋中兴名相，张浚创造了怎样的功业？又是怎样的经历，使他抱憾终生，以至于不愿归葬祖茔呢？让我们一起纵览张浚跌宕起伏的一生。

张浚是四川绵竹人，少有大志，二十出头便高中进士。此后长期在地方上历练。靖康之变，徽、钦二帝被金人掳去，听闻高宗即位于应天（今河南商丘），张浚"星夜驰赴"。建炎三年（1129）高宗南逃至杭州，护卫将领苗傅、刘正彦兵变，逼迫高宗退位。此时张浚治兵平江（今江苏苏州），他首倡勤王之义，与吕颐浩、刘光世、张俊、韩世忠等文武大臣协心戮力，平定了兵变。张浚忠义之心使高宗深受感动，随即被任命为知枢密院事，年仅33岁就进入南宋权力的中枢。

此后30多年间，张浚三度掌领军政，“兼将相之权，总中外之任”，为南宋政权的巩固与壮大立下了汗马功劳，因此爵封魏国公。

建炎三年至绍兴三年（1133），张浚任宣抚处置使，总领四川、陕西军政，任用名将吴玠，巩固了南宋的西部疆土。

绍兴四年至七年（1134—1137），张浚身兼将相，与赵鼎共政，成功抵御了金朝和伪齐两次南侵，南宋在与北方政权的对峙中逐渐显现出优势地位。

绍兴三十二年至隆兴二年（1162—1164），金朝撕毁和议再度南下，年逾六旬、谪居湖广二十载的张浚被召还朝，再次主持军政大权。

张浚辅佐高宗、孝宗两代君主，身兼文武，匡扶社稷，成“中兴”之功。南渡以来，和议之声不绝于耳，浚“独以虏未灭为念”，誓不与敌共存，终身主战。他与赵鼎共政，擢引能臣、名士，朝廷气象焕然一新，时称“小元祐”。可以说，张浚是实实在在的有为之臣、有功之臣。

然而，同样是张浚，或因判断失误，或因处置失当，或因轻敌冒进，先后三次丧师辱国。

建炎三年，张浚在川陕战场主动寻求与金朝主力展开会战，发动了著名的富平之战。结果，宋军失利，陕西五路土地尽失。

绍兴七年，张浚处置庸将刘光世的军队失当，造成其部将郦琼叛变并投降伪齐，是为“淮西兵变”。

隆兴元年（1163），张浚主持北伐，由于出兵时机错误、主将李显忠与邵宏渊不协等原因，宋师最终溃于符离城下。

张浚的三次兵败严重削弱了国力，导致南宋在与金朝的对抗中渐渐处于不利地位，同时也间接造成了主和派的得势与秦桧的上台，深刻影响了南宋的国势进程。针对某些大臣重新起用张浚的建议，高宗曾气恼地说：“宁至覆国，不用此人！”张浚终身以恢复旧土为己任，然而几次重大军事失利致使他“不能恢复中原，尽雪祖宗之耻”，应是其晚年不愿归葬故里的重要原因。

张浚的成与败、功与过，导致围绕其个人的褒贬，自南宋以降未曾间断。而他与诸文臣武将的复杂关系，特别是对岳飞既倚重又猜忌、既合作又防范的态度，更使得历史上对张浚的评价或扬或抑，众说纷纭。

朱熹在张浚的行状中评价道：“惟公忠贯日月，孝通神明，盛德邻于生禀，奥学妙于心通。勋存王室，泽在生民，威震四夷，名垂永世。”几乎将张浚描述成一个圣人、完人。杨万里在张浚的传记中也说：“议者谓其论谏本仁义似陆贽，其荐进人才似邓禹，其奋不顾身、敢任大事似寇准，其志在灭贼、死而后已似诸葛亮。”将张浚与邓禹、诸葛亮等古之名臣相比拟。

然而明代的袁中道却说张浚“其罪甚大，而逃于国宪”，清代的钱大昕说张浚“志广而才疏，多大言而少成事，迹其平生用兵，有败无胜”，似乎又将他贬得一文不值。

朱熹和杨万里的评价如此之高，是由于他们与张浚在理学思想和政治观点上的密切联系。张浚是程颐的再传弟子，后来成为理学名家的张栻也深受父亲的熏陶。朱熹和杨万里作为晚辈后学，都曾向张浚当面求教。同时，朱熹和杨万里都是较为坚定的主战派，与张浚的政治、军事观点较为接近。而袁中道和钱大昕之说，本质上是后人对前朝史事和人物的批判性评论，突出论述张浚之失、张浚之败，也是容易理解的。

围绕张浚成与败、得与失的争论已然持续了数百年，理学之兴衰、政见之异同、历史之演进与朝代之更替更加深了这种分歧。时至今日，只有回到源头，细致梳理与研读张浚留下的文字，才能更好地理解张浚在南宋政治、军事和学术上的地位和作用，更好地还原历史上真实的张浚，还有他所处的那个波澜壮阔的时代。

（原载2023年10月23日“中华书局1912”微信公众号，作者系中华书局历史编辑室编辑）

当茶叶走向西方

董洪波

说到中国的茶，是集雅俗共赏于一体的物质文化。雅者，有茶道、茶文化，朋友雅集、师友相聚，茶都是离不开的雅兴之物。不仅如此，19世纪的茶叶贸易还在中国卷入全球化的过程中扮演了重要角色。这一段历史很值得玩味和挖掘。

一、茶与中国人的日常生活

西汉的文献里已经提到过“买茶”、“烹茶”。唐代陆羽的《茶经》里面提得更早：“茶之为饮，发乎神农氏。”传说神农遍尝百草，所以这一记载也并非没有道理。根据相关研究，在唐代，茶叶在内外市场已经执商品界的牛耳。到宋代，茶业就更兴旺了。陆羽《茶经》被饮茶人奉为经典。从里面的描述可以看到唐朝人对饮茶已经讲究到什么样的地步，对于泡茶的泉水都格外挑剔。古代的皇帝也喜欢茶叶，常常需要贡茶。

到底中国人有多爱喝茶？在《茶叶与鸦片》里有许多细节性的描写。美国学者铂金斯说过：“茶叶被认为是中国的民族性的饮料，但富人消费了其中的大部分，穷人常常只能饮用开水。”古代士大夫阶层的生活离不开茶叶，有很多材料可以证明。本书则指出，事实上茶叶作为“中国的民族性的饮料”，是社会各个阶层都消费的。书中举了一个例子，乾隆时期在汉口的一个救济机构，里面的工人大都是贫民，在规章里规定了每位工人每次报酬要有茶叶多少两。连救济机构都把茶叶作为生活必需品，可见茶叶在中国有多么广泛的消费。

二、茶叶在英国的影响

在 19 世纪以前，中国的茶叶外销分为两个部分：通过陆路，向北对俄罗斯输出；通过海路，向欧洲主要是对荷兰和英国输出。在整个 17 世纪和 18 世纪早期，荷兰是西方国家中最大的茶叶贩运国。荷兰人从中国购买的茶叶，除了满足自己的消费外，还转卖给其他国家。到了 19 世纪，对中国的贸易优势已经转移到英国商人这里。

茶叶和英国人真的像是有奇妙的缘分。英国人接触茶叶并不是很早，但是饮茶在英国却非常流行。我们在 19

世纪的英国小说里经常可以看到对饮茶场面的描写。比如很受欢迎的小说《爱丽丝漫游奇境记》里就有对于茶会的描写。茶叶在英国不仅受上层社会的欢迎，也成为底层劳动者的日常必需品。这是非常令人惊叹的。

茶叶受英国人欢迎的原因有很多，最主要的可能是茶叶非常健康，对于英国人的饮食结构有所改善，给人增加能量。还有就是当时英国工业发展，很多人从事着非常沉重而枯燥的工作，需要劳动者有充沛的体力。茶叶适逢其时，因为它不仅完全可以代替酒类，而且比酒类便宜，有益于健康，也适应劳动者的消费水平，因此茶叶消费量迅速增长。书中引用了很多英国人对于喝茶喜好的描写。比如 18 世纪的一位牧师写道："感谢上帝赐我茶叶，若无茶叶，世界不知将若何！余生逢此有茶叶时代，深以为荣也。"又如著名史学家麦克法兰说："一杯甘甜温热的茶可以让人心情舒畅，重新恢复精力。在以人力为中心的工业化时代，一杯美好的茶已经成为人们工作的重要推动力，它的重要性犹如非人力机械时代的蒸汽机。""如果没有茶叶，大英帝国和英国工业化就不会出现。如果没有茶叶常规供应，英国企业将会倒闭。"这样的说法当然有些夸张，但茶叶贸易对英国工业革命有一定的推动作用，是许多研究者得出的结论。

三、为什么中国的茶叶逐渐竞争不过印度和锡兰的茶叶

中国虽然是毋庸置疑的茶叶出口大国，但据本书的考察，中国在19世纪就有茶叶进口的现象。向中国出口茶叶的国家有两个，一个是日本，一个是印度，都是19世纪国际市场上中国茶叶强有力的对手。只不过，一开始，对手并不强。比如，日本输入中国茶叶的价格是比较低的，再加上海运便利，所以大量日本茶叶销往中国的天津及华北地区。而印度茶叶则主要销往西藏。本来四川的茶叶卖到西藏有很大的利润，在光绪年间就受到印度茶叶的侵挤。但是他们对于中国茶叶市场主体的影响没那么大。到后来，印度茶叶则抢夺了中国最大的海外市场英国。

前面讲到英国人爱喝茶叶，对茶叶的需求很高。但是中国人对英国商品的需求不高，所以大量的白银流往中国。英国人不愿意了。他们试了很多办法，最终决定，一边在印度和锡兰种植茶叶，一边往中国销售鸦片。很多中国人被鸦片毒害，不可自拔，也就有了后来我们熟悉的虎门销烟的故事。

对于中国人来说，这是双重的打击。一方面鸦片贸易导致白银回流到英国，另一方面鸦片摧毁了中国人的健康。不仅如此，英国人还开始在印度和锡兰种植茶叶。国

际贸易异常残酷。印度和锡兰的茶业兴起晚，但是管理科学，技术先进，品质和销量很快赶上了中国。

四、中国茶叶生产的特点

中国茶叶为什么在国际市场上渐渐失去了竞争优势？在18世纪中国茶叶出口持续走高的情况下，规模经营显得非常必要，但事实却是市场需求的增加并未引起茶叶生产方式的变革，茶树零散种植的特点基本没有改变。中国的茶叶生产不仅规模小，加工方式也极为粗犷。在没有竞争对手的情况下，这种生产方式还可以维持。但是，当后来有了英国统治下的印度、锡兰这样的强劲对手，就导致中国茶叶出口失去欧美的广大市场。

《茶叶与鸦片》这本书提供了清晰的对比。茶树零散种植的优点是能充分利用土地，尤其是能利用不利于一般粮食作物种植的土地，如山坡倾斜地带、沟沟坎坎等，符合中国人多地少的特点。但是这种经营方式问题有很多。有学者归纳为以下诸点：施肥之不充分、表土之冲去、除草之不力、茶种之不良、剪伐之不得时、摘叶之过度、搓揉法之不良、干燥法之不良、制造之不洁、精拣之不充分、包装之不良、生产者之低级等。

这里已经提到了茶叶加工问题，实际上中国茶农集植茶、采摘、粗制于一身。书里还引用了一则史料，记载茶农收获茶叶并进行粗加工的盛况说：

采之日老稚男女毕出，筐之筥之，邻里强以相助也。夜篝火彻曙，岸斧而炽薪，炙之以柔其性也，挼之以敛其质也，焙之以烈其气也，汰之以存其精也，乃盛以篓，乃鬻于市。

可以说，不仅全家老少出动，连邻居街坊都过来帮忙。无论采摘还是加工，都要耗费大量的人力物力，但成品粗糙，如果出口，还需做深加工。

相比之下，印度的茶叶种植一开始就采取近代化的经营方式，不仅茶园面积很小，小则几百亩，大则上千亩，而且科学管理，机械加工，茶叶产量高，质量好。比如青茶的加工，需要一道揉搓手续来去除水分。为了方便，中国茶农有的用脚踩压青茶，这样做既不卫生，又因为用力过猛而损伤茶叶的质量，有的则用手揉搓，这样做非常耗费人力，增加成本。印度的茶园就直接采用机器来揉搓，每次只揉制三两分钟，既降低成本，也保证质量。在 1866 年，中国曾从锡兰引进一架揉茶机器，但竟然因为害怕引起揉茶苦力的骚动，没敢投入使用。这有点像英国工业化过程中毁坏机器的运动，因为机器确实会顶替掉许多工人的岗位。在中国近代，也有这样林林总总的矛盾。

但是中国近代的问题还不止于此。整个大环境也不是很友好。清政府统治下，各地各种名目的茶税非常多，高税导致高价格，中国茶叶因为高税费可能比印度和锡兰的茶叶价格高出很多。并且，清政府在茶叶税收政策上是“抑内扬外”，导致中国茶商在茶叶外贸市场上处于不利位置。不仅英美市场逐渐萎缩，连俄国市场也被欧洲的茶叶商人攘夺。

再加上持续十几年的太平天国运动，也对茶业有很大的破坏性影响。太平天国主要活动在南方，尤其是长江中下游一带，与中国盛产茶叶的地区有很大的重叠。茶叶收成受影响，茶叶贸易也被破坏。经营茶叶的商人也不敢前往被太平军占领的产茶地区。《茶叶与鸦片》引用了一个外国商人的描述，就说太平军“完全阻止了茶叶从任何内地路线运抵上海”。这就很能说明问题。即便在战乱结束后，元气大伤的茶业生产和贸易也很难马上恢复。

五、茶叶在中国走向全球化进程中的真实角色

有人提出，茶叶在国内外经济中扮演如此重要的角色，有没有可能引领中国产业的现代化转型？比如英国棉纺织业的联动作用促进了工业化的发展，功不可没。但是这的确有点高估茶叶的带动作用了。

事实上，中国的茶叶贸易不仅没有带动相关产业的发展，而且在 19 世纪后期国际茶叶市场激烈的竞争中惨败，更别说为中国资本主义的发展提供一定的原始积累了。吊诡的是，中国茶叶在国际市场上惨败的同时，中国人自产

的鸦片因为价格优惠，反而挤走了进口鸦片，取得了一个尴尬的胜利。

但是，并不能说茶叶在中国卷入全球化的进程中毫无作用。当时英国主要用白银交换茶叶，但英国并不生产白银。为了换回国内急需的茶叶，英国人一方面想方设法从美洲获取白银，另一方面又庆幸在印度找到了激起中国人购买欲望的鸦片。于是，全世界因为茶叶、白银和鸦片等而进一步连结在一起，这几种商品大大地促进了经济全球化的进程。尽管大航海时代以来，经济全球化就开始了，但那时尚未波及中国；到了 19 世纪，经济全球化浪潮不仅波及中国，而且中国已经不自觉地成为经济全球化链条中非常重要甚至是关键的一环。

如果想进一步了解近代茶叶与鸦片贸易在中国卷入全球化过程中的作用，推荐阅读这本《茶叶与鸦片：十九世纪经济全球化中的中国》。

（原载 2023 年 4 月 1 日“中华书局 1912”微信公众号，作者系中华书局上海聚珍文化传媒有限公司编辑）

高考语文考传统文化考出新高度，未来的考生如何应对？

李少英

传统文化一直是高考语文的重要考查内容。2019 年教育部考试院制定了《中国高考评价体系》，强调高考要“引导学生培育和践行社会主义核心价值观，弘扬中华优秀传统文化、革命文化和社会主义先进文化”。

高考对传统文化的考查全面融入试题，除专门设置文言文阅读、古代诗歌阅读和名篇名句默写三大板块来专项考查外，现代文阅读的材料、语言文字运用题的语料以及作文题也都会有所涉及。

综观 2023 年高考语文全国四套试卷，与前几年相比，试题对传统文化考查的力度有增无减，甚至考出了“新高度”。

文言文阅读材料由一篇变为两篇

最近几年，全国卷文言文阅读的材料一直在“不动声色”地做出改变，可谓“小步快跑”：2021 年打破了若干年来材料选自“二十四史”的惯例，改从《通鉴纪事本末》和《宋史纪事本末》中选材；2022 年的材料出处变得更加多样化，有《战国策》《东观汉记》和《说苑》；2023 年的选材则完全“放飞自我”，材料来自《韩非子》《孔丛子》《百战奇略》《唐太宗李卫公问对》《隆平集》，有的出处可能普通人连听都没听说过。

值得关注的是，以往的复合材料一般出现在现代文阅读当中，论述类文本阅读、实用类文本阅读和文学类文本阅读都出现过围绕同主题或相似主题的 2—3 篇材料，而今年的复合材料出现在文言文阅读中。新课标 I 卷的文言文阅读材料一出自《韩非子·难一》，材料二出自《孔丛子·答问》；新课标 II 卷的材料一出自《百战奇略》，材料二出自《唐太宗李卫公问对》。

单一材料变成复合材料后，阅读的文字量与之前相比并没有增加，但是阅读的要求显然提高了：考生需要对两则材料进行比较阅读，分析二者的异同，并按题干要求解决相关问题，更侧重于考查考生的分析、综合、评价等高阶思维能力。

另外，往年的断句是选择题，今年却要求考生自主断句：

> 材料二画波浪线的部分有三处需要断句，请用铅笔将答题卡上相应位置的答案标号涂黑，每涂对一处给1分，涂黑超过三处不给分。（3分）
>
> 韩非子A云夫子B善之C引D以张本E然F后难之G岂有H不似哉？

题干明确指出“每涂对一处给1分，涂黑超过三处不给分”，就是说考生要准确判断三处断句，而不能靠多涂标号蒙混过关。跟以前的选择题相比，这一题型无法通过排除法、对比法等答题技巧来选择选项，答题难度明显提升了。

阅读材料的出处打破“二十四史”，说明文章的内容和体例不再“套路化”；材料不拘泥于一篇，对考生的思维能力提出了更高要求；更多主观题，考的是实力而非答题技巧……这一切变化都要求学生全面提升自己的文言文阅读能力。

对古代文化常识考查得非常细

古代文化常识是历年的必考项，主要在文言文阅读题中考。今年的新课标Ⅱ卷考到了古代军用器具“刁斗”：

> 下列对材料中加点的词语及相关内容的解说，不

正确的一项是（　　）

A 平易，指地形平坦，古代常用于描述地貌，也可用于描述人的性情，指性情温和。

B 闻金则止，金指敲击刁斗发出的声音，古代军队行动中听到鸣金信号就停止前进。

C 片善，文中指微小长处，其中的“片”与成语“片甲不留”中的“片”意思不同。

D 果，指实现、成为事实，与《桃花源记》中“未果，寻病终”的“果”意思相同。

全国乙卷考到了古代祭祀文化中的“血食”：

下列对文中加点的词语及相关内容的解说，不正确的一项是（　　）

A 穷，指困窘、困厄，与《送东阳马生序》中“穷冬烈风”的“穷”意思相同。

B 出入，表示“大约”，与《愚公移山》中“出入之迂也”的“出入”意思不同。

C 血食，指受享祭品，古代祭祀时宰杀牛、羊等做祭品，取血以祭，称为血食。

D 绝世，指断绝了诸侯的世系传承，与成语“绝世无双”的“绝世”意思不同。

以上两题关于“金”和“血食”的阐述都是正确的，

不属于答案选项。

这一题型将对文言实词的考查和对古代文化常识的考查糅在了一起，需要考生在这两方面都有比较扎实的基本功。高考对古代文化常识的考查形式是随文考，即阅读材料中有什么便考什么，近几年的考查数量并没有增加，但考得非常细，需要学生平时有意识地积累相关古代文化常识。

读点诗论有助于古诗阅读题拿高分

今年古代诗歌阅读所选诗词，一如既往地避开“名家名作”，有的试卷虽然诗人是名家，但所选作品并不是该名家的代表作或大家耳熟能详的作品。而且，今年有一个特点，四套全国卷所选材料无一例外全部为宋诗或宋词。这个显然不能当作规律性的东西，可能明年一首宋诗也不选。它给我们的提醒是，不要总盯着“唐诗”，各个朝代的作品都要关注。

试卷类型	古代诗歌阅读
新课标Ⅰ卷	答友人论学 / ［宋］林希逸
新课标Ⅱ卷	湖上晚归 / ［宋］林逋
全国甲卷	临江仙 / ［宋］晁补之
全国乙卷	破阵子［宋］陆游

古诗阅读题的第二问有时会联系“诗论”或“词论”来提问，如今年新课标Ⅱ卷古诗阅读的第二小题：

> 王国维说：“以我观物，故物皆著我之色彩。”这一观点在本诗中是如何得到印证的？请简要分析。

“以我观物，故物皆著我之色彩。”这句话出自王国维的《人间词话》。要回答这一问，必定首先要理解王国维这句话的意思。如果考生没有完整读过《人间词话》，但读过中华书局出版的《一本书备考中华传统文化》，也一定会感到幸运，因为在这本书的“经典文论精粹阅读”一章，《人间词话》的“精华选读”就有这句。

其实，学生读点诗论、词论，不仅是为了答题时有“熟悉感”，有了一些文学理论的储备，自身的古诗词鉴赏能力就能上一台阶，写出来的鉴赏文字也自然比别人有深度。

名篇名句默写题：光会背诗还不够

名篇名句默写题近年来一直走的是“情境式默写”路线，但今年似乎更放得开，四套卷子中该题最后一小题的情境，有三个是小刚同学创设的：

> 小刚临摹了一幅诸葛亮的画像，想在上面题两句诗，却一直没想好。汪老师认为不妨直接用古人成句，比如“

________，________”就很好。

（新课标Ⅰ卷）

小刚在他创作的历史小说《正气歌》中写道：文天祥月下独步于江边，眼前壮阔的景象使他不禁吟诵起前人的写景名句“________，________”。

（新课标Ⅱ卷）

花和雪都是古诗词中常见的物象，古代诗人常常以雪喻花，或以花喻雪，比如“________，________”。

（全国甲卷）

小刚因病不能参加比赛，汪教练给他发了一条信息，写道：“人生中的机遇绝非只有一次，古诗云：‘________，________。’我对你永远充满信心！”

（全国乙卷）

往年名篇名句默写题的题型也需要根据上下文的意思来填诗句，但一般都会给篇名，考生直接在该篇中搜索诗句即可。而2023年的“小刚题”，除了情境创设，没有给予任何篇名的提示。这一新题型无疑更灵活，对善于活学活用的考生来说，这道题可能变得更容易了，因为没有指定篇目，任何符合题意的诗句都可以，哪怕是小学背过的诗句。

"'情境'一词在《课程标准》中出现34次，在《高考评价体系》中出现43次，是本轮课改典型的高频词。《课程标准》在评价建议中明确提出'以具体情境为载体'，《高考评价体系》则'规定了高考的考查载体——情境，以此承载考查内容，实现考查要求'。'情境载体'让考生必须面对具体的情境、真实的问题，而不是仅仅聚焦于放之四海皆准的知识与技能。"(《王本华：高考语文试题进一步指向教学考一致性》)为什么如此重视"情境"？主要目的就在于要扭转机械刷题的学习方式，引导考生活学活用。

小学背过的成语高考还要考

今年全国甲卷的语言文字运用题也非常有新意。题型是"一拖五"的形式，其中对成语的考查跟往年有很大不同：往年一般"要求在横线处填入适当的成语"，而今年这道题提供的语料内容就是关于成语的，后面的题目第四小题要求对文中老师的成语讲解"作出评论"，最后一个小题要求考生自主讲解一个成语——这比在横线处填一个成语难太多了。其实，第三位老师讲解成语的方式可以概括为"成语典故+意思解释"模式，小学生学习成语不就是这么学的吗？所以，小学背过的成语不能丢，没准儿高考还得考。

以上考查传统文化的试题，新课标Ⅰ卷、Ⅱ卷的分值为35分，全国甲卷48分，乙卷34分，除了这些独立考查传统文化的题型，现代文阅读材料也涉及传统文化，如全国甲卷的论述文是《以考古学构建中国上古史》，虽然考的是阅读理解，但稍微了解一点考古学、知道一些考古术语对阅读理解还是有帮助的。考古学、历史学、文艺理论等都是近年高考论述类文本的热门话题，考生应有意识地多阅读这方面的文章。

总之，今年四套全国卷，一如既往地关注、考查传统文化，题型变得更丰富多彩，考查方式更新颖灵活，在试题中充分贯彻了“弘扬和传承中华优秀传统文化”的重要理念，厚植家国情怀，增强文化自信，体现价值引领。

（原载2023年7月3日“中华书局1912”微信公众号，作者系中华书局青少年读物编辑部编辑）

行业思考

担负新的文化使命　创新传统文化出版

尹　涛

习近平总书记在文化传承发展座谈会上的重要讲话，系统总结了新时代以来中国共产党对中华优秀传统文化的深刻认识，提出了全新的定位；对中华文明的“五个突出特性”、“第二个结合”进行了深刻论述，提出了在新的起点上继续推动文化繁荣、建设文化强国、建设中华民族现代文明新的文化使命。这次重要讲话是新时代党的创新理论在思想文化领域的重大突破，特别是提出了“第二个结合”是又一次的思想解放，必将对中华优秀传统文化的传承、发展、创新各个层面形成巨大的推动力量。

重要讲话深刻推动新时代传统文化出版

中华优秀传统文化相关出版工作在阐释和促进“第二个结合”、建设中华民族现代文明、建设新时代的新文化方面，面临着许多新的重大创新课题，迎来了历史性发展机遇。

结合习近平总书记重要讲话精神，通过近年来中华传统文化出版的探索实践和对未来中华典籍出版守正创新的思考，谈几点粗浅的认识。

首先，纵向打通了中国思想和文化的古今延续性。习近平总书记强调“中华文明具有突出的连续性”，“必须从源远流长的历史连续性来认识中国”，从而深化了对中华优秀传统文化的认识。这是高度的文化自信，把几千年变迁的中国历史视作一个连续性的整体，都应当是“我们的历史”、“我们的文化”、“我们的思想”的有机组成部分，用一个比喻的说法，就是贯通了几千年的“家谱”和“道统”。习近平总书记多次指出，中华优秀传统文化“已经成为中华民族的基因”，“是中华民族的精神命脉，是涵养社会主义核心价值观的重要源泉，也是我们在世界文化激荡中站稳脚跟的坚实根基”，“是中华文明的智慧结晶和精华所在，是中华民族的根和魂”，“是中华民族的文化根脉”。这次重要讲话更是从纵向打通了中国的历史和现实，打通了中国思想和文化的古今延续性，让中国式现代化能够赓续古老的中华文明，让中华优秀传统文化通过创造性转化与创新性发展成为中华民族现代文明形态的组成部分。这些重要论断极大地鼓舞了传统文化出版领域的士气，传统文化出版迎来一个新的发展契机。中华书局等一批传统文化出版单位的出版人，必须站在这样的认知高度，去思考如何构建新时代的传统文化出版格局，以及如何保持这种文化自觉。

习近平总书记指出，“中华文明具有突出的连续性，从根本上决定了中华民族必然走自己的路。如果不从源远流长的历史连续性来认识中国，就不可能理解古代中国，也不可能理解现代中国，更不可能理解未来中国”。回顾中国共产党百年来对中华传统文化的认知、政策的制定以及实践层面的变化过程，可以清晰地看到，在中华民族走向伟大复兴的新时代，这样的认识是极具使命感的，总结了过往的经验和教训，是站在中华民族现代文明层面的高度历史自觉。

其次，从五个方面对“第二个结合”进行了深刻精辟的剖析。习近平总书记从五个维度深刻阐明了马克思主义基本原理同中华优秀传统文化相结合的前提、结果及其产生的意义。由此可见，中华优秀传统文化的源头、发展方向，通过“第二个结合”的相关论述，已经从纵横两个维度都打通了，进一步丰富了中国共产党的思想资源、文化资源、理论武器。学习马克思主义，要从它的三个来源方面去学习，才能深刻地理解；理解中国共产党领导下今天的中国，领悟习近平新时代中国特色社会主义思想，也要从来源去理解，要从中华优秀传统文化去理解，这是面向历史的厚度。“第二个结合”的提出和深化，是文化自信最突出的理论成果。

以前我们强调用马克思主义理论去分析和批判传统文化，现在提出了“第二个结合”，这是一次历史性飞跃。分析和批判是单向的，结合是你中有我、我中有你的，是两个主体通过相互借鉴、改造和融合之后产生的新的文化形态，这是对民族历史文化的充分尊重，是执政理念的高度自信。“第二个结合”的理论创新和思想解放，使我们能够更加有效地在传统文化中挖掘一些关键性的优秀思想资源。对于传统文化，不仅需要以马克思主义基本原理加以分析和批判，而且运用“第二个结合”的精辟论断，进一步指明了新的创造性转化空间，更体现了面向未来的创新性发展的价值与意义。

再次，将“第二个结合”提到了建设中华民族现代文明的新高度，“结合”呼唤创新，离不开创新。古老的中华文明历经五千多年沧桑依然历久弥新，未曾中断，这与“创新”密不可分。周虽旧邦，其命维新。建设中华民族现代文明是新时代的中国作为世界文明大国的重要使命，要完成这个使命，就离不开永恒的“创新”。党的十八大以来，习近平总书记多次强调“创造性转化”和“创新性发展”，这是辩证思维的结晶。传统文化内容非常丰富，以儒家十三经论，即使研究者皓首穷经，也很难处处明白。只单纯地不加区别地讲继承传承这一面，思维上往往会形成闭环，预设一个现成的甚至自认为“完美”的思想体系，预设一个认识和学习上的“天花板”。在习近平总书记“两创”论提出之前，毋庸讳言，我们在对待传统文化时常常有意无意采取相对静止的面向过去的态度。20年前，基本古籍能不能以简体字横排本推出，在出版社内部都是要争论的事情。10年前，要不要大规模地做古籍的白话文翻译，也是让人纠结的话题。回顾历史上各个时期文化的存亡兴衰，可以看到思想文化、文学艺术等领域的大突破大发展，都是创新的结果；各种古典的复兴，究其实也都源于创新。习近平总书记关于中华优秀传统文化创新性发展的重要论述，鲜明地总结了新时代如何更好地推进文化传承和发展工作的历史经验。

最后，“第二个结合”的提出，赋予了建设中华民族现代文明的广阔空间，赋予了新时代新文化建设的无限生机。进入新时代以来，对中华优秀传统文化认识的几次思想突破，其逻辑结论和将来的实践结果，就是优秀传统文化经过发展和创新、经过“第二个结合”，可以转化为新时代的新文化。这样的新文化，就是把历史和传统蕴含在内的新文化。结合的结果，相较世界各种现代文明而言，就是建设中华民族现代文明；相较中华传统文化而言，就是展现新时代的新文化。

有一种简单化的看法认为，传统文化不需要特别学习，只要存在于今天、弥漫在当下日常生活中就够了。另一种简单化的看法则认为，古代的什么都好，哲学思想、艺术文化、诗词歌赋等都比今天的好，流传到今天的只要继承就可以了。上述两种简单化的看法，归结起来大有“凡是现存的就是合理的”味道。究其实质，前者是什么都不做，后者实际是只允许少数人做。它会造成两种情形：一是改革开放以来传统文化典籍的陆续整理出版、各种古代思想历史文化的课题研究和出版物不断积累，但是产生破圈影响的重大研究成果较少；二是大众的“狂欢”，许多人对前人的学术积累基本不了解，却自以为发现了《论语》《道德经》《周易》的“秘密”，到处讲座推广的“传统文化”只是一些肤浅甚至错误的东西。这样就在少数研究者和多数群众之间进一步形成了认知鸿沟，实际上也是大量研究成果、研究积累和创造性转化、创新性发展之间的鸿沟。这样的不良现象，对实现“第二个结合”不利，对新时代新文化的建设不利，对中华民族现代文明的建设不利。大力推进传统文化出版工作，必须全力改变这个现状，这也是“第二个结合”在理论创新和学理深化意义上的本质要求。

推进新时代传统文化出版的探索

新时代赋予了优秀传统文化出版重要发展机遇，如何进一步深入学习领会习近平总书记的重要讲话精神，在新时代真正做好中华优秀传统文化出版、古籍出版工作，是摆在我们面前的重要课题。检视和总结新时代出版经验和教训，或可为未来的工作提供借鉴。中华书局近10年来的工作一直是在学习贯彻习近平新时代中国特色社会主义思想，尤其是在习近平总书记关于中华优秀传统文化重要讲话的浓厚氛围中展开的，很多重大选题的提出和实施，都是直接来源于此。总结过去，面向未来，我们有一些基本的认识和思考。

第一，打造新时代的古籍精品，为建设中华民族现代文明提供文化基石。点校本“二十四史”及《清史稿》通行数十年后，古籍善本更加容易得到，出土文献更新了对传世文献的认知，断代史研究和文献学研究都有了大幅推进，电脑处理数据的功能超过前代，学术界也对原点校本有了更深入的认识。中华书局开始启动点校本“二十四史”及《清史稿》修订工程。习近平总书记多次对做好古籍工作作出重要指示，强调要加大抢救、整理、研究和利用古籍的力度。2017年，中共中央办公厅、国务院办公厅印发了《关于实施中华优秀传统文化传承发展工程的意见》，2022年印发了《关于推进新时代古籍工作的意见》。在这样的背景下，点校本“二十四史”及《清史稿》修订工程的意义和价值更加凸显，修订进程的推进更加有力。2013年，修订工程的第一种《史记》修订本出版。截至2023年5月，中华书局共计出版修订本12种、65册。把点校本“二十四史”及《清史稿》修订这项古籍文献整理的标志性工程完成好，同时宣传好、发行好，是我们未来几年的一个重点工作。

第二，推动新时代古籍出版和使用的数据化，使中华优秀传统文化的文字载体与时俱进。2003 年，中华书局成立古籍资源部，正式开启古籍数字化工作。新时代新征程，古籍数字化工作进入快车道。2014 年，中华书局第一款古籍数据库产品《中华经典古籍库》上线，收录整理本古籍 291 种、2 亿字，成为当时最大的整理本专业古籍数据库，高质量数字化内容得到用户一致好评。2015 年，中华书局将古籍资源部改组为具有独立法人资质的全资子公司，以“再造线上中华”为目标，全面进军古籍数字化领域。2016 年，第一款手机微信版上市，通过手机可以全文阅读、检索基本古籍的权威版本。公司建立的全国第一个古籍整理众包平台，从 2019 年上线服务以来，拥有在线古籍编校队伍近 5000 人，累计发布任务 42976 个，处理 14.84 亿字。公司建设运营的“籍合网”成为全国最大的古籍整理出版平台。在古籍数据库建设方面，“籍合网”上线以来发布数据库 31 个，涵盖专业古籍整理出版资源 30 亿字，建成了全国最大的整理本古籍资源数据库，为用户提供了高质量内容及选择。

第三，切实解决古籍出版的人民化、大众化问题。近年来，中华书局有两套丛书，围绕扩大读者面，普及和提高大众阅读使用古籍进行了探索，表现非常突出的是“中华经典名著全本全注全译丛书”。这套丛书力图让中华优秀传统文化经典走出象牙塔，进入普通读者的阅读视野，让传统经典更好地为当代社会生活服务。丛书涉及文学、历史、地理、语言、科技、生活等方面，约请各相关领域的专家学者，以权威版本为底本校勘原文（即“全本”），在此基础上，对原文中难以理解的字词句、专有名词和典章制度等传统文化知识出注诠释（即“全注”），并对原文进行明白晓畅的白话文翻译（即“全译”）。丛书迄今已出版 135 种，累计发行 1360 多万册。目前已有 30 多种图书超过 10 万册发行量，《世说新语》发行超过 100 万册。

“中华国学文库”则是一套定位介乎繁体字校注本古籍和上述“三全本”之间的丛书。这套丛书立意要做简体字本的《四部备要》，在中华书局积累的繁体字整理本中，精选出最重要最常用的品种，保留了原校注整理的全部成果，以简体横排的形式推出。到 2023 年，该丛书已出版近 100 种。清朝人王琦注解的《李太白全集》，10 年间繁体字本销售 2 万多套，国学文库本销售近 9 万套。在丛书推进过程中，我们也发现中华书局欠缺一些基本古籍的整理本，比如《诗集传》。为此，我们补充了繁体字本的品种。两套丛书的出版都是坚持了 10 年以上的结果。

第四，丰富纸质古籍的使用价值，扩大融合出版的探索面。通过扫描二维码，获得图书的附加信息，已经是今天常见的办法。那么，我们的古籍出版，可不可以通过一个二维码，解决全文线上阅读、全文检索，解决从入门到精通的配套资料提供等问题？这是一条完全可以探索的古籍出版之路。如果我们把有定评的、权威的、基本的古籍整理本集成为一套大型的传统文化典籍丛书，让每一种典籍都实现上述功能，可以更好地满足不同层次读者的需求。

第五，专门打造中国古籍的音频化产品。出版社推广中华优秀传统文化的内容，不仅是对纸质图书的推广，还可以包括中华传统经典的音频化、白话译文的音频化推广。前者涉及典籍的版本确定、定字审音，已经有一部分成果，但是需要一个国家层面组织的、代表国家水平的高质量较大规模的集成性项目。后者可能会有较大的市场，涉及现代白话译文的审定，要让读者直接听白话译文而基本不失古籍本意。

第六，赋予古籍更多审美价值，探索把古籍做成可欣赏和收藏的艺术品。古人读书之前常常有净手、焚香的讲究，仪式越繁复，似乎就越突出神圣与敬重之意。当代社会自然可以免去这些仪式节文，但是赋予古籍装帧出版以更多审美价值，确实可以让读者重新升起敬重喜爱之心。内容好，装帧也好，未尝不可。一直以来这方面只占古籍出版的较小比例，应当鼓励古籍出版单位积极探索，将来或许会占据更大比例。

第七，传统文化出版有自身的规律，需要认真梳理。有一些涉及具体项目问题，比如，经典注疏一直是中华典籍传承的主流。以《十三经注疏》为例，它在历史上产生过举足轻重的影响，或许只有《四书章句集注》的地位超过了它。目前，《十三经注疏》有北京大学出版社的繁简字两种整理本、上海古籍出版社的繁体字整理本（不全）、中华书局的简体字本。几种整理本各有所长，但是与“二十四史”点校本、修订本相比，都存在整理深度上的欠缺。中华书局已经陆续推出的《十三经注疏》汇校本是很好的基础，在未来尚需以更彻底的态度往前推进。再以《左传》一书为例，从汉代开始已有多家注解，到西晋杜预完成第一次集解，到唐代孔颖达完成第二次集成式注解。从宋代到清代又积累了大量的研究成果，清代仅梳理人名者就有顾栋高、陈厚耀，改编年体为纪事本末体者则有高士其、马骕，类似纪事本末体的还有吴闿生《左传微》。《左传会笺》校勘日本藏本，剪裁汇集前人注疏，成为一个学者常用的本子。到 20 世纪 80 年代初，杨伯峻先生综合考古发现，运用古文字研究、古汉语研究成果，汲取历代注疏、考订的成果，出版了《春秋左传注》，至今仍然是阅读《左传》的经典注本。

新时代以来，我们看到不少新的探索，比如《左传集评》汇集宋代以来评点成果，提供了《左传》文学研究的丰富资料；《春秋列国地理图志》作者在杨守敬、谭其骧的研究成果基础上，利用卫星 DEM 遥感地形数据、最新的河流水系资料等，重新绘制了列国地图，考订、建立古今地名对应关系，该书成为助读《左传》的新工具。今天，从学术研究的角度看，除了需要一个《春秋左传注疏》的深度整理本外，还需要有一个规模较大的会注本；对《左传》的初学者来说，虽然现在已经有许多种关于春秋时代的“讲史”类读本，但还需要像林汉达《东周列国故事新编》那样的故事本，需要各种深入浅出的导读本等；在《左传》的解读方面，需要向普通读者普及考古、出土文献、文物研究、版本校勘等方面的新成果，为读者提供新知；至今还没有准确权威的《左传》全文朗读音频；古代流传下来的几百种春秋三传的注疏和研究著作，至今只有不到 20 种整理本。在这些方面持续地做下去，需要久久为功的毅力，绝不是三年两年的急就章。这些工作，对“全面深入了解中华文明的历史”至关重要。

《2021—2035 年国家古籍规划重点项目（第一批）》对未来的古籍整理出版做了全面规划。各个领域的结合正在提供大量新的思考、新的选题突破，传统文化守正创新的探索一直在路上。中华典籍作为中华优秀传统文化的主要载体，在推动实现“第二个结合”、建设中华民族现代文明、建设新时代新文化的过程中必将持续发挥基础性作用。从事中华典籍出版工作的人们，一定前所未有地感受到新时代新任务的呼声，感受到中华典籍出版创新时代的来临。这是一条在新时代坚持习近平总书记关于文化传承创新发展理论指导下继续前行的道路，也是一条站在前辈肩膀上仍然需要付出艰苦努力的道路。

（原载 2023 年 8 月 3 日《中国社会科学报》，作者系中华书局总编辑）

从《复兴文库》全流程管理，看重大出版项目的质量管控

朱兆虎

重大文化工程是体现国家文化软实力和文化影响力的重要标志。做好重大文化工程，做好重大出版项目，必须要把导向和内容质量、编校质量、印刷质量放在最重要的位置，坚持守正创新，改进工作方法，提升工作效率，保证重大项目高质量完成。

编纂出版《复兴文库》(以下简称《文库》)，是党中央批准实施的重大文化工程。《文库》精选1840年鸦片战争以来，同中华民族伟大复兴相关的重要文献，按历史进程分为五编，收文约2.5万篇，总计60余卷、300余册、1.1亿余字。习近平总书记在为本书所作的序言《在复兴之路上坚定前行》中指出："在我们党带领人民迈上全面建设社会主义现代化国家新征程之际，这部典籍的出版，对于我们坚定历史自信、把握时代大势、走好中国道

路，以中国式现代化推进中华民族伟大复兴具有十分重要的意义。”

如此意义重大、规模巨大的出版项目，在编纂之初，中宣部领导就明确要求：“努力打造经得起历史和人民检验的传世之作。”要按照最高标准、最高要求，精雕细琢、反复打磨，使《文库》成为文献选编出版的重要范本。因此，确保高质量完成编辑、校对、设计、印刷各个环节的各项工作，对于承担出版任务的中华书局来说，不仅要体现一贯的社会责任和文化担当，更要以高度的政治使命感来对待。以下，简要介绍中华书局在管控《文库》出版质量方面所做的工作。

专门编辑部和编辑工作前置

项目启动后，由中宣部出版局统筹指导，责成中国出版集团及所属中华书局具体承担出版任务，确定为“一把手工程”。在中华书局成立专门的“复兴文库编辑部”，抽调近代史、党史专业出身以及文献整理经验丰富的精干力量，专职负责《文库》编辑工作。编辑部内专设校对岗，专门负责《文库》大量文献的校对工作。

长期以来，中华书局在组织实施重大出版项目方面，积累了很多有益的经验。其中很重要的两条，就是编辑工作前置和所有工作可回溯。编辑工作前置可有效提高出版效率，所有工作可回溯则利于保证编校质量。另外我们发现，如果作者团队中有一位熟悉项目、懂技术的中青年学者参与，并且来负责与出版社的沟通、交流、往还，出版效率将大幅提高。以上经验都为我们顺利开展《文库》相关工作打下了良好基础。

《文库》的五编分别由不同单位组织编纂，由作者方指定一个联络人确实比较困难。因此，在 2019 年 1 月编纂工作全面启动之初，书局便指定了一位有近代史专业背景的骨干编辑，来对接每一位分编主编和分卷编者，做好一切可以提供的服务，及时地接收文稿、遴选底本、查找文献、复印底本、识别文本，对于跨编、跨卷文献重收的情况，及时汇总反馈主编和编者。如此，有效地保证了书局在第一时间拿到“齐清定”的书稿，安排后续校对、审读工作，为项目整体平稳推进，奠定了坚实基础。

“乐高”编纂法

审读与编辑加工、校对是出版工作的核心环节，在规模巨大、时间紧张的前提下，争取到较为充裕从容的编校时间，是保证出版质量的重要一环。

《复兴文库》属于专题文章汇编，目录为其统帅。选文是否精当，主题是否鲜明，脉络是否清晰，也即《文库》一书的内容质量、学术价值全系于目录，因此编纂工作的重心主要在目录。编纂过程中，专卷以及专卷内专题的设置，文章的归属、去取、增删，跨编、跨卷文章的协调，等等，均会随时调整目录。每一次调整之后，都需要正文同目录一起，及时形成排版定稿，外发进行审读把关，并继续精益求精，随时调整。

而对于出版社的编辑加工、校对工作来说，目录和正文一直变动不居，没有传统意义上所谓“齐清定”的概念，若按传统的“齐清定”后才能排版编校，编校工作势必迟迟不能展开。或者一旦展开，正文的编校、修改、核红，无法跟上目录调整的节奏，后续的调整会加大编辑处理和核红的难度和工作量，也容易发生漏编漏校漏核的情况，存在一定的质量隐患。

我们总结经验，经过研究测试和实验，采取了目录和正文分开走的办法。目录为编纂方的主要工作本，正文为编辑部进行编校的主要工作本，分头行动，两不相妨。以篇为单位，而不以卷册为单位。我们为每一篇来稿文章，编一个号，即该篇的唯一“身份证号”，目录和正文用编号链接，目录不管如何调整完善，都可以随时调取、组合正文。如此便解放了正文，正文来稿之后，即可进行编辑加工、校对等编校工作，不致被目录的调整打乱节奏，可以从容编校，从容修改，从容核红，不易发生漏编漏校漏核的情况。对于文章的增删，只编校新增的部分，正在编校中的文章，若有删减，编校工作仍旧正常进行，以便后续再用或用到别处。总之，相当于正文做成总库，任凭目录的“统帅”调遣布排即可。

以上采用数据库思维来编辑传统图书的方法，可称为“乐高”编纂法。经过《文库》的成功行用，目前已推广应用到中华书局其他编纂类的书稿上，甚至有大量图版的影印类书稿，在排版制作中也在借鉴使用。

通读与技术排查、专项检查相结合

严格落实重大选题备案制度，严格执行图书“三审三校”制度，严格编校质量检查制度，邀请权威部门、学界专家进行多轮审读把关，是保证《文库》编校质量的前提。为了进一步提升编校质量，又增加了多轮次的通读、校对。如已出版的第一、二、三编，经过了七轮通读和四轮校对，前后参与编校工作的专业人员多达百余人。但在审校过程中，难免会有盲点，会有疲劳。所以，在通读之前，辅以技术性的标示，可以对审读工作起到有效的提醒；通读之后，再辅以专项检查，则可对审读工作进行有效的补充和检查。这两项工作也是保证《文库》编校质量的重要措施。

比如在书稿纸样打印之前，编辑部会坐下来一起研究本编可能存在的敏感部分，梳理出一个敏感词表，并由排版人员对所有涉及到的词语加上标示，打印出来后能醒目地看到，方便通读时进行判断。每一轮次通读前，我们还会梳理本轮次审读需要特别注意的事项，交给每一个通读人员先行了解。

由于参与通读的人员较多，通读完成后，还需要集中少量的骨干人员进行统稿工作，对通读后的校样进行复核检查。同时再进行专项检查的分工，每人负责一项，跨册集中检查和统一体例。比如甲负责标题层级的统一，乙负责标题脚注的通查和统一，丙负责文献出处的纵向排比统一……并造册签字。最终再由一个人进行统稿复核，签字退改。

编辑全程参与印制

为保证《文库》项目高效优质如期出版，无论是编辑加工阶段，还是印制装订阶段，亦或出书后的宣传发行阶段，书局均安排专人负责，负责的同志则抛开手头所有其他工作，心无旁骛地投入《文库》项目。

在前期环节中，一些工作还可以按部就班地进行，到了印制装订阶段，不仅时间紧张，而且还会遇到很多突发情况。比如临时抽换文件、图版清晰度不够、版权页调整、印刷文件不全、拼版失误、印前印中检查，等等。这些问题都需要负责印制环节的编辑与出版部同事有效沟通，密切配合，发挥各自对内容、技术熟悉的优势，相互补台，确保最后临门一脚不出纰漏，避免功亏一篑。

“人是核心”

所有的制度设计、流程管理，最后都得归结到一个根本问题——人。工作都是由具体的人来完成，人的专业程度、投入程度，是重大出版项目成败的关键。

《文库》项目时间紧、任务重、责任大，关键时刻都是全局投入、全局参与。在书局领导的统一安排部署下，书局各编辑、校对、美编、出版、二级公司、职能部门通力协作，相互支持，说调用就调用，说加班就加班，绝不含糊，绝不推诿，绝不讨价还价。所有人都带着一种使命感，为《文库》项目无私奉献。此外，学界同仁、集团领导、兄弟出版单位也都在编校工作攻坚阶段给予书局大力支持。

通过《文库》项目的实践，再次验证了中华书局所具有的强大编辑队伍和深厚编辑底蕴，特别是在出版质量控制方面所具有的丰富经验和有效方案，是一个担得起重任、打得胜硬仗，值得信赖、值得托付的出版“国家队”的重要成员，而这也正是中宣部和中国出版集团将如此重大的国家文化工程交付给中华书局的信心所在。我们将继续坚持守正创新，做好出版工作的全流程管理与服务，全力打造更多精品力作，推动出版工作高质量发展，在新征程上努力创造属于出版人的业绩和荣光，为中华民族伟大复兴这部鸿篇巨制续写华章。

（原载2023年5月31日《中华读书报》，作者系中华书局学术著作出版中心编辑）

党建引领

党建团建“引航”主题出版“练兵”

刘冬雪

新时代出版人才培养是一项重要工作，关乎行业高质量发展，更关乎宣传思想文化战线所承担的“举旗帜、聚民心、育新人、兴文化、展形象”使命任务，应引起从业者的高度重视。当今世界风云变幻，我们正身处百年未有之大变局中。在党的领导下，保持战略定力，推动行业创新发展，走好新时代长征路，是出版人肩负的使命。

创新是引领发展的第一动力，出版业的存续与壮大离不开创新。创新驱动本质上是人才驱动，人才是创新的第一资源。创新离不开人才，人才培育特别是杰出英才的养成也离不开创新，两者相辅相成，相互促进。以主题出版为突破口，推进党建团建与出版业务深度融合，在实践中识才辨才，将有机会助推新时代出版人才培养提质增效。

培养新时代出版人才之关键——党的领导

习近平总书记指出，做好新时代人才工作，必须坚持党管人才。培养新时代出版人才首先应坚持党的领导，提高政治站位，从培养担当民族复兴大任的时代新人，确保红色江山永不变色、后继有人的高度，认识出版人才队伍建设的重要意义，注重培养青年出版人才后备军。如果说，对人才而言，出版业是“海阔凭鱼跃，天高任鸟飞”的大有可为的广阔天地，那么发挥党建团建的引领作用便如同海面上闪烁的航标、机场内高耸的塔台，给新时代优秀出版人才以准确导航，使之在正确航线上砥砺前行，激发无限潜能，开创新的未来。

出版业党建团建工作之抓手——主题出版

对出版业来说，可从主题出版项目切入，在党建团建与业务融合发展过程中，提升基层党团组织的凝聚力和战斗力。如此也能推动党务干部和团干部了解业务工作，进一步围绕中心、服务大局。团的工作直接面向青年，尤其应精心谋划。基层团组织活力的激发将为党组织输送更多政治素养高、业务能力强的复合型人才，促进党建发展。

以某红色家书题材主题出版物编写出版过程为例，探索党建团建“引航”，推动出版人才培养提质增效的方法。案例设定为署名为某出版社编辑部编的该社自有版权的带人物照片、手稿影印件及内容赏析的红色家书题材主题出版物。该书的编写出版大致分为九步：

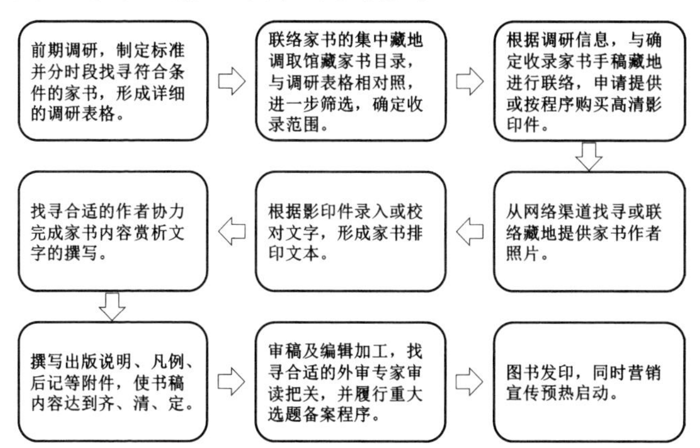

党建团建工作可介入类似这样一本主题图书的编写出版过程，从而提高工作效率，加快出版进度。该选题的统筹操作，包括进度节点的把控等，可由编辑部主导。党务干部和团干部可辅助责编将流程中的重点任务进行分解，动员社内各党支部和团组织出人出力，特别是协调该编辑部所在的党支部，以及业务岗员工较多的团支部，给予一定支持和配合。任务分解环节要考虑周全，使业务岗和非业务岗人员都能参与。编校业务岗人员可协助责编开展审稿、编辑加工、校对原文、与美编和排版对接沟通等工作。非业务岗党员团员可较多参与到外联事宜中，比如与手稿藏地、内容赏析作者对接，做好联络沟通，开展来图编目、交稿登记等基础工作。此外，还可承担核红，核对目录、书眉，检查人物照片、手稿影印件与正文排印内容对应关系的准确性，以及落款格式等需要统一体例的问题等。

对党员团员来说，参与主题出版项目是锤炼政治品格的良好机会，可在学中干、干中学中提高“政治三力”，为出版“双效”俱佳的好书做足思想和能力上的准备。同时，这是一种培养人才的良好模式。党建团建“引航”下的业务“实战大练兵”，可帮助入行时间短的年轻人迅速提升业务能力与合作能力，为今后工作的开展奠定基础。

此种模式的运转需要有人居中协调，党务干部和团干部得以由此进一步了解业务工作。党务干部和团干部懂业务是党建团建与业务融合发展的内在要求，练就业务“精兵”、锻造出版人才，与党务干部和团干部的“练兵”动员能力密切相关。回溯党史可知，强大的组织动员能力是中国共产党的核心竞争力之一。新时代党务干部和团干部应继承优良传统，在实践中发扬光大。或者说，行业内“练精兵”、育人才不仅仅是针对业务岗员工的。出版人才培养对象范围需要扩大到所有岗位，毕竟行业的高质量发展是各个岗位、所有环节同时发力、同向发力、综合发力的结果。

（原载2023年4月21日《中国出版传媒商报》，作者系中华书局大众图书出版中心编辑）

向下扎根　向阳成长
在支教路上书写文化情怀

范京京

2022 年 7 月 12 日，是一个平常的星期二，午饭时间我打开单位局域网便看到了“关于选派中央和国家机关青年支教帮扶队成员的通知”。虽然很多人有支教情结，但是真下定决心去实践的人还是少数。我和同事半开玩笑地说想去支教，本以为同事会说我“抽什么疯”，没想到同事回我：“我也想去，但是有娃，去不了。”我便对这件事“上头”了。

和家人、单位领导商量后，我下定决心报了名。经过各种填表、信息确认，经过中央和国家机关工委一系列的选拔，我终于选上了。整个支教队分 5 支小队伍，分赴 5 个地点进行支教帮扶，我被分在河北省张家口市阳原县。

下基层、接地气　助力乡村振兴

阳原县——桑干河畔，革命老区，丁玲先生笔下《太阳照在桑干河上》所描绘的那条河，桑干河贯穿阳原县全境。这里有波澜壮阔的革命历程，是华北地区的重要抗日根据地之一。这里地处山区，地形复杂，交通不便，盐碱地居多，是曾经的深度贫困县。

通过下基层，我更深入地了解了欠发达地区学生的生活和困境。有的学生早早辍学，有的学生基础很差只能混日子，大部分学生想的就是什么时候能早点出去打工赚钱。很多学生的父母都在外地打工，他们只能跟着家里的老人生活；还有一些学生的亲人或重病或已过世……这些经历让我从根本上认识到教育的重要性和改变学生思想意识的迫切性，正如习近平总书记提出的“扶贫先扶志”“扶贫必扶智”。带着一年工作中的问题与思考，我们全体队员制作了调查问卷，覆盖当地人数较多的近 10 所学校，将问卷结果和数据分析形成专业调研报告，希望能够将基层情况如实反映给上级单位。

在“接地气”的过程中，我学会如何更好地与当地人沟通交流。在陌生环境下，当地人对外来者总是保持警惕和疑虑。但通过与当地人建立良好关系、尊重当地文化传统、倾听他们的声音，我逐渐得到他们的信任和支持。这种交流互动不仅促进了个人成长，也促进了当地与外界的融合。

这一年，我们在三尺讲台上用三寸之舌述说一寸真心。全队课时累计2196节，其中，授课1710节，课外辅导、监考和听课共计486节，助力阳原教育事业发展取得新的成绩。这一年，我们多方联系、扶困扶志，在两山和一川中传递一份真情。全队募集爱心善款和捐助物资价值共计600余万元，助力乡村振兴取得新的成效。

在小小的心里开出大大的花

5月的第二个周末，经过紧锣密鼓、细致周全的前期准备工作，我们带领阳原的优秀中学生开展了主题为“知识改变命运”的宏志游学活动。支教队组织阳原县各中学的学习尖子生21名及其家长、所在学校带队老师、县医院医生、当地志愿者组织负责人一同来到北京进行为期2天的游学活动。孩子们大多数都是第一次来到祖国首都，兴奋、新奇之情溢于言表。

星期六一早，第一站来到北京大学，孩子们与这里的教授、学长学姐近距离接触。我们邀请了全国人大外事委员会委员、北京大学国际关系学院教授李义虎为孩子们举办讲座，协调3名北大优秀学子为孩子们分享学习方法和介绍北大的学习生活等。

我们还带学生参观了天安门广场、国家博物馆、全国工商联机关旧址、北京字节跳动科技有限公司等。在游学活动结束后，为了让此次活动尽可能多地惠及阳原中学生，着力实现全覆盖，我们分赴各中学宣讲游学中的主要观点，包括“为什么要学习”“怎样学习”“闪光的句子”等内容。我们希望带学生们开拓视野的同时，把树立远大志向的种子播撒到他们的心中，希望种子在他们小小的心中生根发芽，开出大大的花。

结合自身所长，传播文化力量

党的二十大报告多次提到文化，对每一位文化工作者都是莫大鼓舞。作为中国出版集团的一分子，我们正是处在文化传承与传播的主阵地，所以做好日常工作中的每次选题、每次编校，把好内容质量关，做好每一次宣发工作，把好内容传递到更多读者手中，我们责无旁贷。

在支教工作中，我也经常向学生们介绍出版行业的相关知识：中国超过百年历史的出版社有哪几家，分别出版什么类型的图书；如何看版权页信息；一家出版社一般都有哪些部门，它们的职责分工是什么等等。同时我也会与学生们分享自己阅读的书籍和从学生时代开始养成的阅读习惯，希望在潜移默化中对他们产生影响，使他们对阅读产生兴趣、养成阅读的习惯，进而培养出文化自信。

我和一位队员曾经给学生们录制过一期“你想对3年后的自己说什么”的视频，一位性格阳光活泼的男同学说：“我想问3年后的自己，‘你的小说在中华书局发表了吗？’” 我来到这里支教，让更多学生和老师了解了中国出版集团、中华书局，我为自己对文化事业传播作出的点滴贡献而感到欣慰和自豪。

牛顿第一定律说，一切物体在没有受到外力时，总保持静止或匀速直线运动状态。希望我可以成为改变学生们求学生涯轨迹的那一股小小的外力，使他们终将到达更美好的人生彼岸。

（原载 2023 年 9 月 1 日《中国出版传媒商报》，作者系中华书局办公室员工）

特稿

古籍出版要挖掘和阐释中华优秀传统文化的当代价值

肖启明

6月2日，习近平总书记出席文化传承发展座谈会并发表重要讲话。总书记强调，中国文化源远流长，中华文明博大精深。只有全面深入了解中华文明的历史，才能更有效地推动中华优秀传统文化创造性转化、创新性发展，更有力地推进中国特色社会主义文化建设，建设中华民族现代文明。总书记指出，中华优秀传统文化有很多重要元素，共同塑造出中华文明的五个突出特性，即连续性、创新性、统一性、包容性、和平性。总书记强调，在5000多年中华文明深厚基础上开辟和发展中国特色社会主义，必须把马克思主义基本原理同中国具体实际、同中华优秀传统文化相结合，深刻阐释了“第二个结合”的重大意义。

总书记的讲话高屋建瓴，思想深邃，对古籍整理出版工作具有极强的指导性，我们既深受鼓舞，倍感振奋，又深感责任重大，使命光荣。结合中华书局的实际工作，我们计划首先在以下几个方面发力，坚决把总书记在座谈会上的讲话落到实处。

第一，加快点校本“二十四史”及《清史稿》修订工程的出版进度。《史记》记载了从传说中的黄帝到汉武帝时期中国2000多年的历史，在司马迁来说，是“通古今之变”的一部通史巨著。自班固《汉书》以下，中国形成了连续不断的官修正史传统，一直延续到民国初年撰修《清史稿》。“二十四史”及《清史稿》是国人了解中华文明历史的便捷读本，举凡中国古代的王朝兴替、治乱盛衰、人物忠奸贤愚、典章制度变迁等，尽在其中。点校本“二十四史”及《清史稿》修订工程是社会各界普遍关注的重大出版工程，目前已经出版12种，取得良好的社会效益。我们要在严格遵守工作流程的前提下，尽量克服困难，把出版进度适当提上来，争取让读者早日看到体现最新整理成果的全套修订本。

第二，加快《永乐大典》的影印、点校和数字化出版工作。《永乐大典》编修于明朝永乐初年，是我国古代最大的类书，全书原本22877卷（目录60卷，共计22937卷），11095册，约3.7亿字，汇集古代图书七八千种。盛世修文，中华文明的统一性和包容性，在《永乐大典》上有直接的体现。《永乐大典》编修之初，即树立了“凡书契以来经、史、子、集百家之书，至于天文、地志、阴阳、医卜、僧道、技艺之言，备辑为一书”的编纂宗旨，兼收并蓄，网罗众家，并且对于各家学说和著述能够做到平等视之，可以说是明初以前各类文献的渊薮。晚清以来，《永乐大典》屡遭劫难，今全世界仅存800多卷，只有原书篇幅的4%，极为珍贵。中华书局承担的《永乐大典》影印、点校和数字化出版工作，目前正在有序推进中。

第三，加快《敦煌文献合集》剩余部分的出版进度。1900年，敦煌藏经洞被发现，大批产生于4至11世纪的古写本及印本重见天日，由此产生了敦煌学。敦煌文献也称敦煌遗书，除了宗教文献外，还有大量世俗文献，反映了从十六国时期到北宋我国西北地区各族人民的生产生活、文化教育状况以及不同民族、不同信仰之间交往交流交融的历史。从敦煌文献中我们可以看到中华文明的包容性，它“决定了中国各宗教信仰多元并存的和谐格局，决定了中华文化对世界文明兼收并蓄的开放胸怀”。《敦煌文献合集》是浙江大学古籍研究所承担的项目，2000年与中华书局签订出版协议，分部出版。2008年，《敦煌经部文献合集》正式出版，但是后面的史部、子部、集部进展较为缓慢，整理者至今未交稿，这是目前的难点所在。

第四，加快故宫博物院藏甲骨和国家图书馆藏甲骨的出版进度。在本次座谈会前，习近平总书记考察中国历史研究院，走进院内的中国考古博物馆，先后参观文明起源和宅兹中国专题展，了解新石器时代和夏商周时期重大考古发现，指示要“做好中华文明起源的研究和阐释”。甲骨文是中国最早的成熟的文字体系，是研究殷商历史的最重要文字材料。总书记十分关心关注甲骨文的研究与保护，2019年致信祝贺甲骨文发现和研究120周年，在党的二十大后首次离京考察调研，就考察了河南安阳殷墟博物馆。中华书局出版有《甲骨文合集》《小屯南地甲骨》《殷墟甲骨刻辞摹释总集》等大型资料集，出版有陈梦家《殷虚卜辞综述》、胡厚宣《五十年甲骨学论著目》等名家著作，在学术界影响深远，近年来又致力于故宫博物院和国家图书馆藏甲骨的整理和刊布。去年年底我们已经出版了《故宫博物院藏殷墟甲骨文》的马衡卷和谢伯殳卷，后续部分正在进行中。

第五，加快“中国古代地理总志丛刊”后续品种的出版。中华文明的一个突出特性是统一性。自秦汉以下，中国在多数时间内都是一个统一的多民族国家，反映在文献方面，就是大一统王朝都重视编修涵盖全国地理疆域的志书。比如唐初统一全国后，普查经济和人口状况，唐太宗命第四子李泰组织人手，在实地调研和查阅大量资料的基础上，花费5年时间，撰成了多达500卷的《括地志》。到唐代中期的唐宪宗时，又修成《元和郡县图志》。北宋时有两部大的官修地理总志：《太平寰宇记》和《元丰九域志》。到元明清时，则有大元、大明和大清的《一统志》。官修的志书之外，也有私修的地理总志，从宋代的《舆地广记》《舆地纪胜》《方舆胜览》，到清初顾祖禹的《读史方舆纪要》，蔚为壮观。中华书局的“中国古代地理总志丛刊”已经形成品牌，可惜后续品种补充较为缓慢，该丛书新近出版了《舆地广记》，但是从满足读者需要来说，还远远不够，还需要加大组约和出版力度。

（原载 2023 年第 6、7 期《古籍整理出版情况简报》，作者系中华书局执行董事、党委书记）